本資料輯録爲國家社科基金重大項目
"東胡系民族歷史文獻整理與研究"（17ZDA211）
成果之一，獲内蒙古大學"民族學學科群重大
成果培育"資助出版

# 凡　例

　　本書包含紀傳體、編年體、典制體史書、大型類書、地理總志以及其他史料中有關庫莫奚之資料，斷限上起北魏登國三年（388）道武帝拓跋珪於弱洛水南大破庫莫奚一事，下至元太祖十年（1215）太師木華黎略取奚地。此後有追述前人前事者，酌情擇要收録。

　　本書收録範圍：凡各類典籍中有"庫莫奚"或"奚"字樣，及雖無"庫莫奚"字樣而其内容爲記載庫臭奚部族或人物之事迹者，概予收録。所收資料，酌分段落，無標點者均加標點。

　　本書編排方法：以正史爲主，以本紀爲綱，重出者集中排列，歧異者注明。所收録史料過長時，與庫莫奚關係較小之部分，酌情予以省略。

　　本書主體分爲四部分：

　　（一）庫莫奚專傳

　　（二）庫莫奚人物傳記

　　（三）散見史料繫年録

　　（四）散見未繫年史料

　　散見史料繫年録每條史料均標注公元紀年，輔以各朝及與該條史料相關的並立政權君主年號，以資對照。同年資料，按月編排，記載相同或相近内容之史料按成書年代排序並予以集中。年代可以判斷大致範圍但不能絕對確定者，一般繫於相當年代之末並作出説明。不能或不宜繫年者，則編入散見未繫年史料。所標年月，以正史爲主，正史無可考者，則據《資治通鑑》或其他史料，具有争議者則以注釋説明。所收資料，酌分段落，所用史料爲影印版本者添加標點符號。影印本文字儘量遵循原著，如有明顯謬誤者，根據其他版本或正史酌情改正。明、清影印本中的避諱字，一般恢復爲原字。對舊字形、俗字以及部分異體字，本系列輯録選用規範繁體字代替。文内凡標注爲脚注之字句，均爲編者所加。

　　本書所收資料，將各史之正文及後人注釋均予收録，如《通鑑》胡三省注即全部收録。注釋及編者自注，俱用小號字體排印。各點校本史料，多附有校勘記，考慮到其學術價值，本系列輯録均予以保留。

# 庫莫奚專傳

## 《魏書》卷一百《列傳第八十八·庫莫奚》

庫莫奚國之先，東部宇文之別種也。初爲慕容元真所破，遺落者竄匿松漠之間。其民不潔淨，而善射獵，好爲寇鈔。登國三年，太祖親自出討，至弱洛水南，大破之，獲其四部落，馬牛羊豕十餘萬。帝曰："此群狄諸種不識德義，互相侵盜，有犯王略，故往征之。且鼠竊狗盜，何足爲患。今中州大亂，吾先平之，然後張其威懷，則無所不服矣。"既而車駕南還雲中，懷服燕趙。十數年間，諸種與庫莫奚亦皆滋盛。及開遼海，置戍和龍，諸夷震懼，各獻方物。高宗、顯祖世，庫莫奚歲致名馬文皮。高祖初，遣使朝貢。太和四年，輒入塞內，辭以畏地豆于鈔掠，詔書切責之。二十二年，入寇安州，營燕幽三州兵數千人擊走之。後復款附，每求入塞，與民交易。世宗詔曰："庫莫奚去太和二十一年以前，與安營二州邊民參居，交易往來，並無疑貳。至二十二年叛逆以來，遂爾遠竄。今雖款附，猶在塞表，每請入塞與民交易。若抑而不許，乖其歸向之心；聽而不虞，或有萬一之警。不容依先任其交易，事宜限節，交市之日，州遣上佐監之。"自是已後，歲常朝獻，至於武定末不絕。

## 《周書》卷四十九《列傳第四十一·異域上·庫莫奚》

庫莫奚，鮮卑之別種也。其先爲慕容晃所破，竄於松漠之間。後種類漸多，分爲五部：一曰辱紇主，二曰莫賀弗，三曰契箇，四曰木昆，五曰室得。每部置俟(斥)〔斤〕一人。〔五二〕有阿會氏者，最爲豪帥，五部皆受其節度。役屬於突厥，而數與契丹相攻。虜獲財畜，因而行賞。死者則以葦薄裹尸，懸之樹上。大統五年，遣使獻其方物。

### 【校勘記】

〔五二〕每部置俟(斥)〔斤〕一人　張森楷云：“各傳並作‘俟斤’，疑‘斥’字誤。”按《通典》卷二〇〇庫莫奚條、《册府》卷九五六——二五四頁、《御覽》卷八〇一三五五六頁正作“俟斤”，今據改。

頁八九九、九〇六

## 《隋書》卷八十四《列傳第四十九·北狄·奚》

奚本曰庫莫奚，東部胡之種也。爲慕容氏所破，遺落者竄匿松、漠之間。其俗甚爲不潔，而善射獵，好爲寇鈔。初臣於突厥，後稍强盛，分爲五部：一曰辱紇王，〔二〇〕二曰莫賀弗，三曰契箇，四曰木昆，五曰室得。每部俟斤一人爲其帥。隨逐水草，頗同突厥。有阿會氏，五部中爲盛，諸部皆歸之。每與契丹相攻擊，虜獲財畜，因而得賞。死者以葦薄裹屍，懸之樹上。自突厥稱藩之後，亦遣使入朝，或通或絶，最爲無信。大業時，歲遣使貢方物。

**【校勘記】**

〔二〇〕辱紇王 "王",《周書·庫莫奚傳》《北史·奚傳》《通典》二〇〇作"主"。

頁一八八〇至一八八一、一八八六

# 《北史》卷九十四《列傳第八十二·奚》

奚本曰庫莫奚,其先東部胡宇文之別種也。初爲慕容晃所破,遺落者竄匿松漠之間。俗甚不潔淨,而善射獵,好爲寇抄。登國三年,道武親自出討,至弱水南大破之,〔五二〕獲其馬、牛、羊、豕十餘萬。帝曰:"此群狄諸種,不識德義,鼠竊狗盜,何足爲患?今中州大亂,吾先平之,然後張其威懷,則無所不服矣。"既而車駕南遷,十數年間,諸種與庫莫奚亦皆滋盛。及開遼海,置戍和龍,諸夷震懼,各獻方物。文成、獻文之世,庫莫奚歲致名馬、文皮。孝文初,遣使朝貢。太和四年,輒入塞內,辭以畏地豆干抄掠,詔書切責之。二十二年,入寇安州,〔五三〕時營、燕、幽三州兵數千人擊走之。後復款附,每求入塞交易。宣武詔曰:"庫莫奚去太和二十一年以前,與安、營二州邊人參居,交易往來,並無欺貳。至二十二年叛逆以來,遂爾遠竄。今雖款附,猶在塞表,每請入塞,與百姓交易。若抑而不許,乖其歸向之心;信而不慮,或有萬一之驚。交市之日,州遣士監之。"〔五四〕自此已後,歲常朝獻,至武定已來不絕。齊受魏禪,歲時來朝。

其後種類漸多,分爲五部:一曰辱紇主,二曰莫賀弗,三曰契箇,四曰木昆,五曰室得。每部俟斤一人爲其帥。〔五五〕隨逐水草,頗同突厥。有阿會氏,五部中最盛,諸部皆歸之。

每與契丹相攻擊，虜獲財畜，因遣使貢方物。

【校勘記】

〔五二〕至弱水南大破之　《魏書》卷一〇〇《庫莫奚傳》作“弱洛水”，卷二《太祖紀》登國三年作“弱落水”。此疑脫“洛”字。

〔五三〕二十二年入寇安州　諸本作“二十年”，《魏書》作“二十二年”。按下文宣武詔云：“至二十二年叛逆以來。”即指此事，《魏書》是，今據補。

〔五四〕交市之日州遣士監之　《魏書》“士”作“上佐”。張森楷云：“此誤‘上’爲‘士’，又脫‘佐’字。”

〔五五〕每部俟斤一人爲其帥　諸本誤作“每部一千人爲其帥”，據《隋書》卷八四《奚傳》改。

頁三一二六至三一二七、三一四四

## 《通典》卷第二百《邊防十六・北狄七・庫莫奚》

庫莫奚，聞於後魏及後周。其先，東部鮮卑宇文之別種也。初爲慕容晃所破，遺落者竄匿松漠之閒。其地在今柳城郡之北。其俗甚不潔，而善於射獵，好爲寇抄。後魏之初，頻爲寇盜，及突厥興而臣屬之。後稍强盛，分爲五部：一曰辱紇主，二曰莫賀弗，三曰契箇，四曰木昆，五曰室得。理饒樂水北，即鮮卑故地。一名如洛環水，蓋“饒樂”之訛也。每部置俟斤一人爲其帥，隨逐水草，頗同突厥。有阿會氏，五部中爲盛，諸部皆歸之。其俗，死者以葦薄裹屍，懸之樹上。其後款附。至隋代號曰奚，突厥稱蕃之後，<sup>〔一〕</sup>亦遣使入朝。奚部落並在今柳城郡東北二千餘里。

大唐開元五年二月，奚首領李大酺入朝，封從外生女辛氏爲固安公主以妻之。〔二〕八年，大酺戰死，〔三〕共立其弟魯蘇爲主，詔仍以固安公主爲妻。時魯蘇牙官塞默羯謀害魯蘇，翻歸突厥，公主密知之，遂設宴，誘執而殺之。上嘉其功，賞賜累萬。公主嫡母妬主榮寵，乃上書云主是庶人，〔四〕此實欺罔稱嫡，請更以所生女嫁與魯蘇。上怒，令與魯蘇離婚，又封成安公主女韋氏爲東光公主以妻魯蘇。〔五〕

**【校勘記】**

〔一〕突厥稱蕃之後　"之"原訛"人"，據《太平寰宇記》卷一九八改。

〔二〕外生女　"生"原作"甥"，據明抄本、明刻本、朝鮮本改。意同，今從古本。

〔三〕大酺戰死　"戰"原作"戮"，據《舊唐書·北狄傳》五二五五頁改。

〔四〕云主是庶人　"云"原脱，"人"原作"女"，據《太平寰宇記》卷一九八補改。按：明抄本、明刻本、朝鮮本、王吴本均作"人"。

〔五〕韋氏　"韋"原訛"嫣"，據《舊唐書·北狄傳》五三五五頁、《新唐書·北狄傳》六一七四頁、《太平寰宇記》卷一九八改。

頁五四八四至五四八五、五五〇三

# 《舊唐書》卷一百九十九下《列傳第一百四十九下·北狄·奚》

奚國，蓋匈奴之別種也，所居亦鮮卑故地，即東胡之界也,在京師東北四千餘里。東接契丹,西至突厥,南拒白狼河,北至霫國。自營州西北饒樂水以至其國。勝兵三萬餘人,分爲五部,每部置俟斤一人。風俗並於突厥,每隨逐水草,以畜牧爲業,遷徙無常。居有氈帳,兼用車爲營,牙中常五百人持兵自衛。此外部落皆散居山谷,無賦税。其人善射獵,好與契丹戰争。

武德中,遣使朝貢。貞觀二十二年,酋長可度者率其所部内屬,乃置饒樂都督府,以可度者爲右領軍兼饒樂都督,封樓煩縣公,賜姓李氏。顯慶初,又授右監門大將軍。萬歲通天年,契丹叛後,奚衆管屬突厥,兩國常遞爲表裏,號曰"兩蕃"。景雲元年,其首領李大輔遣使貢方物,睿宗嘉之,宴賜甚厚。

延和元年,左羽林將軍、檢校幽州大都督孫儉,[一七]率兵十二萬以襲其部落,師次冷硎,前軍左驍衛將軍李楷洛等與大輔會戰,我師敗績。儉懼,不敢進救,遣使矯報大輔云:"我奉敕來此招諭蕃將,李楷洛等不受節度而輒用兵,請斬以謝。"大輔曰:"若奉敕招諭,有何國信物?"儉率軍中繒帛萬餘段并袍帶以與之。大輔曰:"將軍可南還,無相驚擾。"儉軍漸失部伍,大輔乃率衆逼之,由是大敗,兵士死傷者數萬。儉及副將周以悌爲大輔所擒,送于突厥默啜,並遇害。

開元三年,大輔遣其大臣粤蘇梅落來請降,詔復立其地爲饒樂州,封大輔爲饒樂郡王,仍拜左金吾員外大將軍、饒樂州都督。五年,大輔與契丹首領松漠郡王李失活咸請於柳城依舊置營州都督府,上從之。敕太子詹事姜師度充使督工作,[一八]役八千餘人。其年,大輔入朝,詔封從外甥女辛氏爲固安公主以妻之，賜物一千五百疋，遣右領軍將軍李濟持節送還蕃。

**【校勘記】**

〔一七〕孫俊　《新書》卷二一九《北狄傳》、《通鑑》卷二一〇作“孫佺”。

〔一八〕姜師度　“姜”字各本原作“羊”，據《通鑑》卷二一一改。

八年，大輔率兵救契丹，戰死，其弟魯蘇嗣立。十年，入朝，詔令襲其兄饒樂郡王、右金吾員外大將軍兼保塞軍經略大使，賜物一千段，仍以固安公主爲妻。而公主與嫡母未和，遞相論告，詔令離婚，復以成安公主之女韋氏爲東光公主以妻之。十四年，又改封魯蘇爲奉誠王，授右羽林軍員外將軍。十八年，奚衆爲契丹衙官可突于所脅，復叛降突厥。魯蘇不能制，走投渝關，東光公主奔歸平盧軍。其秋，幽州長史趙含章發清夷軍兵擊奚，破之，斬首二百級。自是奚衆稍稍歸降。二十年，信安王禕奉詔討叛奚。奚酋長李詩瑣高等以其部落五千帳來降。詔封李詩爲歸義王兼特進、左羽林軍大將軍同正，仍充歸義州都督，賜物十萬段，移其部落於幽州界安置。天寶五載，又封其王婆固爲昭信王，仍授饒樂都督。

自大曆後，朝貢時至。貞元四年七月，奚及室韋寇振武。十一年四月，幽州奏却奚六萬餘衆。元和元年，其王饒樂府都督、襲歸誠王梅落來朝，加檢校司空，放還蕃。三年，以奚首領索低爲右武威衛將軍同正，充檀、薊兩州遊奕兵馬使，仍賜姓李氏。八年，遣使來朝。十一年，遣使獻名馬。爾後每歲朝貢不絶，或歲中二三至。故事，常以范陽節度使爲押奚、契丹兩蕃使。自至德之後，藩臣多擅封壤，朝廷優容之，彼務自完，不生邊事，故二蕃亦少爲寇。其每歲朝賀，常各遣數百人至幽州，則選其酋渠三五十人赴闕，引見於麟德殿，錫以金帛遣還，餘皆駐而館之，率爲常也。

頁五三五四至五三五六、五三六六

## 《唐會要》卷九十六《奚》

奚蓋匈奴之別種，所居亦鮮卑之故地，即東胡之界也。勝兵三萬，分爲五部，每部置俟斤。風俗與突厥同。通天年中，契丹叛，奚亦臣屬突厥，兩國常爲表裏，號爲"兩蕃"。景雲元年，其王李大酺遣使貢方物。

開元五年，大酺入朝，爲饒樂郡王，仍授左金吾衛員外大將軍，詔封外生女爲固安公主以妻之。其年，大酺與契丹首領李失活來朝，請於柳城復置營州，許之。大酺卒，弟魯蘇立。十年，詔魯蘇襲其兄官爵，又封咸安公主女韋氏爲東光公主以妻之。十四年，改封魯蘇爲奉誠王。後爲契丹衙官可突于脅附突厥，魯蘇走投榆關，移其部落于幽州界安置。明年，信安王禕降其酋李詩，以其地置歸義州，因以王詩。詩死，其子延寵又叛，爲幽州張守珪所困，復降，封懷信王，以宗室出女楊爲宜芳公主妻之。延寵殺公主，復叛。詔立它酋婆固爲昭信王，仍授饒樂都督。自大曆後，朝使繼至。

元和四年七月，奚及室韋寇振武。五年四月，幽州奏破奚六萬餘衆。

大和元年，其王饒樂府都督、襲歸誠王梅落來朝，加檢校司空，放還蕃。五年，以奚首領索低爲左衛將軍同正，充檀、薊兩州遊奕兵馬使,仍賜姓李氏。八年,遣使朝貢。十一年,遣使獻名馬。是後每歲至,至今朝貢不絕,或歲中三至。故事:嘗以范陽節度使爲押奚、契丹兩蕃使,自至德後,藩臣多擅封壤,朝廷優容之,俱務自完,不生邊事,故二蕃亦少爲寇。其每歲朝賀,常各遣數百人。至幽州,則選其酋長三五十人赴闕,引見于麟德殿,賜以金帛遣還,餘皆駐而館之,率以爲常。

頁二〇三六至二〇三七

## 《五代會要》卷二十八《奚》

奚,本匈奴別種,即東胡之地,人物風族與突厥同。族有五姓:一曰阿薈部,管縣六;二曰啜米部,管縣四;三曰奧質部,管縣六;四曰奴皆部,管縣四;五曰黑訖支部,管縣三。每部有刺史,每縣有令,酋長號奚王。唐制,兼饒樂府都督,居陰涼川,東去營府五百里,南去幽州九百里。幽州置饒樂府長史一人以監之。人馬約二萬,後徙居琵琶川,在幽州東北數百里,出古北口。地宜羊馬,羊則純黑,馬逾前,蹄堅善走。以馳獵爲務,逐獸高山,自下而上,其勢若飛。語與契丹小異。爨以平底瓦鼎,煮穄爲粥,既餁,以寒水解之而食。每春借邊民之荒田種穄,秋熟乃來,持穫畢,則窖於山下,人莫知其處所。以木爲碓,斷橡爲臼,所受不過一斗。自天祐初,契丹兵力漸盛,室韋、奚、霫皆受制焉。故奚之部族爲契丹代守邊土,暨虜人虐其首領,去諸怨之,以別部內附,徙於媯州,依北山而居,漸至數千帳,故有東、西奚之號。去諸卒,其子掃剌代立。後唐莊宗破幽州,賜掃剌姓李,名紹威。

後唐同光元年十二月,遣使朝貢。三年九月,以莊宗誕節至,遣使表貢方物。

天成四年,掃剌因蒭瓜傷,乃卒。其子素姑代立,亦時遣使入朝。

清泰三年七月,其首領達剌千遣通事介老奏:“其王素姑謀叛,欲附契丹,已處置訖,權知部落。”廢帝降詔,以慰撫之。

晉天福元年,高祖以契丹有助立之功,割雁門已北及幽州之地以賂之,由是奚之部族復隸於契丹。自後常爲契丹之所役屬。開運三年十二月,契丹犯闕,其王拽剌以所部兵屯於洛陽,及虜主死,隨衆北遁。

頁四五二至四五三

## 《太平寰宇記》卷之一百九十八《四夷二十七·<br>北狄十·庫莫奚》

庫莫奚,聞于後魏及後周。其先東部鮮卑宇文之別種也。初爲慕容晃所破,遺落者竄匿松漠之間。[六一]其地在今柳城郡之北。[六二]其俗甚不潔,而善射獵,好爲寇抄。[六三]後魏之初,頻爲寇盜,及突厥興而臣屬之。後稍強盛,分爲五部:一曰辱紇主,二曰莫賀弗,三曰契箇,四曰木昆,五曰室得。理饒樂水北,即鮮卑故地。一名如洛環水,[六四]蓋“饒樂”之訛也。每部置俟斤一人爲其帥,隨逐水草,頗同突厥。有阿會氏,五部中爲盛,諸部皆歸之。其俗,死者以葦薄裹尸,懸之樹杪。[六五]其後款附。至隋代號曰奚,自突厥稱蕃之後,亦遣使入貢。其部落並在柳城郡東北二千餘里。

唐景雲元年,其酋領李大輔遣使朝貢。開元五年,大輔入朝，封爲饒樂郡王，授左金吾衛員外大將軍，詔封外生女辛氏爲固安公主以妻之。其年，大輔與契丹首領李失活請于柳城復置營州，制曰可。至八年，〔六六〕大輔卒，弟魯蘇立，襲其兄官爵，仍以固安公主爲妻。時魯蘇牙官塞默羯謀害魯蘇，翻歸突厥，公主密知之，遂誘宴設，執而殺之。〔六七〕上嘉其功，賞賜累萬。公主嫡母妬主榮寵，乃上書云主是庶人，此實欺罔稱嫡，請更以所生女嫁與魯蘇。〔六八〕上怒，令與魯蘇離婚，封成安公主女韋氏爲東光公主以妻魯蘇。〔六九〕十四年，改封魯蘇奉誠王。後爲契丹衙官可突于所脅，走投楡關，移其部于幽州界內別置部落安置之。天寶五載，封其王娑固爲昭信王，〔七〇〕仍授饒樂都督。

自大曆之後，朝使繼至。至十一年四月，幽州奏破奚六萬餘衆。〔七一〕又至元和元年六月，其王饒樂府都督、襲歸誠王梅落來朝，加檢校司空，放還蕃。三年，以奚首領索低爲左威衛將軍同正，充檀、薊二州游奕兵馬使，〔七二〕仍賜姓李氏。〔七三〕八年，遣使朝貢。十一年，貢名馬。爾後每歲朝貢不絕，〔七四〕或歲中二三至。故事，嘗以范陽節度使爲押奚、契丹兩蕃使。自至德後，其蕃臣擅封壤，〔七五〕朝廷優容之，彼務自完，斥堠益謹，不生邊事，故二蕃少爲寇。每歲朝賀，常遣數百人至幽都，則選其酋渠三五十人赴闕，〔七六〕引見麟德殿，賜以金帛遣還，其餘皆駐而館之，率以爲常。

四至：奚部落多居在營州東北二千餘里。

土俗：隨水草畜牧。其死者以葦薄裹屍，懸之樹杪。

**【校勘記】**

〔六一〕遺落者竄匿松漠之間　“匿”，底本作“于”，據宋

版、萬本、《庫》本及《通典》卷二〇〇《邊防》一六改。底本
"松漠"下衍"荒落"二字,據宋版、萬本、《庫》本、傅校及《通
典》删。

〔六二〕其地在今柳城郡之北　"之北",底本作"地",
《庫》本同,據宋版、萬本及《通典・邊防》一六改補。

〔六三〕好爲寇抄　"抄",底本作"掠",萬本、《庫》本同,
據宋版及《通典・邊防》一六改。

〔六四〕如洛環水　"如",底本作"爲",據宋版及《通
典・邊防》一六改。

〔六五〕懸之樹杪　"杪",萬本、《庫》本同,宋版作"上",
《通典・邊防》一六同。按本書後文亦作"杪"。

〔六六〕至八年　"至",底本作"以"。萬本、《庫》本同,
據宋版改。

〔六七〕遂誘宴設執而殺之　底本作"遂設宴,誘執而殺
之",《通典・邊防》一六同,據宋版、萬本改。《庫》本"遂誘
宴設"作"遂誘設宴"。

〔六八〕請更以所生女嫁與魯蘇　"女",底本脱,萬本、
《庫》本同,據宋版及《通典・邊防》一六補。

〔六九〕成安公主　"安",底本作"國",萬本、《庫》本同,
據宋版及《通典・邊防》一六、《舊唐書・北狄傳》改。

〔七〇〕娑固　底本作"沙國",萬本、《庫》本同,宋版作
"娑國"。《舊唐書・北狄傳》、《資治通鑑》卷二一五天寶五載
作"娑固",《新唐書・北狄傳》、《册府元龜》卷九六五、《唐會
要》卷九六作"婆固",今據改爲"娑固"。

〔七一〕至十一年四月幽州奏破奚六萬餘衆　"至",底本

脱,據宋版、萬本、《庫》本補。又據《舊唐書·北狄傳》、《新唐書·北狄傳》、《資治通鑑》卷二三五載,貞元十一年四月,幽州奏破奚六萬餘衆,此"十一年"上脱"貞元"二字。

〔七二〕充檀薊二州游奕兵馬使　底本"充"上衍"同"字,《庫》本同,據宋版、萬本及《舊唐書·北狄傳》、《唐會要》卷九六删。

〔七三〕仍賜姓李氏　"氏",底本作"至",宋版、《庫》本同,據萬本、傅校及《舊唐書·北狄傳》改。

〔七四〕爾後每歲朝貢不絶　"爾",底本作"自",據宋版、萬本、《庫》本及《舊唐書·北狄傳》改。

〔七五〕其蕃臣擅封壤　"其",底本脱,據宋版、萬本、《庫》本及傅校補。萬本"擅"上有"多"字,同《舊唐書·北狄傳》。

〔七六〕每歲朝賀常遣數百人至幽都則選其酋渠三五十人赴闕　"賀",底本作"貢";"其",底本脱,並據宋版、萬本及《舊唐書·北狄傳》改補。《庫》本亦作"賀"而有"其"字。"常",《舊唐書》同,宋版、萬本、《庫》本作"嘗"。"三",底本脱,萬本、《庫》本同,據宋版及《舊唐書》補。

頁三七九九至三八〇〇、三八〇八至三八〇九

## 《册府元龜》卷九五六《外臣部·種族》

奚,本東部胡之種也。爲慕容氏所破,遺落者竄匿松漠之間,曰庫莫奚。初臣於突厥,後稍强盛,分爲五部:一曰辱紇主,二曰莫賀弗,三曰契箇,四曰木昆,五曰室得。每部俟斤一人爲其帥。隨逐水草,頗同突厥。有阿會氏,五部中爲

盛,諸部皆歸之。唐貞觀二十二年,酋長可度者率所部內屬,乃置饒樂府,以可度者爲都督,賜姓李氏。天祐初,契丹兵力漸盛,室韋、奚、霤霤亦匈奴之別種也。皆受制焉。虜政苛虐,奚之首領去諸怨之,以別部內附。徙於媯州,依北山而居,漸至數千帳,故有東西奚之號。去諸卒,子掃剌代立。

頁一一二五四上、下

## 《册府元龜》卷九六一《外臣部·土風三》

奚,本名庫莫。俗甚爲不潔,而善騎射,好爲寇鈔。每與契丹相攻擊,虜獲財畜,因而得賞。死者以葦薄裹尸,懸之樹上。風俗同於突厥。每隨逐水草,以畜牧爲業,遷徙無常。居有氈帳,兼用車爲營。牙中常五百人持兵自衛。此外部落,皆散居山谷,無賦税。

頁一一三一三上

## 《册府元龜》卷九六七《外臣部·繼襲二》

奚,本匈奴之別種。唐貞觀末,酋長可度者內屬,太宗置饒樂府,以可度者爲都督,封樓煩縣公,賜姓李氏。開元三年,封其首領李大酺爲饒樂郡王。八年,大酺率兵救契丹,戰死,其弟魯蘇嗣立。十年,詔令襲其兄官爵。十四年,改封奉誠王。二十八年,爲契丹衙官可突干所脅,走投榆關。二十年,酋長李詩以其部落五千帳來降,封詩爲歸義王、充歸義州都督。天寶五載,又封其王婆固爲昭信王,仍授饒樂府都督。元和元年,其王梅落來朝。二年,以奚首領索低爲檀、薊兩州游奕兵馬使。天祐初,首領曰去諸。去諸卒,子掃剌代立。

後唐莊宗破幽州，賜掃剌姓名李紹威。天成四年卒，子素姑代立。清泰三年，其首領達剌干遣通事介老奏："其王素姑謀叛，欲附契丹，已處置訖，見權知部落。"

頁一一三七四上、下

## 《新唐書》卷二百一十九《列傳第一百四十四·北狄·奚》

奚亦東胡種，爲匈奴所破，保烏丸山。漢曹操斬其帥蹋頓，蓋其後也。元魏時自號庫真奚，[二]居鮮卑故地，直京師東北四千里。其地東北接契丹，西突厥，南白狼河，北霫。與突厥同俗，逐水草畜牧，居氈廬，環車爲營。其君長常以五百人持兵衛牙中，餘部散山谷間，無賦入，以射獵爲貲。稼多穄，已穫，窖山下。斷木爲臼，瓦鼎爲飦，雜寒水而食。喜戰鬥，兵有五部，部一俟斤主之。其國西抵大洛泊，距回紇牙三千里，多依土護真水。其馬善登，其羊黑。盛夏必徙保冷陘山，山直嬀州西北。至隋始去"庫真"，但曰奚。

**【校勘記】**

〔二〕庫真奚 "真"，《魏書》卷一〇〇及《周書》卷四九《庫莫奚傳》、《隋書》卷八四《奚傳》、《通典》卷二〇〇均作"莫"。

武德中，高開道借其兵再寇幽州，長史王詵擊破之。太宗貞觀三年始來朝，閱十七歲，凡四朝貢。帝伐高麗，大酋蘇支從戰有功。不數年，其長可度者內附，帝爲置饒樂都督府，拜可度者使持節六州諸軍事、饒樂都督，封樓煩縣公，賜李氏。以阿會部爲弱水州，處和部爲祁黎州，奧失部爲洛瓌州，度稽部爲太魯州,元俟折部爲渴野州,各以酋領辱紇主爲刺史,隸饒樂府。復置東夷都護府於營州,兼統松漠、饒樂地,置東夷校尉。

　　顯慶間可度者死,奚遂叛。五年,以定襄都督阿史德樞賓、左武候將軍延陀梯真、居延州都督李含珠爲冷陘道行軍總管。明年,詔尚書右丞崔餘慶持節總護定襄等三都督討之,奚懼乞降,斬其王匹帝。萬歲通天中,契丹反,奚亦叛,與突厥相表裏,號"兩蕃"。延和元年,以左羽林衛大將軍幽州都督孫佺、左驍衛將軍李楷洛、左威衛將軍周以悌帥兵十二萬,爲三軍,襲擊其部;次冷陘,前軍楷洛與奚酋李大酺戰不利。佺懼,斂軍,詐大酺曰:"我奉詔來慰撫若等,而楷洛違節度輒戰,非天子意,方戮以徇。"大酺曰:"誠慰撫我,有所賜乎?"佺出軍中繒帛、袍帶與之,大酺謝,請佺還師,舉軍得脱,爭先無部伍,大酺兵躡之,遂大敗,殺傷數萬,佺、以悌皆爲虜禽,送默啜害之。朝廷方多故,不暇討。

　　玄宗開元二年,使奧蘇悔落丐降,封饒樂郡王,左金吾衛大將軍、饒樂都督。詔宗室出女辛爲固安公主,妻大酺。明年,身入朝成昏。始復營州都督府,遣右領軍將軍李濟持節護送。大酺後與契丹可突于鬥,死。弟魯蘇領其部,襲王。詔兼保塞軍經略大使。牙官塞默羯謀叛,公主置酒誘殺之,帝嘉其功,賜主累萬。會與其母相告訐得罪,更以盛安公主女韋爲東光公主妻之。[三]後三年,封魯蘇奉誠郡王,右羽林衛將軍,擢其首領無慮二百人,皆位郎將。

**【校勘記】**

〔三〕更以盛安公主女韋爲東光公主妻之　"盛安公主女

韋”，《舊書》卷一九九下《奚傳》及《册府》卷九七九作“成安公主之女韋氏”。按成安公主爲中宗女，嫁韋捷，見本書卷八三《諸公主傳》及《唐會要》卷六。此當從《舊書》。

久之，契丹可突于反，脅奚衆並附突厥，魯蘇不能制，奔榆關，公主奔平盧。幽州長史趙含章發清夷軍討破之，衆稍自歸。明年，信安王禕降其酋李詩鎖高等部落五千帳，以其地爲歸義州，因以王詩，拜左羽林軍大將軍、本州都督，賜帛十萬，置其部幽州之偏。

李詩死，子延寵嗣，與契丹又叛，爲幽州張守珪所困。延寵降，復拜饒樂都督、懷信王，以宗室出女楊爲宜芳公主妻之。延寵殺公主復叛，詔立它酋婆固爲昭信王、饒樂都督，以定其部。安禄山節度范陽，詭邊功，數與鏖鬥，盛飾俘以獻，誅其君李日越，料所俘驍壯戍雲南。終帝世，凡八朝獻，至德、大曆間十二。

貞元四年，與室韋攻振武。後七年，幽州殘其衆六萬。德宗時，兩朝獻。元和元年，君梅落身入朝，拜檢校司空、歸誠郡王。以部酋索氏爲左威衛將軍、檀薊州游弈兵馬使，没辱孤平州游弈兵馬使，皆賜李氏。然陰結回鶻、室韋兵犯西城、振武。大抵憲宗世四朝獻。

大和四年，復盜邊，盧龍李載義破之，執大將二百餘人，縛其帥茹羯來獻，文宗賜冠帶，授右驍衛將軍。後五年，大首領匿舍朗來朝。大中元年，北部諸山奚悉叛，盧龍張仲武禽酋渠，燒帳落二十萬，取其刺史以下面耳三百，羊牛七萬，輜貯五百乘，獻京師。咸通九年，其王突董蘇使大都督薩葛入朝。

是後契丹方彊，奚不敢亢，而舉部役屬。虜政苛，奚怨之，其酋去諸引別部内附，保嬀州北山，遂爲東、西奚。

頁六一七三至六一七六、六一八四

## 《新五代史》卷七十四《四夷附録第三·奚》

奚，本匈奴之別種。當唐之末，居陰凉川，在營府之西，幽州之西北，<sup>〔一〕</sup>皆數百里。有人馬二萬騎。分爲五部：一曰阿薈部，二曰啜米部，三曰粵質部，四曰奴皆部，五曰黑訖支部。<sup>〔二〕</sup>後徙居琵琶川，在幽州東北數百里。地多黑羊，馬逾前蹄堅善走，其登山逐獸，下上如飛。

契丹阿保機彊盛，室韋、奚、霫皆服屬之。奚人常爲契丹守界上，而苦其苛虐，奚王去諸怨叛，以別部西徙嬀州，依北山射獵，常採北山麝香、仁參賂劉守光以自託。其族至數千帳，始分爲東、西奚。去諸之族，頗知耕種，歲借邊民荒地種穄，秋熟則來穫，窖之山下，人莫知其處。爨以平底瓦鼎，煮穄爲粥，以寒水解之而飲。

去諸卒，子掃剌立。莊宗破劉守光，賜掃剌姓李，更其名紹威。紹威卒，子拽剌立。同光以後，紹威父子數遣使朝貢。初，紹威娶契丹女舍利逐不魯之姊爲妻，後逐不魯叛亡入西奚，紹威納之。晉高祖入立，割幽州雁門以北入于契丹，是時紹威與逐不魯皆已死，耶律德光已立晉北歸，拽剌迎謁馬前，德光曰："非爾罪也。負我者，掃剌與逐不魯爾。"乃發其墓，粉其骨而颺之。後德光滅晉，拽剌常以兵從。其後不復見於中國。

自去諸徙嬀州，自別爲西奚，而東奚在琵琶川者，亦爲契丹所并，不復能自見云<sup>①</sup>。

**【校勘記】**

〔一〕幽州之西北　“西北”，原作“西南”，據《通鑑》卷二六六胡注引《歐史》改。按《通鑑》胡注因宋白稱奚“西南去幽州九百里”，《五代會要》卷二八作“南去幽州九百里”。

〔二〕五曰黑訖支部“黑訖支部”，《通鑑》卷二六六胡注引《歐史》同，宋丙本、宋文本作“墨訖支部”。

頁九〇九至九一〇

## 《通志》卷二百《四夷七·庫莫奚》

庫莫奚，聞於後魏及後周，其先東部鮮卑宇文之別種也。初爲慕容廆所破，遺落者竄匿松漠之間。其俗甚不潔，而善射獵，好爲寇鈔，邊郡頗罹其害。後魏登國三年，道武親自出討，至弱水南，大破之，獲其馬牛羊豕十餘萬。魏氏南遷，未遑征討，種類漸盛。及獻文、文成之世，歲致名馬、文皮。孝文初，遣使朝貢。太和四年，輒入塞内，辭以畏地豆于鈔掠，詔切責之。二十年，入寇安州，時營、燕、幽三州兵擊走之。後復款附，每求入塞交易，宣武許之。自是，歲常朝獻，至于齊世不絶。與契丹密邇，每相攻擊。突厥之興也，嘗臣屬之。衆既繁顆，遂分爲五部：一曰辱紇主，二曰莫賀弗，三曰契箇，四曰木昆，五曰室得，治饒樂水北，即鮮卑故地。一名如洛環水，蓋饒樂之訛也每部置俟斤一人爲其帥，隨逐水草，頗同突厥。有阿會氏，五部中最爲彊盛，諸部歸之。至隋代，始去

---

① 校勘記根據中華書局點校修訂本《新五代史》增補，頁一〇四四。

“庫莫”，獨稱曰“奚”。唐貞觀中，酋長可度者内附，太宗爲置饒樂都督府，拜可度者爲使持節六州諸軍事、饒樂都督、樓煩縣公，賜姓李氏，以所統五部爲五州，各以酋豪爲刺史。其後歷唐數世，叛服不常。懿宗時，契丹彊大，奚不敢與亢，舉部服屬之。契丹政苛，奚不堪命，其剮部分保嬀州北山，遂爲東、西奚云。

頁三二一三下至三二一四上

## 《文獻通考》卷三百四十四《四裔考二十一·庫莫奚》

庫莫奚，其先東部鮮卑宇文之别種。初爲慕容皝所破，遺落者竄匿松漠之閒，其地今柳城郡之北。其俗甚不潔，而善射獵，好爲寇掠。魏登國三年，道武親自出討，至弱水南，大破之，獲馬牛羊豕十餘萬。魏既入中原，諸種與庫莫奚滋盛。及開遼海，置戍和龍，諸夷震懼，各獻方物。文成、獻文之世，歲致名馬。孝文二十年，入寇安州，擊走之。後復款附，求入塞交易，許之，歲常朝獻。至武定以來不絶。齊時亦入貢。

及突厥興而臣屬之。後稍强盛，分爲五部：一曰辱紇主，二曰莫賀弗，三曰契箇，四曰木昆，五曰室得。理饒樂水北，即鮮卑故地，一曰如洛環水，蓋饒樂之訛也。每部置俟斤一人爲其帥，隨逐水草，頗同突厥。有阿會氏，五部中爲盛，諸部皆歸之。其俗，死者以葦薄裹屍，懸之樹上。其後款附，至隋代號曰奚，突厥稱蕃人後，亦遣使入朝。奚部落並在今柳城郡東北二千餘里。

唐開元五年二月，奚首領李大酺入朝，封從外甥女辛氏爲固安公主以妻之。八年，大酺戰死，共立其弟魯蘇爲主，詔仍以固安公主爲妻，允之。契丹可突于反，脅奚衆附突厥。魯蘇不能制，奔榆關，趙含章討平之，衆稍自歸。明年，酋李詩部落五千帳來降，以其地爲歸義州，授其酋都督。李詩死，子延寵嗣。後與契丹叛，詔立他酋婆固爲都督、昭信王，以定其部落。元宗世八入朝獻。至德以後朝獻不絶。元和元年，君梅落身入朝，拜檢校司空、歸誠郡王，賜姓李氏。然陰結回鶻、室韋，兵犯西城、振武。憲宗世四朝獻。太和四年，復寇邊，盧龍李載義破之。大中元年，北部諸山奚悉叛，盧龍張仲武禽酋渠，燒帳落二十萬。咸通九年，其王入朝。

是後契丹方强，奚不敢亢，而舉部役屬，當唐之末，居陰涼川，在營府之西，幽州之西南，皆數百里，有人馬二萬騎，分爲五部：一曰阿薈部，二曰啜米部，三曰粤質部，四曰奴皆部，五曰黑訖支部。後徙居琵琶川，在幽州東北數百里。地多黑羊，馬逾前，蹄堅善走，其登山逐獸，下上如飛。契丹阿保機彊盛，室韋、奚、霫皆服屬之。奚人常爲契丹守界上，而苦其苛虐，奚王去諸怨叛，以別部西徙媯州，依北山射獵，常採北山麝香、仁參賂劉守光以自託。其族至數千帳，始分爲東、西奚。去諸之族，頗知耕種，歲借邊民荒地種稷，秋熟則來穫，窖之山下，人莫知其處。爨以平底瓦鼎，煮稷爲粥，以寒水解之而飲。去諸卒，子埽刺立。後唐莊宗滅劉守光，賜埽刺姓李，更其名紹威。卒，子拽刺立。同光以後，紹威父子數遣使朝貢。初，紹威娶契丹女舍利逐不魯之姊爲妻。後逐不魯叛亡入西奚，紹威納之。晉高祖入立，割幽州、雁門以入於契丹，是時紹威與逐不魯皆已死，耶律德光已立晉北歸，拽刺迎謁馬前，德光曰：“非爾罪也。負我者，埽刺與逐不魯爾。”乃

發其墓，粉其骨而颺之。後德光滅晉，拽剌常以兵從。其後
不復見於中國。自去諸徙媯州，自別爲西奚，而東奚在琵琶
川者，亦爲契丹所并，不復能自見云。

頁二六九九下至二七〇〇中

# 庫莫奚人物傳記

## 《舊唐書》卷一百四十一《列傳第九十一·張孝忠》

張孝忠，本奚之種類。曾祖靖、祖遜，代乙失活部落酋帥。父謐，開元中以衆歸國，授鴻臚卿同正，以孝忠貴，贈戶部尚書。孝忠以勇聞於燕、趙。時號張阿勞、王没諾干，二人齊名。阿勞，孝忠本字；没諾干，王武俊本字。孝忠形體魁偉，長六尺餘，性寬裕，事親恭孝。天寶末，以善射授內供奉。安禄山奏爲偏將，破九姓突厥，先登陷陣，以功授果毅折衝。禄山、史思明繼陷河洛，孝忠皆爲其前鋒。史朝義敗，入李寶臣帳下。上元中，奏授左領軍郎將，累加左金吾衛將軍同正、試殿中監，仍賜名孝忠，歷飛狐、高陽二軍使。李寶臣以孝忠謹重驍勇，甚委信之，以妻妹昧谷氏妻焉，仍悉以易州諸鎮兵馬令其統制。前後居城鎮十餘年，甚著威惠。

田承嗣之寇冀州也，寶臣俾孝忠以精騎數千禦之。承嗣見其整肅，歎曰："張阿勞在焉，冀州未易圖也。"乃焚營宵遁。及寶臣與朱滔戰於瓦橋，常慮滔來攻，故以孝忠爲易州刺史，選精騎七千配焉，使扞幽州。奏授太子賓客、兼御史中丞，封范陽郡王。既而寶臣疑忌大將，殺李獻誠等四五人，使召孝忠，孝忠懼不往。寶臣使孝忠弟孝節召焉，孝忠命孝節復命曰：“諸將無狀，連頸受戮，孝忠懼死不敢往，亦不敢叛，猶公之不覲於朝，慮禍而已，無他志也。”孝節泣曰：“兄不行，吾歸死矣。”孝忠曰：“偕往則并命，吾留無患也。”乃歸，果無患。

　　無幾，寶臣死，其子惟岳阻兵不受命，朝廷詔幽州節度使討之。滔以孝忠宿將善戰，有精兵八千在易州，慮軍興則撓其後，乃使判官蔡雄説孝忠曰：“惟岳小子驕貴，不達人事，輒拒朝命。滔奉命伐罪，使君何用助逆，不自求多福耶！今昭義、河東攻破田悦，淮西李僕射收下襄陽，梁崇義投井而卒，臨漢江而誅者五千人，即河南軍計日北首，趙、魏滅亡可見也。使君誠能去逆效順，必受重任，有先歸國之功矣。”孝忠然之，乃遣衙官隨雄報滔，又遣易州録事參軍董積入朝。德宗嘉之，授孝忠檢校工部尚書、恒州刺史、兼御史大夫，充成德軍節度使，便令與滔合兵攻惟岳，仍賜實封二百户。其弟孝義及孝忠三女已適人在恒州者，悉爲惟岳所害。孝忠甚德滔之保薦，以其子茂和聘滔之女，契約甚密，遂合兵破惟岳之師於束鹿，惟岳遁歸恒州。滔請乘勝襲之，孝忠仍引軍西北，還營義豐，滔大駭。孝忠將佐曰：“尚書布赤心於朱司徒，相信至矣。今逆寇已潰，不終其功，竊所未喻。”孝忠曰：“本求破賊，賊已破矣。然恒州宿將尚多，迫之則困獸猶鬥，緩之必翻然改圖。又朱滔言大識淺，可以慮始，難與守成。吾壁義豐，坐待惟岳之殄滅耳。”既而朱滔屯束鹿，不敢進軍。月餘，王武俊果斬惟岳首以獻，如孝忠所料。後定州刺史楊政義以州降，孝忠遂有易、定之地。時既誅惟岳，分四州各置觀察使，武俊得恒州，康日知得深、趙二州，孝忠得易州。以成德軍額在恒州，孝忠既降政義，朝廷乃於定州置義武軍，以孝忠檢校兵部尚書，爲義武軍節度、易定滄等州觀察等使。

及朱滔、王武俊謀叛，將救田悦於魏州，慮孝忠躡後，滔軍將發，復遣蔡雄往説之。孝忠曰："李惟岳背國作逆，孝忠歸國，今爲忠臣。孝忠性直，業已效忠，不復助逆矣。往與武俊同行，且孝忠與武俊俱出蕃部，少長相狎，深知其心僻，能翻覆，語司徒，當記鄙言，忽有蹉跌，始相憶也！"滔又啗以金帛，終拒而不從。易定居二兇之間，四面受敵，孝忠修峻溝壘，感勵將士，竟不受二兇之熒惑，議者多之。又加檢校左僕射，實封至三百户。後孝忠爲朱滔侵逼，詔神策兵馬使李晟、中官竇文場率師援之。孝忠以女妻晟子憑，與晟戮力同心，整訓士衆，竟全易定，賊不敢深入。及上幸奉天，令大將楊榮國提鋭卒六百從晟入關赴難，收京城，榮國有功。

興元元年正月，詔以本官同平章事。滄州本隸成德軍，既移隸義武，其刺史李固烈者，惟岳妻兄也，請還恒州。是歲，孝忠遣牙將程華往滄州交檢府藏。固烈輜車數十乘上路，滄州軍士呼曰："士皆菜色，刺史不垂賑卹，乃稛載而歸，官物不可得也！"殺固烈而剽之。程華聞亂，由竇而遁，將士追之，謂曰："固烈貪暴，已誅之矣，押牙且知州務。"孝忠即令攝刺史事。及朱滔、王武俊稱僞國，華與孝忠阻絶，不能相援。華嬰城拒賊，一州獲全，朝廷嘉之，乃拜華滄州刺史、御史中丞，充横海軍使，仍改名曰華，令每歲以滄州税錢十二萬貫供義武軍。

貞元二年，河北蝗旱，米斗一千五百文，復大兵之後，民無蓄積，餓殍相枕。孝忠所食，豆鹽而已，其下皆甘粗糲，人

皆服其勤儉，孝忠爲一時之賢將也。三年，加檢校司空，仍以
其子茂宗尚義章公主。孝忠遣其妻鄧國夫人昧谷氏入朝，執
親迎之禮，上嘉之，賞賚隆厚。五年七月，爲將佐所惑，以兵
入蔚州；尋詔歸鎮，仍以擅興削檢校司空。七年三月卒，時年
六十二，廢朝三日，追封上谷郡王，贈太傅，再贈魏州大都督，
册贈太師，謚曰貞武。子茂昭、茂宗、茂和。

　　茂昭，本名昇雲。幼有志氣，好儒書，以父蔭累官至檢校
工部尚書。貞元七年，孝忠卒，德宗以邕王諒爲義武軍節度
大使、〔五〕易定觀察使；以昇雲爲定州刺史，起復左金吾衞大
將軍，充節度觀察留後，仍賜名茂昭。九年正月，〔六〕授節度
使，累遷檢校僕射、司空。二十年十月，入朝，累陳奏河北及
西北邊事，詞情忠切，德宗聳聽，嘆曰："恨見卿之晚！"錫宴
於麟德殿，賜良馬、甲第、器用、珍幣甚厚，仍以其第三男克禮
尚晉康郡主。德宗方欲委之以邊任，明年晏駕，茂昭入臨於
太極殿，每朝晡預列，聲哀氣咽，人皆獎其忠懇。順宗聽政，
加中書門下平章事，且令還鎮，賜女樂二人，三表辭讓，及中
使押犢車至第，茂昭立謂中使曰："女樂出自禁中，非臣下所
宜目睹。昔汾陽、咸寧、西平、北平嘗受此賜，不讓爲宜。茂
昭無四賢之功，述職入覲，人臣常禮，奈何當此寵賜！後有立
功之臣，陛下何以加賞？"順宗聞之，深加禮異，允其所讓。
又錫安仁里第，亦固讓不受。元和二年，又請入覲，五上章懇
切，憲宗許之。冬十月，至京師，留數月，詔令歸鎮。茂昭願
奉朝請於闕下，不許，加太子太保，復令還鎮。

## 【校勘記】

〔五〕邕王諒 “諒”字各本原作“諒”，據本書卷一五〇《德宗諸子傳》、《合鈔》卷一九二《張孝忠傳》改。

〔六〕九年 各本原作“元年”，據本書卷一三《德宗紀》、《通鑑》卷二三四改。

四年，王承宗叛，詔河東、河中、振武三鎮之師，合義武軍，爲恒州北道招討。茂昭創廩廄，開道路，以待西軍。屬正月望夜，軍吏請曰：“舊例，上元前後三夜，不止行人，不閉里門；今外道軍戎方集，請如軍令。”茂昭曰：“三鎮兵馬，官軍也，安得言外道！放燈一如常歲。”使長男克讓與諸軍分道並進。克讓渡木刀溝，與賊接戰屢勝。茂昭親擐甲胄，爲諸軍前鋒，累獻戎捷，幾覆承宗。會朝廷洗雪承宗，乃詔班師，加檢校太尉，兼太子太傅。

自安、史之亂，兩河藩帥多阻命自固，父死子代；唯茂昭表請舉族還朝，鄰藩累遣遊客間説，茂昭志意堅決，拜表求代者數四。上乃命左庶子任迪簡爲其行軍司馬，〔七〕乘驛赴之。以兩郡之簿書、管鑰、符印付迪簡，遣其妻季氏、男克讓克恭等先就路，將行，誡之曰：“吾使爾曹侍親出易者，庶後之子孫不爲風俗所染，則吾無恨矣。”時五年冬也。行及晉州，拜檢校太尉、兼中書令，充河中晉絳慈隰等州節度觀察等使。十二月十二日，至京師。故事雙日不坐，是日特開延英殿對茂昭，五刻乃罷。又上表請遷祖考之骨墓于京兆。在朝兩月，未之鎮。六年二月，疽發於首，卒，時年五十。廢朝五日，册贈太師，賻絹三千匹、布一千端、米粟三千石，喪事所須官給，詔京兆尹監護，謚曰獻武。

## 【校勘記】

〔七〕任迪簡　各本原作“任簡迪”，據本書卷一四《憲宗紀》及卷一八五下《任迪簡傳》改。

憲宗念其忠藎，諸昆仲子姪皆居職秩，仍詔每年給絹二千匹，春秋分給。克讓、克恭官至諸衞大將軍。小男克勤，長慶中左武衞大將軍。時有赦文許一子五品官，克勤以子幼，請準近例迴授外甥。狀至中書，下吏部員外郎判廢置，裴夷直斷曰：“一子官，恩在念功，貴於延賞；若無己子，許及宗男。今張克勤自有息男，妄以外甥奏請，移於他族，知是何人，倘涉賣官，實爲亂法。雖援近日赦例，難破著定格文，國章既在必行，宅相恐難虛授。具狀上中書門下，克勤所請，望宜不允。”遂爲定例。

茂宗以父蔭累官至光禄少卿同正。貞元三年，許尚公主，拜銀青光禄大夫、本官駙馬都尉，以公主幼待年。十三，屬茂宗母亡，遺表請終嘉禮。德宗念茂昭之勳，即日授雲麾將軍，起復授左衞將軍同正、駙馬都尉。諫官蔣乂等論曰：“自古以來，未聞有駙馬起復而尚公主者。”上曰：“卿所言，古禮也；如今人家往往有借吉爲婚嫁者，卿何苦固執？”又奏曰：“臣聞近日人家有不甚知禮教者，或女居父母服，家既貧乏，且無强近至親，即有借吉以就親者。至於男子借吉婚娶，從古未聞，今忽令駙馬起復成禮，實恐驚駭物聽。況公主年幼，更俟一年出降，時既未失，且合禮經。”太常博士韋彤、裴堪曰：“伏見駙馬都尉張茂宗猶在母喪，聖恩念其亡母遺表所請，許公主出降，仍令茂宗即吉就婚者。伏以夫婦之義，人倫

大端，所以《關雎》冠於《詩》首者，王化所先也。天屬之親，
孝行爲本，所以齊斬五服之重者，人道之厚也。聖人知此二
端爲訓人之本，不可變也，故制婚禮，上以承宗廟，下以繼後
嗣。至若墨衰奪情，事緣金革。若使茂宗釋衰服而衣冕裳，
去堊室而爲親迎，雖云輟哀借吉，是亦以凶瀆嘉。伏願抑茂
宗亡母之請，顧典章不易之義，待其終制，然後賜婚。”德宗不
納，竟以義章公主降茂宗。自是以戚里之親，頗承恩顧。

　　元和中，爲閑廏使。國家自貞觀中至於麟德，國馬四十
萬匹在河、隴間。開元中尚有二十七萬，雜以牛羊雜畜，不啻
百萬，置八使四十八監，占隴右、金城、平涼、天水四郡，幅員
千里，自長安至隴右，置七馬坊，爲會計都領。岐、隴間善水
草及腴田，皆屬七馬坊。至德以後，<sup>（八）</sup>西戎陷隴右，國馬盡
散，監牧使與七馬坊名額盡廢，其地利因歸於閑廏使。寶應
中，鳳翔節度使請以監牧賦給貧民爲業，土著相承，十數年
矣。又有別敕賜諸寺觀凡千餘頃。及茂宗掌閑廏，與中尉吐
突承璀善，遂恃恩舉舊事，並以監牧地租歸閑廏司。茂宗又
奏麟遊縣有岐陽馬坊，按舊圖地方三百四十頃，制下閑廏司
檢計。百姓紛紜論訴，節度使李惟簡具事上聞，詔監察御史
孫革往按問之。革還奏曰：“天興縣東五里有隋故岐陽馬坊，
地在其側，蓋因監爲名，與今岐陽所指百姓侵占處不相接，皆
有明驗。”茂宗怒，恃有中助，誣革所奏不實。又令侍御史范
傳式覆按，乃附茂宗，盡翻前奏，遂奪居人田業，皆屬閑廏，乃
罷革官。長慶初，岐人論訴不已，詔御史按驗明白，乃復以其
地還百姓，貶傳式官。

**【校勘記】**

〔八〕至德以後　各本原作“至麟德以後”，按麟德以後，隴右猶未陷，今據《新書》卷一四八《張孝忠傳》删“麟”字。

茂宗俄授左金吾衛大將軍。長慶二年，檢校工部尚書，兼兗州刺史、御史大夫，充兗海沂節度等使，加檢校兵部尚書。大和五年，入爲左金吾衛大將軍，充左衛使，<sup>〔九〕</sup>轉左龍武統軍卒。

**【校勘記】**

〔九〕充左衛使　《合鈔》卷一九二《張孝忠傳》作“充左街使”。

茂和，元和中爲左武衛將軍。裴度爲淮西行營處置，用兵討吴元濟，建牙赴行營，奏用茂和爲都押衙。茂和嘗以膽氣才略自贊於相府，故度奏用之。茂和慮度無功，淮、蔡不可平，乃辭之以疾。度怒甚，奏請斬茂和以勵行者，憲宗曰：“予以其家門忠順，爲卿遠貶。”後復用爲諸衛將軍，卒。

頁三八五四至三八六二、三八六三至三八六四

# 《新唐書》卷一百四十八《列傳第七十三·張孝忠》

張孝忠字孝忠，本奚種，世爲乙失活酋長。父謐，開元中提衆納款，授鴻臚卿。孝忠始名阿勞，以勇聞，燕、趙間共推張阿勞、王没諾干，二人齊名。没諾干，王武俊也。孝忠魁偉，長六尺，性寬裕，事親孝。天寶末，以善射供奉仗内。安禄山奏爲偏將，破九姓突厥，以功擢漳源府折衝。禄山、史思明陷河、洛，常爲賊前鋒。

朝義敗，乃自歸，授左領軍將軍，以兵屬李寶臣。累加左金吾衛將軍，賜今名。寶臣以其沈毅謹詳，遂爲姻家，易州諸屯委以統制，十餘年，威惠流聞。田承嗣寇冀州，寶臣付兵四千，使出上谷，屯貝丘。承嗣見其軍整嚴，歎曰："阿勞在焉，冀未可圖也。"即焚營去。寶臣與朱滔戰瓦橋，奏孝忠爲易州刺史，分精騎七千，當幽州。擢太子賓客，封符陽郡王。[一]

**【校勘記】**

〔一〕封符陽郡王 《舊書》卷一四一《張孝忠傳》"符"作"范"。

寶臣晚節稍忌刻，殺大將李獻誠等而召孝忠，孝忠不往，復使其弟孝節召之。孝忠復命曰："諸將無狀，連頸受戮。吾懼禍，不敢往，亦不敢叛，猶公不覲天子也。"孝節泣曰："即歸，且僇死。"孝忠曰："偕往則幷命，吾留，無患也。"果不敢殺。

然寶臣素善孝忠，及病不能語，以手指北而死。子惟岳擅立，詔朱滔以幽州兵討之。滔忌孝忠善戰，慮師出爲己患，使判官蔡雄往説曰："惟岳孺子，弄兵拒命，吾奉詔伐罪，公乃宿將，安用助逆而不自求福也？今昭義、河東軍已破田悦，而淮西軍下襄陽，梁崇義尸出井中，斬漢江上者五千人，河南軍計日北首，趙、魏滅亡可見。公誠去逆蹈順，倡先歸國，可以建不世功。"孝忠然之，遣將程華報滔連和，遣易州録事參軍事董積入朝。德宗嘉之，擢孝忠檢校工部尚書、成德軍節度使，令與滔幷力。孝忠子弟在恒州者皆死。孝忠重德滔，爲子茂和聘其女，締約益堅。

敗惟岳於束鹿，滔欲乘勝襲恒州，孝忠乃引軍西北，壁
義豐。滔疑之，孝忠將佐諫曰："尚書推赤心於朱司徒，可謂
至矣。今逆賊已潰，元功不終，後且悔之。"孝忠曰："本求破
賊，賊已破矣，而恒州多宿將，迫之則死門，緩之則改圖。且
滔言大而識淺，可以慮始，難與守成。故吾堅壁于此，以待賊
之滅耳。"滔亦止屯束鹿。月餘，王武俊果斬惟岳以獻。已而
定州刺史楊政義以州降孝忠，遂有易、定。時三分成德地，詔
定州置軍，名義武，以孝忠爲節度、易定滄等州觀察使。

　　後滔與武俊叛，復遣蔡雄説之，答曰："吾既爲唐臣，而天
性樸彊，業已效忠，不復助惡矣。吾與武俊少相狎，然其心喜
反覆，不可信。幸謝司徒，志鄙言。"滔復啗以金帛，皆不受。
易、定介二鎮間，乃浚溝壘，脩器械，感屬將士，乘城固守。滔
悉兵攻之，帝詔李晟、竇文場率師援孝忠，滔解去，遂全其軍。
孝忠因與晟結婚。天子出奉天，孝忠遣將楊榮國以鋭卒六百
佐晟赴難，收京師。興元初，詔同中書門下平章事。

　　貞元二年，河北蝗，民餓死如積，孝忠與其下同粗淡，日
膳裁豆䐮而已，人服其儉，推爲賢將。明年，檢校司空。詔其
子茂宗尚義章公主，孝忠遣妻入朝，執親迎禮，賞賚甚厚。五
年，爲將佐所惑，以兵襲蔚州，入之，奉詔還鎮。有司劾擅興，
削司空。六年，還其官。卒，年六十二，追封上谷郡王，贈太
師，謚曰貞武。

　　子茂昭、茂宗、茂和。


　　茂宗擢累光禄少卿、左衛將軍。元和中，歷閑厩使。初，
至德時，西戎陷隴右，故隴右監及七厩皆廢，而閑厩私其地

入，寶應初，始以其地給貧民。茂宗恃恩，奏悉收其賦，又奏取麟游岐陽牧地三百餘頃，民訴諸朝，詔監察御史孫革按行，還奏不可。茂宗負左右助，誣革所奏不實，復遣侍御史范傳式覆實，乃悉奪其田。長慶初，岐人列訴，下御史，盡以其地還民。寶曆初，遷兗海節度使。終左龍武統軍。

茂和歷左武衛將軍。裴度討蔡，奏爲都押衙。茂和數以膽勇求自試，謂度無功，辭不行。度請斬之以令軍，憲宗曰：“予以其家忠且孝，爲卿遠斥。”後終諸衛將軍。

茂昭本名昇雲，德宗時賜今名，字豐明。少沈毅，頗通書傳。孝忠時，累擢檢校工部尚書。孝忠卒，帝拜邕王諝爲義武軍節度大使，[二]以茂昭爲留後，封延德郡王。後二年，爲節度使。弟昇璘薄王武俊爲人，座上嫚罵，武俊怒，襲義豐、安喜、無極，掠萬餘人，茂昭嬰城，遣人厚謝，乃止。久之，入朝，爲帝從容言河朔事，帝竦聽，曰：“恨見卿晚！”召宴麟德殿，賜良馬、甲第、器幣優具，詔其子克禮尚晉康郡主。帝方倚之經置北方，會崩，故茂昭每入臨，輒哀不自勝。

**【校勘記】**

〔二〕帝拜邕王諝爲義武軍節度大使　“諝”，各本原作“諒”。據本書卷八二及《舊書》卷一五〇《文敬太子諝傳》、《唐會要》卷七八改。

順宗立，進同中書門下平章事，復遣之鎮，賜女樂二人，固辭，車至第門，茂昭引詔使辭曰：“天子女樂，非臣下所宜見。昔汾陽、咸寧、西平、北平皆有大功，故當是賜。今下臣述職以朝,奈何濫賞? 後日有立功之臣,陛下何以加之?"復賜安仁里第,亦讓不受。憲宗元和二年,請朝,五奏乃聽。願留,不許,加兼太子太保。

既還,王承宗叛,詔河東、河中、振武、義武合軍爲恒州北道招討,茂昭治廪厩,列亭候,平易道路,以待西軍。承宗以騎二萬踰木刀溝與王師薄戰,茂昭躬擐甲爲前鋒,令其子克讓、從子克儉與諸軍分左右翼繞賊,大敗之,承宗幾危。會有詔班師,加檢校太尉,兼太子太傅。

乃請舉宗還朝,表數上,帝乃許。北鎮遣客間説,皆不納。詔左庶子任迪簡爲行軍司馬,乘馹往代。茂昭奉兩州符節、管鑰、圖籍歸之。先敕妻子上道,戒曰:"吾使而曹出易,庶後世不爲汙俗所染。"未半道,迎拜兼中書令,充河中晉絳慈隰節度使。至京師,雙日開延英,對五刻罷。又表遷墳墓于京兆,許之。明年,疽發於首卒,年五十,册贈太師,謚曰獻武。帝思其忠,擢諸子皆要職,歲給絹二千匹。

少子克勤,開成中歷左武衛大將軍。有詔賜一子五品官,克勤以息幼,推與其甥,吏部員外郎裴夷直劾曰:"克勤紊有司法,引庇它族,開後日賣爵之端,不可許。"詔聽,遂著于令。

頁四七六七至四七七二、四七九二

## 《舊唐書》卷一百四十二《列傳第九十二·李寳臣》

李寳臣,范陽城旁奚族也。故范陽將張鎖高之假子,故姓張,名忠志。幼善騎射,節度使安禄山選爲射生官。天寳中,隨禄山入朝,玄宗留爲射生子弟,出入禁中。及禄山叛,

忠志遁歸范陽，祿山喜，錄爲假子，姓安，常給事帳中。祿山
兵將指闕，使忠志領驍騎八千人入太原，劫太原尹楊光翽。
忠志挾光翽出太原，萬兵追之不敢近。祿山使董精甲，扼井
陘路，軍於土門。安慶緒僞署爲恒州刺史。九節度之師圍慶
緒於相州，忠志懼，獻章歸國，肅宗因授恒州刺史。及史思明
復渡河，僞授忠志工部尚書、恒州刺史、恒趙節度使，統衆三
萬守常山。及思明敗，不受朝義之命，乃開土門路以內王師。
河朔平定，忠志與李懷仙、薛嵩、田承嗣各舉其地歸國，皆賜
鐵券，誓以不死。因授忠志開府儀同三司、檢校禮部尚書、恒
州刺史，實封二百户，仍舊爲節度使。乃以恒州爲成德軍，賜
姓名曰李寶臣。

　　時寶臣有恒、定、易、趙、深、冀六州之地，後又得滄州步
卒五萬、馬五千匹，當時勇冠河朔諸帥。寶臣以七州自給，軍
用殷積，招集亡命之徒，繕閱兵仗，與薛嵩、田承嗣、李正己、
梁崇義等連結姻婭，互爲表裏，意在以土地傳付子孫，不稟朝
旨，自補官吏，不輸王賦。初，天寶中，天下州郡皆鑄銅爲玄
宗真容，擬佛之制。及安、史之亂，賊之所部，悉鎔毀之，而恒
州獨存，由是實封百户。

　　初，寶臣、正己皆爲承嗣所易。寶臣弟寶正娶承嗣女，在
魏州與承嗣子維擊鞠，寶正馬馳駮，觸殺維，承嗣怒，繫寶正
以告。寶臣謝爲教不謹，緘杖令承嗣以示責，承嗣遂鞭殺之，
由是交惡。

　　大曆十年，寶臣、正己更言承嗣之罪，請討之，代宗欲因
其相圖，乃從其請。時幽州節度留後朱滔方恭順朝廷，詔滔
與寶臣及太原之師攻其北，正己與滑亳、河陽、江淮之師攻其

南。寶臣、正己會軍于棗强，椎牛釃酒，犒勞將士，仍頒優賞。寶臣軍賞厚，正己軍賞薄。既罷會，正己軍中咄咄有辭，正己聞之，懼有變，即時引退。由是寶臣、朱滔共攻承嗣之滄州，連年未下。時承嗣使腹心將盧子期攻邢州，[一]城將陷，寶臣發精卒赴救，擊敗之，擒子期來獻。河南諸將又大破田悦于陳留，正己收承嗣之德州，以重兵臨其境，指期進討。承嗣大懼，遂求解於寶臣，寶臣不許。

**【校勘記】**

〔一〕邢州　本卷下文及《通鑑》卷二二五作“磁州”。

初，正己將發兵，使人至魏，承嗣囚之；及是，乃厚禮遣歸，發使與俱，具列境内户口兵糧之數，悉以奉正己，且告曰：“承嗣老矣，今年八十有六，形體支離，無日月焉。己子不令，悦亦孱弱，不足保其後業。今之所有，爲公守耳，曷足辱公師旅焉！”立使者于廷，南向，拜而授書；又圖正己形，焚香事之如神，謂人曰：“真聖人也！”正己聞之，且得其歡，乃止，諸軍莫敢進者。

承嗣止正己，無南軍之虞。又知范陽寶臣故里，生長其間，心常欲得之，乃勒石爲讖，密瘞寶臣境内，使望氣者云：“此中有王氣。”寶臣掘地得之，有文曰：“二帝同功勢萬全，將田作伴入幽、燕。”二帝，指寶臣、正己也。承嗣又使客諷之曰：“公與朱滔共舉，取吾滄州，設得之，當歸國，非公所有。誠能捨承嗣之罪，請以滄州奉獻，可不勞師而致，願取范陽以自效。公將騎爲前驅，承嗣率步卒從，此萬全之勢。”寶臣喜，以爲事合符命，遂與承嗣通謀，割州與之。寶臣乃密圖范陽，承嗣亦陳兵境上。寶臣謂朱滔使曰：“吾聞朱公貌如神，安得而識之，願因繪事而觀，可乎？”滔乃圖其形以示之。寶臣懸於射堂，命諸將熟視之，曰：“朱公信神人也！”他日，滔出軍，寶臣密選精卒劫之，戒其將曰：“取彼貌如射堂所懸者。”是時，二軍不相虞有變，滔與戰於瓦橋，滔適衣他服，以不識免。承嗣聞與滔交鋒，其釁已成，乃旋軍，使告寶臣曰：“河内有警急，不暇從公。石上讖文，吾戲爲之耳！”寶臣慚怒而退。

遷左僕射，封隴西郡王、檢校司空、同中書門下平章事。德宗即位，拜司空，兼太子太傅。寶臣名位既高，自擅一方，專貯異志。妖人僞爲讖語，言寶臣終有天位。寶臣乃爲符瑞及靈芝朱草，作朱書符。又於深室齋戒築壇，上置金匭、玉斝，云“甘露神酒自出”。又僞刻玉爲印，金填文字，告境内云：“天降靈瑞，非予所求，不祈而至。”將吏無敢言者。妖輩慮其詐發，乃曰：“相公須飲甘露湯，即天神降。”寶臣然之。妖人置菫湯中，飲之，三日而卒。

寶臣暮年，益多猜忌，以惟岳暗懦，諸將不服，即殺大將辛忠義、盧俶、定州刺史張南容、趙州刺史張彭老、許崇俊等二十餘人，家口没入，自是諸將離心。建中二年春卒，時年六十四，廢朝三日，册贈太保。子惟岳、惟誠、惟簡。

寶臣卒時，惟岳爲行軍司馬，三軍推爲留後，仍遣使上表求襲父任，朝旨不允。魏博節度使田悦上章保薦，請賜旄節，不許。惟岳乃與田悦、李正己同謀拒命，判官邵真泣諫，以爲不可。惟岳暗懦，初雖聽從，終爲左右所惑而止。而所與圖議，皆姦吏胡震、家人王他奴等，唯勸拒逆爲事。

惟岳舅谷從政者，有智略，爲寶臣所忌，移病不出；至是知惟岳之謀，慮其覆宗，乃出諫惟岳曰：“今天下無事，遠方朝貢，主上神武，必致太平。如至不允，必至加兵。雖大夫恩及三軍，萬一不捷，孰爲大夫用命者？又先朝相公與幽帥不協，今國家致討，必命朱滔爲帥。彼嘗切齒，今遂復讎，可不懼乎！又頃者相公誅滅軍中將校，其子弟存者，口雖不言，心寧無憤？兵猶火也，不戢自焚。往者田承嗣佐安禄山、史思明謀亂天下，千征百戰；及頃年侵擾洺、相等州，爲官軍所敗，及貶永州，仰天垂泣。賴先相公佐佑保援，方獲赦宥，若雷霆不收，承嗣豈有生理！今田悦凶狂，何如承嗣名望？苟欲坐邀富貴，不料破家覆族。而況今之將校，罕有義心，因利乘便，必相傾陷。爲大夫畫久長之計，莫若令惟誠知留後，大夫自速入朝。國家念先相公之功，見大夫順命，何求而不得？今與群逆爲自危之計，非保家之道也。”惟岳亦素忌從政，皆不聽，竟與魏、齊謀叛。

既而惟岳大將張孝忠以郡歸國，朝廷以孝忠爲成德軍節度使，仍詔朱滔與孝忠合勢討之。惟岳以精甲屯束鹿以抗之，田悦遣大將孟佑率兵五千助惟岳。建中三年正月，朱滔、孝忠大破恒州軍於束鹿，惟岳燒營而遁。惟岳大將趙州刺史康日知以郡歸國，惟岳乃令衙將衛常寧率士卒五千，兵馬使王武俊率騎軍八百同討日知。武俊既出恒州，謂常寧曰：“武俊盡心於本使，大夫信讒，頗相猜忌，所謂朝不謀夕，豈圖生路！且趙州用兵，捷與不捷，武俊不復入恒州矣！妻子任從屠滅，且以殘生往定州事張尚書去也，孰能持頸就戮！”常寧曰：“中丞以大夫不可事，且有詔書云，斬大夫首者，以其官爵授。自大夫拒命已來，張尚書以易州歸國得節度使。今聞日知已得官爵。觀大夫事勢，終爲朱滔所滅。此際轉禍爲福，莫若倒戈入使府，誅大夫以取富貴也。況大夫暗昧，左右誑惑，其實易圖。事苟不捷，歸張尚書非晚。"武俊然之。三年閏正月，武俊與常寧自趙州迴戈，達明至恒，武俊子士真應於内。武俊兵突入府署，遣虞候任越劫擒惟岳，[二] 縊死於戟門外；又誅惟岳妻父鄭華及長慶、王他奴等二十餘人，傳首京師。

**【校勘記】**

〔二〕虞候任越　 "候"字各本原無，據《合鈔》卷一九三《李寶臣傳》補。

惟誠，惟岳異母兄，以父蔭爲殿中丞，累遷至檢校户部員外郎。好儒書理道，寶臣愛之，委以軍事；性謙厚，以惟岳嫡嗣，讓而不受。同母妹嫁李正己子納，寶臣以其宗姓，請惟誠歸本姓，又令入仕於鄆州，爲李納營田副使。歷兖、淄、濟、淮四州刺史，竟客死東平。

惟簡，寶臣第三子。初，王武俊既誅惟岳，又械惟簡送京師，德宗拘於客省，防伺甚峻。朱泚之亂，惟簡斬關而出，赴奉天，德宗嘉之，用爲禁軍將。從渾瑊率師討賊，頻戰屢捷，加御史中丞。從幸山南，得 "元從功臣"之號，封武安郡王。後授左神威大將軍，轉天威統軍。元和初，檢校户部尚書、左金吾衛大將軍，充街使，俄拜鳳翔隴右節度使。元和十三年正月卒，贈尚書右僕射。

子元本，生於貴族，輕薄無行。初，張茂昭子克禮尚襄陽公主。長慶中，主縱恣不法，常遊行市里。有士族子薛樞、薛渾者，俱得幸於主。尤愛渾，每詣渾家，謁渾母行事姑之禮。有吏誰何者，即以厚賂啗之。渾與元本皆少年，遂相誘掖，元本亦得幸於主，出入主第。張克禮不勝其忿，上表陳聞，乃召主幽于禁中。以元本功臣之後，得減死，杖六十，流象州。樞、渾以元本之故，亦從輕杖八十，長流崖州。

頁三八六五至三八七一、三八九三

## 《新唐書》卷二百一十一《列傳第一百三十六·藩鎮鎮冀·李寶臣》

李寶臣字爲輔，本范陽内屬奚也。善騎射。范陽將張鎖高畜爲假子，故冒其姓，名忠志。爲盧龍府果毅，常覘虜陰山，追騎及，射六人盡殪，乃還。爲安禄山射生，從入朝，留爲射生子弟，出入禁中。禄山反，遁歸，更爲禄山假子，使將驍騎十八人，劫太原尹楊光翽，挾以出，追兵萬餘不敢逼。又督精甲軍土門，以扼井陘。事安慶緒爲恒州刺史。九節度師圍相州也，忠志懼，歸命于朝，肅宗即授故官，封密雲郡公。史思明度河，忠志復叛，勒兵三萬固守，賊將辛萬寶屯恒州相掎角。

思明死，忠志不肯事朝義，使裨將王武俊殺萬寶，挈恒、趙、深、定、易五州以獻。雍王東討，開土門納王師，助攻莫州。朝義平，擢禮部尚書，封趙國公，名其軍曰成德，即拜節度使，賜鐵券許不死，它賚與不貲，賜姓及名。於是遂有恒、定、易、趙、深、冀六州地，馬五千，步卒五萬，財用豐衍，益招來亡命，雄冠山東。與薛嵩、田承嗣、李正己、梁崇義相姻嫁，急熱爲表裏。先是天寶中，玄宗冶金自爲象，州率置祠，更賊亂，悉毀以爲貨，而恒獨存，故見寵異，加賜實封。

始，寶臣與正己素爲承嗣所易。其弟寶正，承嗣婿也，往依魏，與承嗣子維擊毬，馬駭，觸維死，承嗣怒，囚之，以告寶臣，寶臣謝教不謹，進杖，欲使示責，而承嗣遂鞭殺之，由是交惡。乃與正己共劾承嗣可討狀。代宗欲其自相圖，則勢離易制，即詔寶臣與朱滔及太原兵攻其北，正己與滑亳、河陽、江淮兵攻其南。師會棗彊，椎牛饗軍，寶臣厚賜士，而正己頗觳，軍怨望，正己懼有變，即引去。惟滔、寶臣攻滄州，歷年未下，擊宗城，殘之，斬二千級。承嗣弟廷琳方守貝州，遣高嵩巖將兵三千戍宗城，寶臣使張孝忠攻破之，斬嵩巖，逸所執將四十餘人。會王武俊執賊大將盧子期，遂降洺、瀛。當是時，河南諸將敗田悦於陳留，正己取德州，欲頗窮討。承嗣懼，乃甘言紿正己，正己止屯，諸軍亦莫敢進。

於是天子遣中人馬希倩勞寶臣，寶臣歸使者百縑，使者恚，抵諸道，寶臣顧左右愧甚。諸將已休，獨武俊佩刀立戺下，語之故。武俊計曰："趙兵有功尚爾，使賊平，天子幅紙召置京師，一匹夫耳。"曰："奈何？"對曰："養魏以爲資，上策也。"寶臣曰："趙、魏有釁，何從而可？"對曰："勢同患均，轉寇讎爲父子，欬唾間耳。朱滔屯滄州，請禽送魏，可以取信。"寶臣然之。

先是，承嗣知寶臣少長范陽，心常欲得之。乃勒石若讖者瘞之境，教望氣者云有王氣。寶臣掘得之，文曰："二帝同功勢萬全，將田作伴入幽燕。""帝"謂寶臣與正己爲二。而陰使客説曰："公與滔共攻滄，即有功，利歸天子，公于何賴？

誠能赦承嗣罪，請奉滄州入諸趙，願取范陽以報。公以騎前
驅，承嗣以步卒從，此萬全勢也。"寶臣喜得滄州，又見語與讖
會，遂陰交承嗣而圖幽州，承嗣陳兵出次以自驗。

　　寶臣謬謂滔使曰："吾聞朱公貌若神，願繪而觀可乎？"
滔即圖以示之。寶臣置圖射堂，大會諸將，熟視曰："信神人
也！"密選精卒二千，夜馳三百里欲劫滔，戒曰："取彼貌如射
堂者。"時二軍不相虞，忽聞變，滔大駭，戰瓦橋，敗，衣佗服
得脱，禽類滔者以歸承嗣。承嗣知釁成，還軍入堡，使人謝寶
臣曰："河内方有警，未暇從公。石讖，吾戲爲耳！"寶臣慚而
還。俄進封隴西郡王，又拜同中書門下平章事。德宗立，拜
司空。

　　寶臣晚節尤猜忌，自顧子惟岳且暗弱，恐下不服，即殺骨
髓將辛忠義、盧俶、許崇俊、張南容、張彭老等二十餘人，籍入
其貲，衆乃攜貳。寶臣既貯異志，引妖人作讖兆，爲丹書、靈
芝、朱草，齋別室，築壇置銀盤、金匦、玉斝，猥曰："內産甘露
神酒。"刻玉印，告其下曰："天瑞自至。"衆莫敢辨者。妖人
復言："當有玉印自天下，海內不戰而定。"寶臣大悦，厚賚金
帛。既而畏事露且誅，詐曰："公飲甘露液，可與天神接。"密
置堇于液，寶臣已飲即瘖，三日死，年六十四。惟岳悉誅殺妖
人，時建中二年也。遺表請以惟岳領軍，詔書執政諉家事，歸
節於朝，詔贈太傅。


　　惟岳，少爲行軍司馬、恒州刺史。寶臣死，軍中推爲留
後，求襲父位，帝不許。趣護喪還京師，以張孝忠代之。田悦
爲請，不聽。遂與悦、李正己謀拒命。府小史胡震、私人王

他奴等專畫反計。府屬邵真泣曰："先公位將相，恩甚厚，而大夫違命縶經中，愚固惑焉。魏近且與國，不可遽絕，絕之速禍，請厚禮遣其使，徐更圖之；齊遠而交疏，不如械使者送京師，且請致討。上嘉大夫忠，所請宜許。"惟岳癉，使真作奏。震與將吏議不可，惟岳又從之。其舅谷從政，豪俊士也，切諫不納。

於是張孝忠以易州歸天子，天子詔朱滔與孝忠合兵討惟岳，盡赦吏士，購惟岳首有賞。惟岳與滔戰束鹿，大奔。遂圍深州。明年正月，率兵萬餘，使王武俊爭束鹿，田悦亦遣孟祐來助。武俊以精兵先陷陣，師却。滔續帛爲狻猊，使壯士百人蒙以譟，趨惟岳軍，馬駭軍亂，因大敗，火其營去。於是深州日急，悅亦嬰城矣。惟岳懼，召真議遣使詣河東馬燧，令其弟惟簡見帝，斬大將謝罪，以兵屬鄭詵，身朝京師。孟祐知其謀，走告悅，悅使扈崟來讓曰："敝邑暴兵，本爲君索命節，豈爲叛逆耶？雖見破於馬燧，而感激士大夫乘城拒守，以爲後圖。今君信邵真讒間，欲歸悅之罪，以自湔蕩，何負而然！不則遣祐還軍，無遺王師禽。若能誅真以徇，請事公如初。"惟岳懦不能決，畢華見曰："大夫與魏盟未久，魏雖被圍，彼多蓄積，未可下。齊兵勁地廣，裾帶山河，所謂東秦險固之國，與相持維，足以抗天下。夫背義不祥，輕慮生禍。且孟祐驍將，王武俊善戰，前日逐滔，滔僅免，今合兩將，破滔必矣。惟審圖之！"惟岳見深圍未解，畏祐還，乃斬真以謝悅。明日復戰，又大敗。而康日知舉趙州聽命，惟岳益困，乃付牙將衛常寧兵五千，而俾王武俊騎八百攻日知。

武俊才雄，素爲惟岳忌，及師行，謂常寧曰："大夫信讒，吾朝不圖晏,是行勝與否,吾不復入恒矣！將以身託定州張公,安能持頸就刀乎？”常寧與副李獻誠曰:“君不聞詔書乎？斬大夫首以其官畀之。觀大夫勢終爲滔滅,若倒戈還府,事實易圖,有如不捷,張公可歸也。”武俊然之。惟岳使要藉官謝遵至武俊壁議事,武俊與謀,使内應。至期,啓城門,武俊入,殺人廷中,無亡者。乃傳令曰:“大夫叛命,今且取之,敢拒者族！”士不敢動。武俊使裨校任越牽惟岳出,縊之戟門下,并殺鄭詵、他奴等數十人,使子士真傳首京師。帝盡赦其府將士,給部中租役三年。

真始事寶臣,掌文記,武俊表其忠,贈户部尚書。其息吕擢冀州長史。

常寧在武俊時用事,爲内史監,其後謀亂,誅。

惟岳異母兄惟誠,尚儒術,謙裕,寶臣愛之,使決軍事,以惟岳正嫡,固讓不肯當。其妹妻李納,故寶臣請惟誠復故姓,而仕諸鄆,爲納營田副使,四爲州刺史。

初,惟岳叛,弟惟簡以家僮票士百餘奉母鄭奔京師,帝拘于客省。及出奉天,惟簡將赴難,謀於鄭,鄭曰:“爾父立功河朔,位宰相,身未嘗至京師,兄死於人手。爾入朝,未識天子,不能效忠,吾不子汝矣！”督其行曰:“而能死王事,吾不朽矣！”乃斬關出,道更七戰,得及行在。帝見厚撫之,拜太子諭德,討賊有功。帝徙山南,惟簡以三十騎從,夜失道,馳至鰲屋西,聞中人語,問天子所在,密語曰:“上在此。”帝見之流涕,執其手曰:“爾有母,乃能從朕耶？”對曰:“臣誓以死！”比明,北方有塵起,帝憂。惟簡登高曰:“渾瑊以騎來。”瑊至,遂決趨興元,惟簡前導。及帝還,封武安郡王,號元從功臣,圖形凌煙閣,賜鐵券。

　　憲宗時,爲左金吾衛大將軍,長上萬國俊奪興平民田,[一]吏畏不敢治,至是訴於惟簡,即日廢國俊,以地與民。出爲鳳翔節度使,市耕牛佃具給農,歲增墾數十萬畝。卒,年五十五,贈尚書右僕射。

　　【校勘記】

　　〔一〕長上萬國俊奪興平民田　衲本作"長上",宋十行本、汲、殿、局本作"長史"。

　　子元本,輕薄無行。長慶末,與薛渾私侍襄陽公主,事敗,主幽禁中,元本以功臣子,貸死,流嶺南。弟銖,好學多識,有儒者風。

頁五九四五至五九五一、五九六六

# 《舊唐書》卷一百八十一《列傳第一百三十一·史憲誠》

　　史憲誠,其先出於奚虜,今爲靈武建康人。祖道德,開府儀同三司、試太常卿、上柱國、懷澤郡王。父周洛,爲魏博軍校,事田季安,至兵馬大使、銀青光禄大夫、檢校太子賓客、兼御史中丞、柱國、北海郡王。憲誠始以材勇,隨父歷軍中右職,兼監察御史。元和中,田弘正討李師道,令憲誠以先鋒四千人濟河,累下其城柵。復以大軍齊進,乘勢逐北,魏之全師迫于鄆之城下。師道窮蹙,劉悟斬首投魏軍。錄功,超授憲誠兼中丞。

　　鎮州王承宗死,弘正自魏移領鎮州。居數月,爲王廷湊所殺,遂以兵叛,朝廷以弘正子布爲魏博節度使,領兵討伐,俾復父冤。時幽州朱克融援助廷湊,布不能制,因自引決,軍情囂然。憲誠爲中軍都知兵馬使，乘亂以河朔舊事動其人心，諸軍即擁而歸魏，共立爲帥，國家因而命之。時克融、廷湊並據兵爲亂，憲誠喜得旄節，雖外順朝旨，而中與朱、王爲輔車之勢，長慶二年正月也。

　　尋遣司門郎中韋文恪宣慰。時李㓗爲亂，與憲誠書問交通。憲誠表請與㓗節鉞，仍於黎陽檥舟，示欲渡河。及見文恪，舉止驕倨，其言甚悖，旋聞㓗爲帳下所殺，乃從改過，謂文恪曰：“憲誠蕃人，猶狗也。唯能識主，雖被棒打，終不忍離。”其狡譎如此。朝廷每爲優容，尋加左僕射。敬宗即位，進秩司空。

　　大和二年，滄景節度使李全略卒，其子同捷竊據軍城，表邀符節，舉兵伐之。先是，憲誠與全略婚媾，及同捷叛，復潛以糧餉爲助。上屢發使申諭，尋又就加平章事。憲誠嘗遣驍將至闕下，恣爲張大，宰相韋處厚以語折剄之，憲誠不敢復與同捷爲應。時憲誠示出師共討同捷。及滄景平，加司徒。憲誠心不自安，乃遣子孝章入覲，又飛章願以所管奉命，上嘉之，乃加侍中，移鎮河中。憲誠素懷向背，不能以忠誠感激其衆。未及出城，大和三年六月二十六日夜，爲軍衆所害，册贈太尉。

　　孝章幼聰悟好學。元和中，李愬爲魏帥，取大將子弟列于軍籍。孝章倡言願效文職，愬奇之，令攝府參軍。及憲誠領節鉞，改士曹參軍、兼監察御史，賜緋。孝章以父在鎮多違朝旨，嘗雪涕極諫，備陳逆順之理。朝廷聞而嘉之，乃授檢校太子左諭德、兼侍御史，充節度副使。累遷至散騎常侍、兼御史大夫，賜紫。領本道兵同平滄景，加工部尚書。尋請赴闕，文宗慰勞甚厚，憲誠亦因懇乞朝覲。上知憲誠之入覲，自孝章之謀，遂加禮部尚書，分相、衛、澶三州別爲一鎮，俾孝章領之。孝章未到鎮，憲誠遇害。上以孝章有忠節，起復爲右金吾衛將軍。間歲，授鄜坊節度使。居四年，遷于滑。一歲，入爲右領軍大將軍，改右金吾大將軍，俄授邠寧節度。孝章歷三鎮，雖無異績，而謹身畏法，以保初終。開成三年十月卒，贈右僕射。

頁四六八五至四六八七

## 《新唐書》卷二百一十《列傳第一百三十五·藩鎮魏博·史憲誠》

　　史憲誠，其先奚也，内徙靈武，爲建康人。三世署魏博將，祖及父爵皆爲王。憲誠始以趫敢從父軍，田弘正討李師道，將先鋒兵四千濟河，拔城栅，師踵進，乘勝逐北，傅鄆堞。師道傳首，以功兼御史中丞。

　　長慶二年，田布之自殺也，軍亂且囂。時憲誠爲中軍兵馬使，頗言河朔舊事以搖其衆，衆乃逼還府，擅總軍務。穆宗以朱克融、王廷湊方盜幽、鎮，未有以制，即以節度使授之。憲誠外詫王命，而陰結幽、鎮，依以自固。

　　時李㝏方亂，私與交通，數助請旄節，城馬頭，具舟黎陽，示將濟師者。會天子遣司門郎中韋文恪宣慰，憲誠見使者禮倨，言辭悖慢。俄聞斬㝏，更恭謹謂文恪曰：“我本奚，如狗也，唯知識主，雖日加箠不忍離。”其譎獪類此。進檢校司空。

　　與李全略爲婚家，大和中，其子同捷反，潛以粮餉資之。

文宗申約，使者相望，因進同中書門下平章事。憲誠使大將
至京師偵事，作謾言自大，宰相韋處厚折其詐，遣去。憲誠
懼，出兵從王師討之，復遣大將丌志沼率師二萬攻德州。時
王廷湊援同捷，陰誘志沼以利。志沼反，屯永濟，兵鋭甚，諸
鎮共禦之。憲誠告急，天子詔義武李聽進討。於是志沼與廷
湊合兵劫貝州，爲聽所敗，奔廷湊。滄景平，憲誠不自安，請
納地，進檢校司徒兼侍中，徙河中，封千乘郡公，以李聽代。

　　初，憲誠將以族行，懼魏軍之留，問策於弟憲忠，憲忠教
分相、衛，請置帥，因以弱魏。復請詔聽引軍聲圖志沼而假道
清河，帝從之。憲誠因欲倚聽公去魏，及聽次清河，魏人驚，
憲忠曰："彼假道取賊，吾軍無負朝廷，何懼爲？"乃稍安。然
魏素聚兵清河，聽至，悉出其甲，將入魏，魏軍聞之懼，明日盡
甲而出。聽按軍館陶不進。衆謂憲誠賣己，曰："紿我以沽恩
耶？"夜攻殺之，并監軍史良佐，推何進滔爲帥以請，詔贈憲
誠太尉，實大和三年。憲誠起，凡七年，死。

　　　　　　　　　　　　　　　頁五九三五至五九三六

## 《新唐書》卷一百四十八《列傳第七十三·史孝章》

　　史孝章字得仁，資脩謹。父憲誠，以戰力奮，賓客用挽彊
擊劍相矜，孝章獨退讓如諸生，稱道皆《詩》、《書》。魏博節度
使李愬閲大將子弟籍于軍，孝章願以文署職，愬奇之，檄試都
督府參軍。

　　憲誠得魏，遷士曹參軍。孝章見父數奸命，内非之，承間
諫曰："大河之北號富彊，然而挺亂取地，天下指河朔若夷狄
然。今大人身封侯，家富不貲，非痛洗溉，竭節事上，恐吾踵

不旋禍且至。"因涕下沾衿。父粗武，不盡聽。文宗賢之，擢孝章節度副使，累遷檢校左散騎常侍。父欲助李同捷，孝章切爭，憲誠稍憚其義。又勸出師討同捷自明，帝益嘉之，進檢校工部尚書。及兵出，父敕孝章統之。入朝，勞予蕃厚。憲誠亦上書求覲，帝知非憲誠意，特緣孝章悟發，故分相、衛、澶而授孝章節度使。未至，魏人亂，父卒死于軍。帝念史氏禍而卹孝章，故奪喪拜右金吾衛將軍。徙節鄜坊，進檢校戶部尚書。久之，自邠寧以病丐還，卒于行，年三十九，贈尚書右僕射。孝章本名唐，後改今名。

憲誠弟憲忠，字元貞，少爲魏牙門將。田弘正討齊、蔡，常爲先鋒，閱三十戰，中流矢，酣鬥不解，由是著名。憲誠表爲貝州刺史。魏亂，奔京師，加累檢校右散騎常侍、隴州刺史。增亭鄣，徙客館于外，戎諜無所伺。

會昌中，築三原城，吐蕃因之數犯邊。拜憲忠涇原節度使以怖其侵，吐蕃遣使來請墮城，且願以嘗殺使者之人置塞上。憲忠使謝曰："前吾未城。爾犯我地，安得禁吾城？爾知殺吾使爲負，宜先取罪人謝我，將無所不得。今與爾約，前節度使事一置之。"吐蕃情得而服。憲忠疏涇于隍，積緡錢十萬、粟百萬斛，戍人宜之。會党項羌內寇，又徙朔方，有詔馳驛赴屯，憲忠辭曰："羌不得其心，故不自安。今亟往，知吾爲備，鬥益健，請徐行。"許之。乃移書與羌人，示要約。羌人乃皆喜，奉酒渾迎道。

大中初，突厥擾河東，鈔漕米行賈，徙節振武軍。于是故帥荒沓，使游弈兵覘戎有良馬牛，彊取之，歸直十一，戎人怒，因興盜掠。憲忠廉儉，少所欲，嘗曰："吾居河朔，去此三千里，乃乘五健馬。今守邊，發吾餘奉，不患無馬，何忍豪市哉？"故所至莫不懷德。累封北海縣子，檢校尚書左僕射，兼金吾大將軍。以病自丐，改左龍武統軍。卒，年七十一，贈司空。

頁四七九〇至四七九二

## 《宋史》卷二百六十《列傳第十九·米信》

米信舊名海進，本奚族，少勇悍，以善射聞。周祖即位，隸護聖軍。從世宗征高平，以功遷龍捷散都頭。太祖總禁兵，以信隸麾下，得給使左右，遂委心焉，改名信，署牙校。及即位，補殿前指揮使，遷直長。平揚州日，信執弓矢侍上側，有游騎將迫乘輿，射之，一發而斃。遷內殿直指揮使。開寶元年，改殿前指揮使、領郴州刺史。

太宗即位，轉散都頭指揮使，繼領高州團練使。太平興國三年，遷領洮州觀察使。四年，征太原，命爲行營馬步軍指揮使，與田重進分督行營諸軍。并人潛師來犯，信擊敗之，殺其將裴正。并州平，遂移兵攻范陽。師還，以功擢保順軍節度使。時信族屬多在塞外，會其兄子全自朔州奮身來歸，召見，俾乘傳詣代州，伺間迎致其親屬，發勁卒護送之。既而全宿留踰年，邊境斥候嚴，竟不能致。信慷慨嘆曰："吾聞忠孝不兩立，方思以身徇國，安能復顧親戚哉。"北望號慟，戒子姪勿復言。五年，命與郭守贇等同護定州屯兵。六年秋，遷定州駐泊部署。八年，改領彰化軍節度使。

雍熙三年，征幽薊，命信爲幽州西北道行營馬步軍都部署，敗契丹于新城。契丹率衆復來戰，王師稍却，信獨以麾下龍衛卒三百禦敵，敵圍之數重，矢下如雨，信射中數人，麾下士多死。會暮，信持大刀，率從騎大呼，殺數十人，敵遂小却，信以百餘騎突圍得免。坐失律，議當死，詔特原之，責授右屯衛大將軍。明年，復授彰武軍節度。

端拱初，詔置方田，以信爲邢州兵馬都部署以監之。二年，改鎮橫海軍。信不知書，所爲多暴橫，上命何承矩爲之副，以決州事。及承矩領護屯田，信遂專恣不法，軍人宴犒甚薄，嘗私市絹附上計吏，稱官物以免關征，上廉知之。四年，<sup>〔五〕</sup>召爲右武衛上將軍。明年，判左右金吾街仗事。未踰月，吏卒以無罪被捶撻者甚衆。强市人物，妻死買地營葬，妄發居民冢墓。家奴陳贊老病，箠之致死，爲其家人所告。下御史鞫之，信具伏。獄未上而卒，年六十七。贈橫海軍節度。子繼豐，內殿崇班、閤門祗候。

**【校勘記】**

〔五〕四年　上文的紀元是"端拱"，但端拱無四年。下文説明年米信死，據《宋會要·禮》四一之五三，米死於淳化五年。則此處"四年"應是淳化四年，失書"淳化"紀元。

頁九○二二至九○二四、九○二九

## 《遼史》卷八十五《列傳第十五·蕭觀音奴》

蕭觀音奴，字耶寧，奚王搭紇之孫。統和十二年，爲右祗候郎君班詳穩，遷奚六部大王。先是，俸秩外，給獐鹿百數，皆取於民，觀音奴奏罷之。

及伐宋，與蕭撻凜爲先鋒，降祁州，下德清軍，上加優賞。

同知南院事,卒。

頁一三一四

## 《遼史》卷八十五《列傳第十五·奚和朔奴》

奚和朔奴,字籌寧,奚可汗之裔。保寧中,爲奚六部長。

統和初,皇太后稱制,以耶律休哥領南邊事,和朔奴爲南面行軍副部署。四年,宋曹彬、米信等來侵,和朔奴與休哥破宋兵于燕南,手詔褒美。軍還,怙權搧無罪人李浩至死,上以其功釋之。六年冬,南征,〔八〕將本部軍由别道進擊敵軍於狼山,俘獲其衆。

**【校勘記】**

〔八〕六年冬南征　"六年"二字原脱。用兵爲六年事,原連叙在四年下。據補。

八年,上表曰:"臣竊見太宗之時,奚六部二宰相、二常袞,誥命大常袞班在酋長左右,副常袞總知酋長五房族屬,二宰相匡輔酋長,建明善事。今宰相職如故,二常袞别無所掌,乞依舊制。"從之。

十三年秋,遷都部署,伐兀惹。駐于鐵驪,秣馬數月,進至兀惹城。利其俘掠,請降不許,令急攻之。城中大恐,皆殊死戰。和朔奴知不能克,從副部署蕭恒德議,掠地東南,循高麗北界而還。以地遠糧絶,士馬死傷,詔降封爵,卒。子烏也,郎君班詳穩。

頁一三一七至一三一八、一三二〇

## 《遼史》卷八十七《列傳第十七·蕭蒲奴》

蕭蒲奴，字留隱，奚王楚不寧之後。幼孤貧，傭于醫家牧牛。傷人稼，數遭笞辱。醫者嘗見蒲奴熟寐，有蛇繞身，異之。教以讀書，聰敏嗜學。不數年，涉獵經史，習騎射。既冠，意氣豪邁。

開泰間，選充護衛，稍進用。俄坐罪黥流烏古部。久之，召還，累任劇，遷奚六部大王，治有聲。

太平九年，大延琳據東京叛，蒲奴爲都監，將右翼軍，遇賊戰蒲水。中軍少却，蒲奴與左翼軍夾攻之。先據高麗、女直要衝，使不得求援，又敗賊于手山。延琳走入城。蒲奴不介馬而馳，追殺餘賊。已而大軍圍東京，蒲奴討諸叛邑，平吼山賊，延琳堅守不敢出。既被擒，蒲奴以功加兼侍中。

重熙六年，改北阻卜副部署，再授奚六部大王。十五年，爲西南面招討使，西征夏國。蒲奴以兵二千據河橋，聚巨艦數十艘，仍作大鉤，人莫測。戰之日，布舟于河，綿亘三十餘里。遣人伺上流，有浮物輒取之。大軍既失利，蒲奴未知，適有大木順流而下，勢將壞浮梁，斷歸路，操舟者爭鉤致之，橋得不壞。

明年，復西征，懸兵深入，大掠而還，復爲奚六部大王。致仕，卒。

## 《遼史》卷九十四《列傳第二十四·耶律斡臘》

耶律斡臘，字斯寧，奚迭剌部人。趫捷有力，善騎射。

保寧初,補護衛。車駕獵頡山,適豪豬伏叢莽,帝射中,豬突出。御者托滿捨轡而避,厥人鶻骨翼之,斡臘復射而斃。帝嘉賞。及獵赤山,適奔鹿奮角突前,路隘不容避,垂犯躋。斡臘以身當之,鹿觸而顛。帝謂曰:"朕因獵,兩瀕于危,賴卿以免,始見爾心。"遷護衛太保。

從樞密使耶律斜軫破宋將楊繼業軍于山西。統和十三年秋,爲行軍都監,從都部署奚王和朔奴伐兀惹烏昭度,數月至其城。昭度請降。和朔奴利其俘掠,令四面急攻。昭度率衆死守,隨方捍禦。依埤堄虛構戰棚,誘我軍登陴,俄撤枝柱,登者盡覆。和朔奴知不能下,欲退。蕭恒德謂師久無功,何以藉口,若深入大掠①,猶勝空返。斡臘曰:"深入,恐所得不償所損。"恒德不從,略地東南,循高麗北鄙還。道遠糧絕,人馬多死。詔奪諸將官,惟斡臘以前議得免。

尋加同政事門下平章事,爲東京留守。開泰中卒。

頁一三八二

## 《遼史》卷九十六《列傳第二十六·蕭韓家奴》

蕭韓家奴,字括寧,奚長渤魯恩之後。性孝友。太平中,補祗候郎君,累遷敦睦宮使。伐夏,爲左翼都監,遷北面林牙。俄爲南院副部署,賜玉帶,改奚六部大王,治有聲。

清寧初,封韓國公,歷南京統軍使、北院宣徽使,封蘭陵郡王。九年,上獵太子山,聞重元亂,馳詣行在。帝倉卒欲避

---

① 中華書局點校修訂本《遼史》頁一五二五校勘記〔三〕記載,若深入大掠 "掠"原作"凉",據《馮校》改。

于北、南大王院，與耶律仁先執轡固諫，乃止。明旦，重元復誘奚獵夫來。韓家奴獨出諭之曰："汝曹去順效逆，徒取族滅。何若悔過，轉禍爲福！"獵夫投仗首服。以功遷殿前都點檢，封荆王，賜資忠保義奉國竭貞平亂功臣。

咸雍二年，遷西南面招討使。大康初，徙王吳，賜白海東青鶻。皇太子爲乙辛誣構，幽于上京。韓家奴上書力言其冤，不報。四年，復爲西南面招討使。例削一字王爵，改王蘭陵，薨。子楊九，終右祗候郎君班詳穩，贈同中書門下平章事。

頁一三九九至一四〇〇

## 《遼史》卷九十六《列傳第二十六·蕭樂音奴》

蕭樂音奴，字婆丹，奚六部敵穩突呂不六世孫。

父拔剌，三歲居父母喪，毀瘠過甚，養于家奴奚列阿不。重熙初，興宗獵奚山，過拔剌所居，奚列阿不言于近臣，拔剌得見上。年甫十歲，氣象如成人。帝悅之，錫賚甚厚。既長，有遠志，不樂仕進，隱于奚王嶺之插合谷。上以其名家，又有時譽，就拜舍利軍詳穩。

樂音奴貌偉言辨，通遼、漢文字，善騎射擊鞠，所交皆一時名士。年四十，始爲護衛。平重元之亂，以功遷護衛太保，改本部南剋，俄爲旗鼓撻剌詳穩。監障海東青鶻，獲白花者十三，賜榾柮犀并玉吐鶻。拜五蕃部節度使，卒。子陽阿，有傳。

頁一四〇一至一四〇二

## 《遼史》卷百十四《列傳第四十四·逆臣下·奚回離保》

奚回離保，一名翰，字挼懶，奚王忒鄰之後。善騎射，趫捷而勇，與其兄鼇里剌齊名。

大安中，車駕幸中京，補護衛，稍遷鐵鷂軍詳穩。天慶間，徙北女直詳穩，兼知咸州路兵馬事，改東京統軍。既而諸蕃入寇，悉破之，遷奚六部大王，兼總知東路兵馬事。

保大二年，金兵至，天祚播遷，回離保率吏民立秦晉國王淳爲帝。淳僞署回離保知北院樞密事，兼諸軍都統，屢敗宋兵。淳死，其妻普賢女攝事。是年，金兵由居庸關入，回離保知北院，即箭笴山自立，號奚國皇帝，改元天復，[一]設奚、漢、渤海三樞密院，改東、西節度使爲二王，分司建官。

### 【校勘記】

〔一〕號奚國皇帝改元天復　按《紀》，保大二年十一月，金人下居庸關。三年正月，回離保自立，改元天復。

時奚人巴輒、韓家奴等引兵擊附近契丹部落，劫掠人畜，群情大駭。會回離保爲郭藥師所敗，一軍離心，其黨耶律阿古哲與其甥乙室八斤等殺之，僞立凡八月。[二]

### 【校勘記】

〔二〕僞立凡八月　按回離保於三年正月自立，五月爲衆所殺，實不及八月。

頁一五一六、一五一八

## 《金史》卷六十七《列傳第五·奚王回离保》

奚，與契丹俱起，在元魏時號庫莫奚，歷宇文周、隋、唐，皆號兵强。其後契丹破走奚，奚西保冷陘，其留者臣服于契丹，號東、西奚。厥後遼太祖稱帝，諸部皆内屬矣。鐵勒者，古部族之號，奚有其地，號稱鐵勒州，又書作鐵驪州。奚有五王族，世與遼人爲昏，因附姓述律氏中，事具《遼史》，今不載。

奚有十三部、二十八落、一百一帳、三百六十二族。甲午歲，太祖破耶律謝十，諸將連戰皆捷，奚鐵驪王回离保以所部降，未幾，遁歸于遼。及遼主使使請和，太祖曰："歸我叛人阿疎、降人回离保、迪里等，餘事徐議之。"久之，遼主至駕鴛濼，都統杲襲之，亡走天德。

回离保與遼大臣立秦晉國王耶律捏里于燕京。捏里死，蕭妃權國事。太祖入居庸關，蕭妃自古北口出奔。回离保至盧龍嶺，遂留不行，會諸奚吏民于越里部，僭稱帝，改元天復，改置官屬，籍渤海、奚、漢丁壯爲軍。太祖詔回离保曰："聞汝脅誘吏民，僭竊位號。遼主越在草莽，大福不再。汝之先世臣服于遼，今來臣屬，與昔何異。汝與余睹有隙，故難其來。余睹設有睚眦，朕豈從之。儻能速降，盡釋汝罪，仍俾主六部族，總山前奚衆，還其官屬財産。若尚執迷，遣兵致討，必不汝赦。"回离保不聽。天輔七年五月，回离保南寇燕地，敗於景、薊間，其衆奔潰。耶律奥古哲及甥八斤、家奴白底哥等殺之。其妻阿古聞之，自剄而死。

先是，速古部人據劫山，奚路都統撻懶招之不服，往討之。鐵泥部衆扼險拒戰，殺之殆盡。至是，速古、啜里、鐵泥三部所據十三巖皆討平之。達魯古部節度使乙列已降復叛，奚馬和尚討達魯古并五院司等諸部，諸部皆降，遂執乙列，杖之一百,其父及其家人先被獲者皆還之。

初,太祖破遼兵于達魯古城,九百奚營來降。至是,回离保死,奚人以次附屬,亦各置猛安謀克領之。

贊曰:庫莫奚、契丹起於漢末,盛於隋、唐之間,俱强爲隣國,合并爲君臣,歷八百餘年,相爲終始。奚有五,大定間,類族著姓有遥里氏、伯德氏、奥里氏、梅知氏、揣氏。

頁一五八七至一五八九

## 《金史》卷七十六《列傳第十四·太宗諸子蕭玉附》

蕭玉,奚人。既從蕭裕誣宗本罪,海陵喜甚,自尚書省令史爲禮部尚書加特進,賜錢二千萬、馬五百匹、牛五百頭、羊千口,數月爲參知政事。丁母憂,以參政起復,俄授猛安,子尚公主。海陵謂玉曰:"朕始得天下,常患太宗諸子方强,賴社稷之靈,卿發其姦。朕無以報此功,使朕女爲卿男婦,代朕事卿也。"賜第一區,分宗本家貲賜之。頃之,代張浩爲尚書右丞,拜平章政事,進拜右丞相,封陳國公。

文思署令閤拱與太子詹事張安妻坐姦事,獄具,不應訊而訊之。海陵怒,玉與左丞蔡松年、右丞耶律安禮、御史中丞馬諷決杖有差。玉等入謝罪。海陵曰:"爲人臣以己意愛憎,妄作威福,使人畏之。如唐魏徵、狄仁傑、姚崇、宋璟,豈肯立威使人畏哉,楊國忠之徒乃立威使人畏耳。"顧謂左司郎中吾帶、右司郎中梁銶曰:[六]"往者德宗爲相,蕭斛律爲左司郎中,趙德恭爲右司郎中,除吏議法,多用己意。汝等能不以己意愛憎爲予奪輕重,不亦善乎。朕信任汝等,有過則決責之,亦非得已。古者大臣有罪,貶謫數千里外,往來疲於奔走,有

死道路者。朕則不然，有過則杖之，已杖則任之如初。如有
不可恕，或處之死，亦未可知。汝等自勉。”

【校勘記】

〔六〕右司郎中梁銶曰　“銶”原作“球”。按本書卷五
《海陵紀》，正隆二年“十一月己巳朔，以右司郎中梁銶等爲
賀宋正旦使”。卷六〇《交聘表》同。又卷八二《郭安國傳》，
“貞元三年，海陵使右司郎中梁銶按問失火狀”。皆作“銶”，
今據改。

正隆三年，拜司徒，判大宗正事。五年，玉以司徒兼御史
大夫。使參知政事李通諭旨曰：“判宗正之職固重，御史大
夫尤難其人。朕將行幸南京，官吏多不法受賕，卿宜專糾劾，
細務非所責也。御史大夫與宰執不相遠，朕至南京，徐當思
之。”繼以司徒判大興尹，玉固辭司徒。海陵曰：“朕將南巡，
京師地重，非大臣不能鎮撫，留卿居守，無爲多讓。”海陵至南
京，以玉爲尚書左丞相，進封吳國公①。

海陵將伐宋，因賜群臣宴，顧謂玉曰：“卿嘗讀書否？”對
曰：“亦嘗觀之。”中宴，海陵起，即召玉至內閣，因以《漢書》
一册示玉。既而擲之曰：“此非所問也，朕欲與卿議事。朕今
欲伐江南，卿以爲如何？”玉對曰：“不可。”海陵曰：“朕視宋
國猶掌握間耳，何爲不可？”玉曰：“天以長江限南北，舟楫非

①　中華書局點校修訂本《金史》頁一八六〇中記載，以玉爲尚書左
　　丞相進封吳國公　“吳國公”疑有誤。前文稱蕭玉海陵初“封陳國
　　公”，據《集禮》卷九《親王》所載天眷元年所定國封等第，陳居大國
　　封號第十九位，而吳居次國封號第五位。蕭玉進封，依理不應低於
　　陳國公。

我所長。苻堅百萬伐晉，不能以一騎渡，以是知其不可。"海陵怒，叱之使出。及張浩因周福兒附奏，海陵杖張浩，并杖玉。因謂群臣曰："浩大臣，不面奏，因人達語，輕易如此。玉以苻堅比朕，朕欲斷其舌，釘而磔之，以玉有功，隱忍至今。大臣決責，痛及爾體，如在朕躬，有不能已者，汝等悉之。"

及海陵自將發南京，玉與張浩留治省事。世宗即位，降奉國上將軍，放歸田里，奪所賜家産。久之，起爲孟州防禦使。世宗戒之曰："昔海陵欲殺太宗子孫，借汝爲證，遂被進用。朕思海陵肆虐，先殺宗本諸人，然後用汝質成其事，豈得專罪汝等。今復用汝，當思改過。若謂嘗居要地，以今日爲不足，必罰無赦。"轉定海軍節度使，改太原尹，與少尹烏古論掃喝互訟不公事，各削一官，解職，尋卒。

子德用。大定二十四年，尚書省奏玉子德用當升除，上曰："海陵假口于玉以快其毒，玉子豈可升除邪。"

頁一七三四至一七三六、一七四九

## 《金史》卷八十一《列傳第十九·伯德特离補》

伯德特离補，奚五王族人也，遼御院通進。天會初，與父撻不也歸朝，授世襲謀克，後以京兆尹致仕。

特离補招降松山等州未附軍民，及招降平州、薊州境内，督之耕作。宗望伐宋，特离補爲軍馬猛安，與諸將留，規取保、遂、安三州。攻安肅軍，河間、雄、保等兵十餘萬來救，特离補率所部先戰，大軍繼之，大破其兵，遂拔安肅。特离補攝通判事，降將胡愈陰結衆謀亂，特离補勒兵擒愈及其衆五十餘人。安肅軍改爲州，就除同知州事。改磁州，捕獲太行群盗。元帥府以磁、相二州屯兵屬之，擒王會、孫小十、苗清等，群盗遂平。遷濱州刺史，廉入優等。以母憂去官，起復本職，改涿州刺史。

入爲工部郎中，從張浩營繕東京宮室。及田瑴黨事起，朝省爲之一空，特离補攝行六部事，遷大理卿，出爲同知東京留守。天德三年，復爲大理卿，同知南京留守。

丁父憂，起復洺州防禦使。正隆盗起，州縣無兵，不能禦。洺舊有河附于城下，特离補乃引水注濠中以爲固，盗弗能近，州賴以安。遷崇義軍節度使，未幾，告老歸田里，卒。

特离補爲人孝謹，爲政簡靜不積財，常曰："俸祿已足養廉，衣食之外，何用蓄積。"凡調官，行李止車一乘、婢僕數人而已。

頁一八二五至一八二六

## 《金史》卷八十一《列傳第十九·蕭王家奴》

蕭王家奴，奚人也，居庫党河。爲人魁偉多力，未冠仕遼，爲太子率府率。天輔七年，都統杲定奚地，王家奴率其鄉人來降，命爲千戶領之。奚王回离保既死，其親黨金臣阿古者猶保撒葛山，王家奴與突撚往討之，生擒金臣阿古者，降其餘衆。時平、灤多盗，王家奴以所部屢破賊兵，斬馘執俘，數被賞賚。

宗望伐宋，敗郭藥師於白河，亦與有功。至河上，宋兵扼津要，與諸將擊敗之。進圍汴，破其東門兵。明年，再伐宋，宗望軍至中山，諸門分兵出戰，焚我攻具，祁州、<sup></sup>（一六）河間各以兵來援，皆敗之。

**【校勘記】**

〔一六〕祁州　"祁"原作"祈"。據本書卷二五《地理志》改。

師還,屯鎮河朔。濱州賊葛進聚衆數萬臨淄,字蕫照里以騎兵二千討之,王家奴領謀克先登,力戰大破其衆。

明年,攻滄州,宋兵拒戰,復從照里擊走之。宋將徐文以舟百艘泊海島,即以商船十八進襲,斬首七百級,獲舟二十。

天會八年,除靜江軍節度使,授世襲千户。從梁王宗弼征伐,爲萬户,還爲五院部節度使。天德二年,改烏古迪烈招討都監,卒。

頁一八二七至一八二八、一八三二

## 《金史》卷八十二《列傳第二十·蕭恭》

蕭恭字敬之,乃烈奚王之後也。父翊,天輔間歸朝,從攻興中,遂以爲興中尹。師還,以恭爲質子。宗望伐宋,翊當領建、興、成、川、懿五州兵爲萬户,軍帥以恭材勇,使代其父行,時年二十三。至中山,宋兵出戰,恭先以所部擊敗之。經山東,及渡淮,襲康王,皆在軍中。

師還,帥府承制授德州防禦使,奚人之屯濱、棣間者,皆隸焉。改棣州防禦使。皇統間,改同知橫海軍節度使。丁父憂,起復爲太原少尹,用廉,遷同知中京留守事。累遷兵部侍郎,授世襲謀克。坐問禁中起居狀,決杖,奪一官。貞元二年,爲同知大興尹。歲餘,遷兵部尚書,爲宋國生日使。以母憂去官,起復爲侍衛親軍馬步軍都指揮使。正隆四年,〔六〕遷光禄大夫,復爲兵部尚書。

## 【校勘記】

〔六〕正隆四年　原脱"正隆"二字。按上文言貞元二年事，而貞元僅歷三年，則此"四年"必屬正隆。本書卷五《海陵紀》云，正隆三年三月"辛巳，以兵部尚書蕭恭等爲賀宋生日使"。卷六〇《交聘表》同。又四年"三月丙辰朔，遣兵部尚書蕭恭經畫夏國邊界"。與此處相合。今據補"正隆"二字。

是歲，經畫夏國邊界，還過臨潼，失所佩金牌。至太原，憂恚成疾。時已具其事驛聞於朝，海陵復命給之，仍遣諭恭曰："汝失信牌，亦猶不謹。朕方俟汝，欲有委使，乃稱疾耶？必以去日身佩信牌，歸則無以爲辭，欲朕先知耳。"使至，恭已疾篤，稽顙受命，俄頃而卒。海陵方遣使與其子護衛九哥馳視，乃戒府官使善護之，至保州，已聞訃矣，海陵深悼惜之。命九哥護喪以還，所過州府設奠。喪至都，命百官致祭。親臨奠，賻贈甚厚，并賜廐馬一。謂九哥曰："爾父銜命，卒於道途，甚可悼惜。朕乘此馬十年，今賜汝父，可常控至柩前。既葬，汝則乘之。"

頁一八三八至一八三九、一八五七

## 《金史》卷九十一《列傳第二十九·蕭懷忠》

蕭懷忠本名好胡，奚人也。爲西北路招討使。蕭裕等謀立遼後，使蕭招折往西北路結懷忠，并結節度使耶律朗爲助。懷忠與朗有隙，遂執招折并執朗，遣使上變。裕等既誅，懷忠爲樞密副使，賜今名。復爲西北路招討使，西京留守，封王。改南京留守。

契丹撒八反，復以懷忠爲西京留守、西南面兵馬都統，與樞密使僕散思恭、北京留守蕭賾、右衛將軍蕭禿剌、護衛十人長斡盧保往討之。蕭禿剌戰無功,大軍追撒八不及。而海陵意謂懷忠與蕭裕皆契丹人,本同謀,逾年乃執招折上變,而撒八亦契丹部族,恐其合,以師恭與太后密語,而禿剌無功,懷忠、賾、師恭逸賊,既殺師恭,族滅其家,使使即軍中殺賾、懷忠,皆族之。斡盧保、〔九〕禿剌初爲罪首,〔一〇〕但誅之而已。大定三年,追復賾、懷忠、禿剌、斡盧保官爵。賾弟安州刺史頤求襲賾之謀克,上不許謀克而以賾家產付之。

**【校勘記】**

〔九〕斡盧保　"盧"原作"魯",據上下文改。

〔一〇〕初爲罪首　據文義疑"爲"當作"非"。

　　　　　　頁二〇二二至二〇二三、二〇三〇

## 《金史》卷一百二十二《列傳第六十·忠義二·伯德窊哥》

伯德窊哥,西南路咩乣奚人。壯健沉勇。大元兵克西南路,鄰郡皆降,窊哥獨不屈。貞祐五年,東勝州已破,窊哥與姚里鴉胡、姚里鴉兒招集義軍,披荊棘復立州事。河東北路行元帥府承制除窊哥武義將軍、寧遠軍節度副使,姚里鴉胡武義將軍、節度判官,姚里鴉兒武義將軍、觀察判官。窊哥等以恩不出朝廷,頗懷觖望,縱兵剽掠。興定元年,詔窊哥遙授武州刺史、權節度使,姚里鴉胡權同知節度使事,姚里鴉兒權節度副使,各遷官兩階。

興定三年,窊哥特遷三官,遙授同知晉安府事,尋真授東勝軍節度使。東勝被圍,城中糧盡,援兵絶,窊哥率衆潰圍,走保長寧寨，詔各進一官，戰没者贈三官。九月，復被圍，宗哥死之。

頁二六六〇

## 《金史》卷一百二十九《列傳第六十七·佞幸·蕭肄》

蕭肄，本奚人，有寵於熙宗，復諂事悼后，累官參知政事。皇統九年四月壬申夜，大風雨，雷電震壞寢殿鴟尾，有火自外入，燒内寢幃幔。帝徙別殿避之，欲下詔罪己，翰林學士張鈞視草。鈞意欲奉答天戒，當深自貶損，其文有曰："惟德弗類，上干天威"及"顧兹寡昧眇予小子"等語。肄譯奏曰："弗類是大無道，寡者孤獨無親，昧則於人事弗曉，眇則目無所見，小子嬰孩之稱，此漢人託文字以詈主上也。"帝大怒，命衛士拽鈞下殿，榜之數百，不死，以手劍劈其口而醢之。賜肄通天犀帶。

憑恃恩倖，倨視同列，遂與海陵有惡。及篡立，加大臣官爵，例加銀青光禄大夫。數日，召肄詰之曰："學士張鈞何罪被誅，爾何功受賞？"肄不能對。海陵曰："朕殺汝無難事，人或以我報私怨也。"於是，詔除名，放歸田里，禁錮不得出百里外。

頁二七七九至二七八〇

## 《金史》卷一百二十九《列傳第六十七·佞幸·蕭裕》

蕭裕，本名遥折，奚人。初以猛安居中京，海陵爲中京留守，與裕相結，每與論天下事。裕揣海陵有覬覦心，密謂海陵曰："留守先太師，太祖長子。德望如此，人心天意宜有所屬，誠有志舉大事,願竭力以從。"海陵喜受之,遂與謀議。海陵竟成弒逆之謀者,裕啓之也。

海陵爲左丞,除裕兵部侍郎,改同知南京留守事,改北京。海陵領行臺尚書省事,道過北京,謂裕曰:"我欲就河南兵建立位號,先定兩河,舉兵而北。君爲我結諸猛安以應我。"定約而去。海陵雖自良鄉召還,不能如約,遂弒熙宗篡立,以裕爲秘書監。

海陵心忌太宗諸子,欲除之,與裕密謀。裕傾險巧詐,因構致太傅宗本、秉德等反狀,海陵殺宗本,唐括辯遣使殺秉德、宗懿及太宗子孫七十餘人、秦王宗翰子孫三十餘人。宗本已死,裕乃求宗本門客蕭玉,教以具款反狀,令作主名上變。海陵既詔天下,天下寃之。海陵賞誅宗本功,以裕爲尚書左丞,加儀同三司,授猛安,賜錢二千萬、馬四百匹、牛四百頭、羊四千口。再閱月,爲平章政事、監修國史。舊制,首相監修國史,海陵以命裕,謂裕曰:"太祖以神武受命,豐功茂烈光於四海,恐史官有遺逸,故以命卿。"久之,裕爲右丞相、兼中書令。裕在相位,任職用事頗專恣,威福在己,勢傾朝廷。海陵倚信之,他相仰成而已。

裕與高藥師善,嘗以海陵密語告藥師,藥師以其言奏海陵,且曰:"裕有怨望心。"海陵召裕戒諭之,而不以爲罪也。或有言裕擅權者,海陵以爲忌裕者衆,不之信。又以爲人見裕弟蕭祚爲左副點檢,妹夫耶律闥離剌爲左衛將軍,勢位相憑藉,遂生忌嫉,乃出祚爲益都尹,闥離剌爲寧昌軍節度使,以絕衆疑。

裕不知海陵意,遽見出其親表補外,不令己知之,自是深念恐海陵疑己。海陵弟太師充領三省事，共在相位，以裕多自用，頗防閑之，裕乃謂海陵使充備之也。而海陵猜忍嗜殺，裕恐及禍，遂與前真定尹蕭馮家奴、前御史中丞蕭招折、博州同知遙設、裕女夫遏刺補謀立亡遼豫王延禧之孫。

裕使親信蕭屯納往結西北路招討使蕭好胡，好胡即懷忠。懷忠依違未決，謂屯納曰：“此大事，汝歸遣一重人來。”裕乃使招折往。招折前爲中丞，以罪免，以此得詣懷忠。懷忠問招折與謀者復有何人，招折曰：“五院節度使耶律朗亦是也。”懷忠舊與朗有隙，而招折嘗上撻懶變事，懷忠疑招折反覆，因執招折，收朗繫獄，遣使上變。

遙設亦與筆硯令史白荅書，使白荅助裕以取富貴，白荅奏其書。海陵信裕不疑，謂白荅構誣之，命殺白荅於市。執白荅出宣華門，點檢徒單貞得蕭懷忠上變事入奏，遇見白荅，問其故，因止之。徒單貞已奏變事，以白荅爲請，海陵遽使釋之。

海陵使宰相問裕，裕即款伏。海陵甚驚愕，猶未能盡信，引見裕，親問之。裕曰：“大丈夫所爲，事至此又豈可諱。”海陵復問曰：“汝何怨於朕而作此事？”裕曰：“陛下凡事皆與臣議，及除祚等乃不令臣知之。領省國王每事謂臣專權，頗有隄防，恐是得陛下旨意。陛下與唐括辯及臣約同生死，辯以強忍果敢致之死地，臣皆知之，恐不得死所，以此謀反，幸苟免耳。太宗子孫無罪皆死臣手，臣之死亦晚矣。”海陵復謂裕曰：“朕爲天子，若於汝有疑，雖汝弟輩在朝，豈不能施行，以此疑我，汝實錯誤。太宗諸子豈獨在汝，朕爲國家計也。”又謂之曰：“自來與汝相好，雖有此罪，貸汝性命，惟不得作宰相,令汝終身守汝祖先墳壠。”裕曰:“臣子既犯如此罪逆,何面目見天下人,但願絞死,以戒其餘不忠者。”海陵遂以刀刺左臂,取血塗裕面,謂之曰:“汝死之後,當知朕本無疑汝心。”裕曰:“久蒙陛下非常眷遇,仰戀徒切,自知錯繆,雖悔何及。”海陵哭送裕出門,殺之,并誅遥設及馮家奴。馮家奴妻,豫王女也,與其子穀皆與反謀,并殺之。遣護衛厖葛往西北路招討司誅朗及招折,而屯納、遏刺補皆出走,捕得屯納棄市,遏刺補自縊死。

　　屯納出走,過河間少尹蕭之詳,之詳初不知裕事,留之三日。屯納往之詳茶扎家,[五]茶扎遣人詣之詳告公引,得之,付屯納遣之他所。茶扎家奴發其事,吏部侍郎宗產鞫之,之詳曰:“屯納宿二日而去。”法家以之詳隱其間,欺尚書省,罪當贖。海陵怒,命殺之,杖宗產及議法者,茶扎杖四百死。

　　【校勘記】

　　〔五〕屯納往之詳茶扎家　“之詳”下疑脱一親屬稱謂詞。

　　厖葛殺招折等,并殺無罪四人,海陵不問,杖之五十而已。以裕等罪詔天下。賞上變功,懷忠遷樞密副使,以白苔爲牌印云。高藥師遷起居注,進階顯武將軍。藥師嘗奏裕有怨望,至是賞之云。

頁二七九〇至二七九三、二七九五

# 散見史料繫年録

## 公元三八八年　北魏道武帝登國三年
## 東晉孝武帝太元十三年

五月癸亥,北征庫莫奚。六月,大破之,獲其四部雜畜十餘萬,渡弱落水。班賞將士各有差。

《魏書》卷二《太祖紀第二》頁二二

秋七月庚申,庫莫部帥鳩集遺散,⁽四⁾夜犯行宮。縱騎撲討,盡殺之。

【校勘記】

〔四〕庫莫部帥鳩集遺散　《北史》卷一"庫莫"下有"奚"字。按庫莫奚或單稱"奚",不當單稱"庫莫",這裏當脱"奚"字。

《魏書》卷二《太祖紀第二》頁二二、四五

登國初,與莫題等俱爲大將,從征劉顯,自濡源擊庫莫奚①,討賀蘭部,並有戰功。

《魏書》卷二十六《列傳第十四·長孫肥》頁六五一

---

① 自濡源擊庫莫奚　根據《魏書·太祖紀》登國二年"六月,(轉下頁)

登國初，從征庫莫奚及叱突隣 ①，並有功。

　　　《魏書》卷二十六《列傳第十四·尉古真》頁六五五

崇宗人醜善，太祖初，率部歸附，與崇同心勠力，禦侮左右。從征窟咄、劉顯，破平之。又從擊賀蘭部，平庫莫奚。

　　　《魏書》卷二十七《列傳第十五·穆崇》頁六七六

契丹國，在庫莫奚東，異種同類，俱竄於松漠之間。登國中 ②，國軍大破之，遂逃迸，與庫莫奚分背。

　　　《魏書》卷一百《列傳第八十八·契丹》頁二二二三

契丹之先，與庫莫奚異種而同類，並爲慕容氏所破 ③，俱

---

（接上頁）帝親征劉顯於馬邑南，……冬十月癸卯，幸濡源”，三年“五月癸亥，北征庫莫奚。”則知“登國初，……自濡源擊庫莫奚”事在登國二年（387）十月至三年（388）。

① 從征庫莫奚及叱突隣　根據《魏書·太祖紀》登國三年“五月癸亥，北征庫莫奚”。四年“二月癸巳，至女水，討叱突隣部”，則知“登國初，從征庫莫奚及叱突隣”事在登國三年（388）、四年（399）。

② 登國中　結合《魏書·庫莫奚傳》“登國三年，太祖親自出討，至弱洛水南，大破之，獲其四部落，馬牛羊豕十餘萬”和《魏書·太祖紀》登國三年“六月，大破之，獲其四部雜畜十餘萬，渡弱落水”，可知《契丹傳》與《庫莫奚傳》、《太祖紀》以“大破之”語，暗示史文互見，故“登國中”即登國三年（388）。

③ 並爲慕容氏所破　結合《隋書·奚傳》“奚本曰庫莫奚，東部胡之種也。爲慕容氏所破，遺落者竄匿松、漠之間”和《魏書·庫莫奚傳》“庫莫奚國之先，東部宇文之別種也。初爲慕容元真所破，遺落者竄匿松漠之間”，則知“並爲慕容氏所破”事即慕容晃（字元真）（轉下頁）

竄於松、漠之間。

　《隋書》卷八十四《列傳第四十九・北狄・契丹》頁一八八一

　　契丹之先，與庫莫奚異種而同類，居黃龍之北數百里，其俗與靺鞨同，好爲寇盜。

　《册府元龜》卷九六一《外臣部・土風三》頁一一三一三上

　　契丹之先與庫莫奚異種而同類，並爲慕容氏所破，俱竄于松漠之間。後魏初，大破之，遂逃迸，與庫莫奚分背。

　《太平寰宇記》卷之一百九十九《四夷二十八・北狄十一・契丹》頁三八一○

　　契丹之先與庫莫奚異種而同類，并爲慕容氏所破，俱竄於松漠之閒。

　　　《通典》卷第二百《邊防十六・契丹》頁五四八五

　　契丹，本東胡種，其先爲匈奴所破，保鮮卑山。與庫莫奚異種而同類，並爲慕容氏所破，俱竄於松漠之閒。

　《文獻通考》卷三百四十五《四裔考二十二・契丹上》頁二七○一上

---

（接上頁）大破宇文部之事，《魏書・匈奴宇文莫槐傳》記在代國"建國八年"（345），《資治通鑑・晉紀》記在東晉建元二年（344），故"俱竄於松、漠之間"事當在 344 或 345 年之後。

三年夏五月癸亥，北征庫莫奚，大破之。

　　　　　　《北史》卷一《魏本紀第一》頁一一

後魏初，大破之，遂逃迸，與庫莫奚分背。

　　　　《通典》卷第二百《邊防十六·契丹》頁五四八五

後魏初，大破之，遂逃迸，與庫莫奚分背。

《文獻通考》卷三百四十五《四裔考二十二·契丹上》頁
二七〇一上

　　秋七月，庫莫奚部帥鳩集遺散，夜犯行宮，縱騎撲討，盡
滅之。

　　　　　　《北史》卷一《魏本紀第一》頁一一

　　魏王珪破庫莫奚於弱落水南，《新唐書》曰：奚亦東胡種，爲
匈奴所破，保烏丸山；漢曹操斬蹋頓，蓋其後也。弱落水即饒樂水，在奚
中。秋，七月，庫莫奚復襲魏營，復，扶又翻。珪又破之。庫莫奚
者，本屬宇文部，與契丹同類而異種，其先皆爲燕王皝所破，
徙居松漠之間，契丹國自西樓東去四十里，至真珠寨，又東行，地勢漸
高，西望松林鬱然，數十里，遂入平川。契，欺訖翻。洪邁曰：契丹之讀如
喫，惟《新唐書》有音。種，章勇翻。

　　《資治通鑑》卷一百七《晉紀二十九·孝武帝太元十三
年》頁三三八四

　　三年，五月北征庫莫奚；陸月，大破之，獲其四部雜畜十

餘萬；七月庚申，庫莫部帥鳩集遺散，夜犯行宮，帝縱騎撲討，盡殺之。

　　　　《册府元龜》卷六《帝王部·創業二》頁六五上


　　三年五月癸亥北征庫莫奚，六月大破之，獲其四部雜畜十餘萬，渡弱落水，班賞將士各有差。

　　　　《册府元龜》卷七九《帝王部·慶賜一》頁九一五上


　　三年六月，北征康莫奚，大破之，獲其四部雜畜十餘萬，渡弱落水，班賞將士各有差。

　　　　《册府元龜》卷一二七《帝王部·明賞一》頁一五三〇上


　　長孫肥，登國初，與莫題等俱爲大將，從征劉顯，自濡源擊莫奚，討賀蘭部，並有戰功。

　　　　《册府元龜》卷三五二《將帥部·立功五》頁四一八〇下


　　尉古真，登國初，從征庫莫奚及叱突鄰，並有功。

　　　　《册府元龜》卷三五二《將帥部·立功五》頁四一八一下


　　契丹國在庫莫奚東，與庫莫奚異種同類。並爲慕容晃所破，俱竄於松漠之間。登國中，魏大破之，遂逃进，與庫莫奚分住。

　　　　《北史》卷九十四《列傳第八十二·契丹》頁三一二七


　　契丹國在庫莫奚東，異族同類，東部鮮卑之別支也，至

是始自號契丹。爲慕容氏所破，俱竄松漠之間。道武帝登國
間，大破之，遂與庫莫奚分背。

　　　　　《遼史》卷六十三《表第一·世表》頁九五一


　　九世爲慕容晃所滅，[二]鮮卑衆散爲宇文氏，或爲庫莫
奚，或爲契丹。

**【校勘記】**

　　〔二〕爲慕容晃所滅　據《晉書》一〇九《前燕載記》，
“晃”應作皝。

　　　　　《遼史》卷六十三《表第一·世表》頁九五一、九五七

# 公元三九八年　北魏道武帝天興元年
## 东晋安帝隆安二年

　　遼西王農言於寶曰：“今遷都尚新，未可南征，宜因成師
襲庫莫奚，取其牛馬以充軍資，更審虛實，俟明年而議之。”寶
從之。己未，北行。庚申，渡澆洛水，澆洛水，蓋即饒樂水也。賢
曰：水在今營州北。唐太宗時，奚内附，置饒樂都督府。會南燕王德
遣侍郎李延詣寶，言“涉圭西上，西上，謂自中山取恒嶺而西歸
雲、代也。上，時掌翻。中國空虛。”延追寶及之，寶大喜，即日
引還。

　　　　　《資治通鑑》卷一百一十《晉紀三十二·安帝隆安二年》
頁三四六三

## 公元四〇一年　北魏道武帝天興四年
### 东晋安帝隆安五年

盛討庫莫奚，大虜獲而還。

《晉書》卷一百二十四《載記第二十四·慕容盛》頁三一〇四

慕容盛既襲僞位，討庫莫奚，大虜獲而還。

《册府元龜》卷二三一《僭僞部·征伐》頁二七五二上

## 公元四一四年　北魏明元帝神瑞元年
### 东晋安帝義熙十年

契丹、庫莫奚皆降於燕。契，欺訖翻，又音喫。降，户江翻。

《資治通鑑》卷一百一十六《晉紀三十八·安帝義熙十年》頁三六六八

## 公元四五三年　北魏文成帝興安二年
### 宋文帝元嘉三十年

庫莫奚、契丹、罽賓等十餘國各遣使朝貢。

《魏書》卷五《高宗紀第五》頁一一三

是歲，疏勒、渴盤陁、庫莫奚、契丹、罽賓等國各遣使朝貢。

《北史》卷二《魏本紀第二》頁六七

十二月，庫莫奚、契丹、罽賓等十餘國，各遣使朝貢。

《冊府元龜》卷九六九《外臣部·朝貢二》頁一一三
八八上

## 公元四五四年　北魏文成帝興光元年
## 宋孝武帝孝建元年

九月庚申，庫莫奚國獻名馬，有一角，狀如麟。

《魏書》卷五《高宗紀第五》頁一一三

九月，庫莫奚國獻名馬，有一角，狀如麟。

《北史》卷二《魏本紀第二》頁六七

興光元年九月，庫莫奚國獻名馬一匹，角狀如麟。

《冊府元龜》卷九六九《外臣部·朝貢二》頁一一三
八八上

## 公元四六一至四六七年　北魏文成帝和平二年至
## 北魏獻文帝皇興元年

庫莫奚侵擾，詔新成率衆討之①。

《魏書》卷十九上《景穆十二王列傳第七上·濟陰王》頁
四四七

---

① 據《魏書·高宗紀》和平二年"秋七月戊寅，封皇弟小新成爲濟陰
王"，以及《魏書·顯祖紀》皇興元年二月濟陰王小新成薨，則知"庫
莫奚侵擾，詔新成率衆討之"事在和平二年（461）七月至皇興元年
（467）二月之間。

濟陰王小新成,和平二年封,頗有武略。庫莫奚侵擾,詔新成討之。

　　　《北史》卷十七《列傳第五·景穆十二王上》頁六三六

## 公元四六七年　北魏獻文帝皇興元年
## 宋明帝泰始三年

高麗、庫莫奚、具伏弗、郁羽陵、日連、匹黎尒、于闐諸國各遣使朝貢。

　　　　　　　《魏書》卷六《顯祖紀第六》頁一二八

皇興元年二月,高麗、于闐、庫莫奚、具伏弗、郁羽陵、日連、匹黎、于闐諸國(各遣使朝獻)。

　　　《冊府元龜》卷九六九《外臣部·朝貢二》頁一一三八八下

## 公元四六八年　北魏獻文帝皇興二年
## 宋明帝泰始四年

高麗、庫莫奚、契丹、具伏弗、郁羽陵、日連、匹黎尒、叱六手、悉萬丹、阿大何、羽真侯、于闐、波斯國各遣使朝獻。[二]

**【校勘記】**

〔二〕契丹具伏弗郁羽陵日連匹黎尒叱六手悉萬丹阿大何羽真侯于闐波斯國各遣使朝獻　這裏列舉諸"國",除于闐、波斯外,均見于卷一百《勿吉傳》和《契丹傳》,但《紀》、《傳》既有同異,兩《傳》也不相合,今姑依《勿吉傳》標斷。"具伏弗",《勿吉傳》作"具弗伏"。"叱六手"止見于《契丹傳》,作"吐六于",疑《紀》誤。"阿大河",《勿吉傳》作"拔大何",《契丹傳》作"何大何",當是《勿吉傳》誤。至兩《傳》互異,别見卷一百校記,不備舉。

　　　　《魏書》卷六《顯祖紀第六》頁一二八、一三二至一三三


　　二年四月,高麗、庫莫奚、契丹、具伏弗、郁羽陵、日連、延尔黎、叱六手、悉萬丹、阿大阿、羽真侯、于闐、波斯等國,十二月,悉萬丹等十餘國,各遣使朝貢。

　　　　《册府元龜》卷九六九《外臣部·朝貢二》頁一一三八八下

## 公元四六九年　　北魏獻文帝皇興三年
## 宋明帝泰始五年

二月,蠕蠕、高麗、庫莫奚、契丹國各遣使朝獻。

　　　　　　《魏書》卷六《顯祖紀第六》頁一二九


三年二月,蠕蠕、高麗、庫莫奚、契丹國,七月,蠕蠕國,並遣使朝貢。

　　　　《册府元龜》卷九六九《外臣部·朝貢二》頁一一三八八下

## 公元四七〇年　　北魏獻文帝皇興四年
## 宋明帝泰始六年

高麗、庫莫奚、契丹各遣使朝獻。

　　　　　　《魏書》卷六《顯祖紀第六》頁一三〇

四年二月，高麗、庫莫奚、契丹，各遣使朝貢。

《册府元龜》卷九六九《外臣部・朝貢二》頁一一三八九上

## 公元四七二年　北魏孝文帝延興二年
## 宋明帝泰豫元年

高祖初，庫莫奚寇邊，以休爲使持節、侍中、都督諸軍事、征東大將軍、領護東夷校尉、儀同三司、和龍鎮將。

《魏書》卷十九下《景穆十二王列傳第七下・安定王》頁五一七

孝文初，庫莫奚寇邊，以休爲使持節、侍中、都督諸軍事、征東大將軍、領護東夷校尉、儀同三司、和龍鎮將。

《册府元龜》卷二八一《宗室部・領鎮四》頁三三〇九下至三三一〇上

辛酉，地豆于、庫莫奚國遣使朝貢，昌亭國遣使獻蜀馬。

《魏書》卷七上《高祖紀第七上》頁一三七

是歲，高麗、地豆干、庫莫奚、高昌等國並遣使朝貢。

《北史》卷三《魏本紀第三》頁八九

孝文延興二年七月，高麗國，八月，地豆干、庫莫奚國，並遣使朝貢，昌亭國遣使貢獻蜀馬。

《册府元龜》卷九六九《外臣部・朝貢二》頁一一三八九上

## 公元四七三年　北魏孝文帝延興三年
## 宋蒼梧王元徽元年

八月己酉,高麗、庫莫奚國並遣使朝獻。

　　　　　　《魏書》卷七上《高祖紀第七上》頁一三九

(九月)庫莫奚國遣使朝獻。

　　　　　　《魏書》卷七上《高祖紀第七上》頁一三九

是歲,高麗、契丹、庫莫奚、悉萬斤等國並遣使朝貢。

　　　　　　　《北史》卷三《魏本紀第三》頁九〇

三年二月,高麗、契丹國,四月,契丹,八月,高麗、庫莫奚國,九月,庫莫奚國、悉萬斤國,十月,悉萬斤國,並遣使朝獻。

《册府元龜》卷九六九《外臣部・朝貢二》頁一一三八九上

## 公元四七四年　北魏孝文帝延興四年
## 宋蒼梧王元徽二年

丙子,契丹、庫莫奚、地豆于諸國各遣使朝獻。

　　　　　　《魏書》卷七上《高祖紀第七上》頁一四一

是歲,粟特、敕勒、吐谷渾、高麗、曹利、闊悉、契丹、庫莫奚、地豆干等國並遣使朝貢。

　　　　　　　《北史》卷三《魏本紀第三》頁九一

九月,契丹、庫莫奚、地豆干,十一月,吐谷渾國,並遣使朝獻。

《册府元龜》卷九六九《外臣部・朝貢二》頁一一三八九上

## 公元四七五年　北魏孝文帝延興五年
## 宋蒼梧王元徽三年

五月丁酉,契丹、庫莫奚國各遣使獻名馬。

《魏書》卷七上《高祖紀第七上》頁一四一

是歲,高麗、吐谷渾、龜兹、契丹、庫莫奚、地豆干、蠕蠕等國並遣使朝貢。

《北史》卷三《魏本紀第三》頁九一

五月,契丹、庫(莫)奚國各遣使獻名馬。

《册府元龜》卷九六九《外臣部・朝貢二》頁一一三八九上

## 公元四七六年　北魏孝文帝延興六年
## 宋蒼梧王元徽四年

承明元年春二月,蠕蠕、高麗、庫莫奚、波斯諸國並遣使朝貢。

《魏書》卷七上《高祖紀第七上》頁一四二

(秋七月)高麗、庫莫奚國並遣使朝貢。

《魏書》卷七上《高祖紀第七上》頁一四二

（九月）高麗、庫莫奚、契丹諸國並遣使朝獻。

《魏書》卷七上《高祖紀第七上》頁一四二

是歲，蠕蠕、高麗、庫莫奚、波斯、契丹、宕昌、悉萬斤等國並遣使朝貢。

《北史》卷三《魏本紀第三》頁九二

承明元年春二月，蠕蠕、高麗、庫莫奚、波斯諸國，五月，蠕蠕國，七月，高麗、庫（莫）奚，八月，蠕蠕國，九月，高麗、庫莫奚、契丹、宕昌、悉萬斤，十一月，蠕蠕國並遣使朝獻。

《册府元龜》卷九六九《外臣部·朝貢二》頁一一三八九上

## 公元四七七年　北魏孝文帝太和元年
## 宋蒼梧王元徽五年

（二月）癸未，高麗、契丹、庫莫奚國各遣使朝獻。

《魏書》卷七上《高祖紀第七上》頁一四四

（三月）庫莫奚、契丹國各遣使朝獻。

《魏書》卷七上《高祖紀第七上》頁一四四

是月，庫莫奚、契丹國各遣使朝獻。

《魏書》卷七上《高祖紀第七上》頁一四四

（冬十月）庫莫奚、契丹國各遣使朝貢。

《魏書》卷七上《高祖紀第七上》頁一四四

是歲,高麗、契丹、庫莫奚、蠕蠕、車多羅、西天竺、舍衛、疊伏羅、栗楊婆、員闊等國並遣使朝貢。

《北史》卷三《魏本紀第三》頁九四

太和元年二月,高麗、契丹、庫莫奚國,三月,庫莫奚、契丹國並遣使朝獻。

《冊府元龜》卷九六九《外臣部·朝貢二》頁一一三八九上至一一三八九下

十月,庫莫奚、疊伏羅、龜茲諸國,各遣使朝貢,契丹國並遣使朝貢。

《冊府元龜》卷九六九《外臣部·朝貢二》頁一一三八九下

## 公元四七九年　北魏孝文帝太和三年
## 齊高帝建元元年

(九月)高麗、吐谷渾、地豆于、契丹、庫莫奚、龜茲諸國各遣使朝獻。

《魏書》卷七上《高祖紀第七上》頁一四七

是歲,吐谷渾、高麗、蠕蠕、地豆干、契丹、庫莫奚、龜茲、粟特、州逸、河冀、疊伏羅、員闊、悉萬斤等國各遣使朝貢。

《北史》卷三《魏本紀第三》頁九六

九月,高麗、吐谷渾國、地豆干、契丹、庫莫奚、龜茲諸國,各遣使朝獻。

　　《册府元龜》卷九六九《外臣部·朝貢二》頁一一三
八九下


　　契丹莫賀弗勿干帥部落萬餘口入附于魏，居白狼水東。
契丹酋帥曰莫賀弗。《隋書》曰：契丹與庫莫奚皆東胡種，爲慕容氏所
破，竄於松漠之間。是時爲高麗所侵，求内附于魏。《水經注》：白狼水出
右北平白狼縣東南，東北流，逕龍城西南，又東南流，至遼東房縣入于遼
水。《初學記》：狼河附黃龍城東北下，即白狼水。契，欺訖翻，又音喫。
帥，讀曰率。

　　《資治通鑑》卷一百三十五《齊紀一·高帝建元元年》頁
四二三四

## 公元四九〇年　北魏孝文帝太和十四年
## 齊武帝永明八年

五月己酉，庫莫奚犯塞，安州都將樓龍兒擊走之。

　　　　　　《魏書》卷七下《高祖紀第七下》頁一六六


十四年，地豆于及庫莫奚頻犯塞，京兆王廢爲庶人。

　　　　　　《魏書》卷一百五之三《天象志三》頁二四一八


五月己酉，庫莫奚犯塞，安州都將樓龍兒擊走之。

　　　　　　《北史》卷三《魏本紀第三》頁一〇五


五月，己酉，庫莫奚寇魏邊，《隋書》：庫莫奚，東部胡之種，爲

慕容氏所破，遺落者竄匿松漠之間。其俗甚爲不潔，而善射獵，好寇鈔。後單稱爲奚。魏高宗皇興二年，置安州，治方城，領密雲、廣陽、安樂等郡。安州都將樓龍兒擊走之。將，即亮翻。

《資治通鑑》卷一百三十七《齊紀三·武帝永明八年》頁四二九二至四二九三

## 公元四九三年　北魏孝文帝太和十七年
## 齊武帝永明十一年

五月乙卯，宕昌、陰平、契丹、庫莫奚諸國並遣使朝獻。

《魏書》卷七下《高祖紀第七下》頁一七一

是歲，勿吉、吐谷渾、宕昌、陰平、契丹、庫莫奚、高麗、鄧至等國並遣使朝貢。

《北史》卷三《魏本紀第三》頁一一一

五月，宕昌、陰平、契丹、庫莫奚諸國，六月，高麗國並遣使朝貢。

《册府元龜》卷九六九《外臣部·朝貢二》頁一一三九〇下

## 公元五〇七年　北魏宣武帝正始四年
## 梁武帝天監六年

（八月）庚子，庫莫奚、宕昌、吐谷渾諸國遣使朝獻。

《魏書》卷八《世宗紀第八》頁二〇四

八月，契丹、庫莫奚、宕昌、吐谷渾諸國，九月，疏勒、車勒阿駒、南天竺、婆羅等諸國，十月，高麗、半社、悉萬斤、可流伽、比沙、疏勒、于闐等諸國，又疏勒、嚈噠、波斯、渴槃陁、渴文提不那伏、杻杖提等諸國並三遣使朝獻。

《册府元龜》卷九六九《外臣部·朝貢二》頁一一三九一上

## 公元五〇八年　北魏宣武帝永平元年　梁武帝天監七年

（八月）庚午，吐谷渾、庫莫奚國並遣使朝貢。

《魏書》卷八《世宗紀第八》頁二〇六

八月，吐谷渾、庫莫奚國，九月，蠕蠕國，十二月，高麗國並遣使朝獻。

《册府元龜》卷九六九《外臣部·朝貢二》頁一一三九一下

## 公元五〇九年　北魏宣武帝永平二年　梁武帝天監八年

（八月）高昌、勿吉、庫莫奚諸國並遣使朝獻。

《魏書》卷八《世宗紀第八》頁二〇八

八月，鄧至國、高昌、勿吉、庫莫奚諸國，十二月，疊伏羅、弗菩提、朝陁咤、波羅諸國並遣使朝獻。

《册府元龜》卷九六九《外臣部·朝貢二》頁一一三

九一下

## 公元五一〇年　北魏宣武帝永平三年
## 梁武帝天監九年

（冬十月）戊戌，高車、龜茲、難地、那竭、庫莫奚等諸國並遣使朝獻。

《魏書》卷八《世宗紀第八》頁二一〇

十月，高車、龜茲、難地、那竭、庫莫奚等諸國，十二月，高麗、比沙杖國並遣使朝獻。

《册府元龜》卷九六九《外臣部·朝貢二》頁一一三九一下

## 公元五一二年　北魏宣武帝延昌元年
## 梁武帝天監十一年

是月，嚈噠、于闐、高昌及庫莫奚諸國並遣使朝獻。

《魏書》卷八《世宗紀第八》頁二一二

十月，嚈噠、于闐、高昌及庫莫奚諸國並遣使朝獻。

《册府元龜》卷九六九《外臣部·朝貢二》頁一一三九二上

## 公元五一三年　北魏宣武帝延昌二年
## 梁武帝天監十二年

（秋八月）庚戌，嚈噠、于闐、槃陁及契丹、庫莫奚諸國並遣使朝獻。

　　　　　　　　《魏書》卷八《世宗紀第八》頁二一三

　　五月,高麗、嚈噠、于闐、槃陁及契丹、庫莫奚諸國,九月,
勿吉、吐谷渾、鄧至,十二月,高麗國並遣使朝貢。

　　《册府元龜》卷九六九《外臣部·朝貢二》頁一一三
九二上

## 公元五一四年　　北魏宣武帝延昌三年
## 梁武帝天監十三年

（冬十月）庫莫奚國遣使朝貢。

　　　　　　　　《魏書》卷八《世宗紀第八》頁二一四

　　十月,庫莫奚國,十一月,高麗國、南天竺、佐越費實諸國
並使朝獻。

　　《册府元龜》卷九六九《外臣部·朝貢二》頁一一三
九二上

## 公元五一五年　　北魏宣武帝延昌四年
## 梁武帝天監十四年

（九月）庚申,高昌、庫莫奚、契丹諸國並遣使朝獻。

　　　　　　　　《魏書》卷九《肅宗紀第九》頁二二三

　　九月,鄧至、高昌、庫莫奚、契丹諸國,十月,高麗、吐谷渾
國,十二月,高車國並遣使朝貢。

《册府元龜》卷九六九《外臣部·朝貢二》頁一一三九二上

# 公元五〇八至五一五年　北魏宣武帝永平元年至北魏宣武帝延昌四年

庫莫奚國有馬百匹因風入境,敬邕悉令送還,於是夷人感附①。

《魏書》卷五十七《列傳第四十五·崔挺》頁一二七四

庫莫奚國有馬數百疋,因風入境,敬邕悉令送還,於是夷人感附。

《北史》卷三十二《列傳第二十·崔挺附敬邕》頁一一八六至一一八七

庫莫奚國有馬百匹因風入境,敬邕悉令送還,於是夷人感附。

《册府元龜》卷三九七《將帥部·懷撫》頁四七一八上

# 公元五二三年　北魏孝明帝正光四年梁武帝普通四年

九月丁酉,庫莫奚國遣使朝獻。

---

① 據《崔敬邕墓誌》"永平初,聖主以遼海戎夷,宣化佇賢,肅慎契丹,必也綏接,於是除君持節營州刺史,將軍如故。"則知"庫莫奚國有馬百匹,因風入境"事在永平(508—512)初"以本將軍出除營州刺史"之後,且在延昌四年(515)拜征虜將軍、太中大夫之前。

《魏書》卷九《肅宗紀第九》頁二三五

是歲,宕昌、庫莫奚國並遣使朝貢。

《北史》卷四《魏本紀第四》頁一五〇

九月,庫莫奚國遣使朝貢。

《册府元龜》卷九六九《外臣部・朝貢二》頁一一三九二下

## 公元五二四年　北魏孝明帝正光五年
## 梁武帝普通五年

五月,嚈噠、契丹、地豆干、庫莫奚諸國並遣使朝貢。

《册府元龜》卷九六九《外臣部・朝貢二》頁一一三九三上

(十有二月)嚈噠、契丹、地豆于、庫莫奚諸國並遣使朝貢。

《魏書》卷九《肅宗紀第九》頁二三八

是歲,嚈噠、契丹、地豆干、庫莫奚等國並遣使朝貢。

《北史》卷四《魏本紀第四》頁一五一

## 公元五二六年　北魏孝明帝孝昌二年
## 梁武帝普通七年

(夏四月)庫莫奚國遣使朝貢。

《魏書》卷九《肅宗紀第九》頁二四三

四月,庫莫奚國並遣使朝貢。

《冊府元龜》卷九六九《外臣部·朝貢二》頁一一三九三上

# 公元五三二年　北魏孝武帝永熙元年
## 梁武帝中大通四年

（六月）丙寅,蠕蠕、嚈噠、高麗、契丹、庫莫奚國並遣使朝貢。

《魏書》卷十一《廢出三帝紀第十一·出帝平陽王》頁二八三

（六月）乙酉,高麗、契丹、庫莫奚國遣使朝貢。

《魏書》卷十一《廢出三帝紀第十一·出帝平陽王》頁二八四

是歲,蠕蠕、嚈噠、高麗、契丹、庫莫奚、高昌等國並遣使朝貢。

《北史》卷五《魏本紀第五》頁一七一

出帝太昌元年六月,高麗、契丹、庫莫奚、蠕蠕、嚈噠、高昌等國,十一月,蠕蠕國並遣使朝貢。

《冊府元龜》卷九六九《外臣部·朝貢二》頁一一三九三上

## 公元五四三至五五○年　東魏孝静帝武定元年至
## 東魏孝静帝武定八年

其幽、安二州,控帶奚賊、蠕蠕。

《北史》卷三十二《列傳第二十·崔昂》頁一一八○

## 公元五四五年　東魏孝静帝武定三年　西魏文帝大統
## 十一年　梁武帝大同十一年

十月丁卯,神武上言,幽、安、定三州北接奚、蠕蠕,請於
險要修立城戍以防之,躬自臨覆,莫不嚴固。

《北齊書》卷二《帝紀第二·神武下》頁二二

十月丁卯,神武上言,幽、安、定三州北接奚、蠕蠕,請於
險要修立城戍以防之。躬自臨履,莫不嚴固。

《北史》卷六《齊本紀上第六》頁二二九

## 公元五五○年　東魏孝静帝武定八年　西魏文帝大統
## 十六年　北齊文宣帝天保元年　梁簡文帝大寶元年

十二月丁丑,茹茹、庫莫奚國並遣使朝貢。

《北齊書》卷四《帝紀第四·文宣》頁五四

是歲,高麗、蠕蠕、吐谷渾、庫莫奚並遣使朝貢。

《北史》卷七《齊本紀中第七》頁二四八

十二月,茹茹、庫莫奚國並遣使朝貢。

《册府元龜》卷九六九《外臣部·朝貢二》頁一一三
九三下

天保初,授假節、通州刺史,封永寧縣開國子。後從襲庫
莫奚,加左右大都督。

《北齊書》卷四十一《列傳第三十三·皮景和》頁五三七

天保初,授通州刺史,封永寧縣子。景和趫捷,有武用,
從襲庫莫奚,度黃龍,征契丹,定稽胡,討蠕蠕,每有戰功。累
遷殿中尚書、侍中。

《北史》卷五十三《列傳第四十一·皮景和》頁一九
二五

天保初,稍遷給事中,兼中書舍人,封廣漢鄉男。及從
征奚虜,黃門侍郎袁猛舊典騎兵事,至是爲割配遲留,鞭杖
一百,仍令邕監騎兵事,以猛賜邕。

《北史》卷五十五《列傳第四十三·唐邕》頁二〇〇一

後從襲庫莫奚,加左右大都督。

《册府元龜》卷三九五上《將帥部·勇敢二上》頁四六
八八上

## 公元五五二年　北齊文宣帝天保三年
### 梁元帝承聖元年

三年春正月丙申,帝親討庫莫奚於代郡,大破之,獲雜畜

十餘萬，分賚將士各有差。以奚口付山東爲民。

　　　　　　《北齊書》卷四《帝紀第四·文宣》頁五六


　帝征奚賊，金從帝行。軍還，帝幸肆州，與金宴射而去。

　　　　　《北齊書》卷十七《列傳第九·斛律金》頁二二一


　　三年春正月丙申，帝親討庫莫奚於代郡，大破之，以其口配山東爲百姓。

　　　　　　　《北史》卷七《齊本紀中第七》頁二四九


　　（正月）丙申，齊主伐庫莫奚，大破之，俘獲四千人，雜畜十餘萬。畜，許又翻。

　　　《資治通鑑》卷一百六十四《梁紀二十·元帝承聖元年》頁五〇七七


　帝征奚賊，金亦從行。軍還，帝幸肆州，與金宴射而去。

　　　《冊府元龜》卷三八二《將帥部·褒異八》頁四五四一下


　　天保三年，加征西將軍，從破庫莫奚於代州，轉領左右大都督。

　　　《冊府元龜》卷三八二《將帥部·褒異八》頁四五四二上


　　北齊文宣天保三年正月，帝親討庫莫奚於代郡，大破之，獲雜畜十餘萬，分賚將士各有差，以奚口付山東爲民。

　　　　《冊府元龜》卷九八四《外臣部·征討三》頁一一五

五八上

## 公元五五三年　北齊文宣帝天保四年
### 梁元帝承聖二年

（正月）戊寅，庫莫奚遣使朝貢。

《北齊書》卷四《帝紀第四・文宣》頁五七

（正月）戊寅，庫莫奚遣使朝貢。

《北史》卷七《齊本紀中第七》頁二四九至二五〇

四年正月，庫莫奚並遣使朝貢。

《冊府元龜》卷九六九《外臣部・朝貢二》頁一一三九三下

## 公元五五五年　北齊文宣帝天保六年
### 梁元帝承聖四年

十二月戊申，庫莫奚遣使朝貢。

《北齊書》卷四《帝紀第四・文宣》頁六一

是歲，高麗、庫莫奚並遣使朝貢。

《北史》卷七《齊本紀中第七》頁二五三

十二月，庫莫奚遣使朝貢。

《冊府元龜》卷九六九《外臣部・朝貢二》頁一一三九三下

## 公元五五六年　北齊文宣帝天保七年
## 梁敬帝紹泰二年

九月甲辰,庫莫奚遣使朝貢。

《北齊書》卷四《帝紀第四·文宣》頁六二

是歲,庫莫奚、契丹遣使朝貢。

《北史》卷七《齊本紀中第七》頁二五三

七年九月,庫莫奚,十月,契丹並遣使朝貢。

《册府元龜》卷九六九《外臣部·朝貢二》頁一一三
九三下

## 公元五五七年　北齊文宣帝天保八年
## 梁敬帝太平二年

秋八月己巳,庫莫奚遣使朝貢。

《北齊書》卷四《帝紀第四·文宣》頁六四

秋八月己巳,庫莫奚遣使朝貢。

《北史》卷七《齊本紀中第七》頁二五四

八年八月,庫莫奚遣使朝貢。

《册府元龜》卷九六九《外臣部·朝貢二》頁一一三
九三下

# 公元五六〇年　北齊孝昭帝皇建元年
## 北周明帝武成二年

是月,帝親戎北討庫莫奚,出長城,虜奔遁,分兵致討,大
獲牛馬,括總入晉陽宮。

　　　　　《北齊書》卷六《帝紀第六·孝昭》頁八三

帝將北征,敕問外間比何所聞。晞曰:"道路傳言,車駕
將行。"帝曰:"庫莫奚南侵,我未經親戎,因此聊欲習武。"

　　　　　《北齊書》卷三十一《列傳第二十三·王晞》頁四二一

帝將北征,敕問:"比何所聞?"晞曰:"道路傳言,車駕將
行。"帝曰:"庫莫奚南侵,我未經親戎,因此聊欲習武。"

　　　　　《北史》卷二十四《列傳第十二·王憲附晞》頁八九〇

是月,帝親戎北討庫莫奚,出長城。虜奔遁,分兵致討,
大獲牛馬,括總入晉陽宮。

　　　　　《北史》卷七《齊本紀中第七》頁二七〇

齊主自將擊庫莫奚,將,即亮翻;下同。至天池,庫莫奚出
長城北遁。此文宣帝所築長城也。齊主分兵追擊,獲牛羊七萬
而還。還,從宣翻,又如字。

　　　　　《資治通鑑》卷一百六十八《陳紀二·文帝天嘉元年》頁
五二一〇

孝昭皇建元年十一月,親戎北討庫莫奚,長城處奔遁,分兵致討,大獲牛馬,括總入晉陽宮。

《册府元龜》卷九八四《外臣部·征討三》頁一一五五九上

皇建初,爲左右大將軍,從孝昭討奚賊,大捷,獲馬二千疋,牛羊三萬頭。

《册府元龜》卷三五四《將帥部·立功七》頁四二〇八上

## 公元五六三年　北齊武成帝河清二年
## 北周武帝保定三年

是歲,室韋、庫莫奚、靺羯、契丹並遣使朝貢。

《北齊書》卷七《帝紀第七·武成》頁九二

是歲,室韋、庫莫奚、靺鞨、契丹並遣使朝貢。

《北史》卷八《齊本紀下第八》頁二八四

武成帝河清二年,室韋國、庫莫奚、靺鞨、契丹並遣使朝貢。

《册府元龜》卷九六九《外臣部·朝貢二》頁一一三九四上

## 公元五八一年　隋文帝開皇元年

又引處羅,遣連奚、霤,則攝圖分衆,還備左方。

《北史》卷二十二《列傳第十·長孫道生附晟》頁八一八

授晟車騎將軍,出黃龍道,齎幣賜奚、霫、契丹等,遣爲鄉導,得至處羅侯所,深布心腹,誘令內附。

《北史》卷二十二《列傳第十·長孫道生附晟》頁八一八

奚、霫畏懼,朝貢相續。

《北史》卷六十四《列傳第五十二·韋孝寬附沖》頁二二七五

奚、霫畏懼,朝貢相續。

《隋書》卷四十七《列傳第十二·韋世康附沖》頁一二七〇

又引處羅,遣連奚、霫,則攝圖分衆,還備左方。

《隋書》卷五十一《列傳第十六·長孫覽附晟》頁一三三一

授晟車騎將軍,出黃龍道,齎幣賜奚、霫、契丹等,遣爲嚮導,得至處羅侯所,深布心腹,誘令內附。

《隋書》卷五十一《列傳第十六·長孫覽附晟》頁一三三一

又引處羅,遣連奚、霫,奚,庫莫奚。霫,又一種。霫,音習。則攝圖分衆,還備左方。左方,突厥東面地也。

《資治通鑑》卷一百七十五《陳紀九·宣帝太建十三年》頁五四五一

以晟爲車騎將軍,出黄龍道,黄龍,即和龍,今黄龍府即其地,時爲高寶寧所據。騎,奇寄翻。齎幣賜奚、霫、契丹,奚,本曰庫莫奚,東部胡之種也。爲慕容氏所破,遺落竄匿松漠之間,後稍强盛。霫,匈奴之别種也,居潢水北。契丹之先,與奚同種而異類,並爲慕容氏所破,俱竄松漠之間。其後稍大,居黄龍之北數百里。契,欺訖翻,又音喫。齎,則兮翻。遣爲鄉導,鄉,讀曰嚮。得至處羅侯所,深布心腹,誘之内附。誘,音西。

《資治通鑑》卷一百七十五《陳紀九・宣帝太建十三年》頁五四五一

奚、霫畏懼,朝貢相續。

《册府元龜》卷三九七《將帥部・懷撫》頁四七二一上

奚、霫畏懼,朝貢相續。

《册府元龜》卷四二九《將帥部・守邊》頁五一一〇上

## 公元五八三年　隋文帝開皇三年

突厥犯塞,崇輒破之。奚、霫、契丹等讋其威略,爭來内附。

《北史》卷五十九《列傳第四十七・李賢附崇》頁二一〇九

突厥犯塞,崇輒破之。奚、霫、契丹等憚其威略,爭來内附。

《隋書》卷三十七《列傳第二・李穆附崇》頁一一二三

李崇爲幽州總管。突厥犯塞，崇輒破之，奚、霫、契丹等懾其威略，爭來内附。

《册府元龜》卷三九三《將帥部·威名二》頁四六六〇下

李崇，爲幽州總管。突厥犯塞，崇輒破之。奚、霫、契丹等懾其威略，爭來内附。

《册府元龜》卷四二九《將帥部·守邊》頁五一一〇上

## 公元五八七年　隋文帝開皇七年

七年二月，發丁男十萬餘，脩築長城，二旬而罷。……既行，果相猜貳，晟車騎將軍出黃龍道，齎幣賜奚、霫、契丹等，遣爲鄉導，得至處羅侯所，深布心腹，誘令内附。二年，攝圖四十萬騎自蘭州入，至于周盤，破達奚長孺軍，更欲南入，玷厥不從，引兵而去。

《册府元龜》卷九九〇《外臣部·備禦三》頁一一六三一下至一一六三二上

## 公元五九三年　隋文帝開皇十三年

（春正月）丙午，契丹、奚、霫、室韋並遣使貢方物。

《隋書》卷二《帝紀第二·高祖下》頁三七至三八

十三年正月，契丹、奚、霫、室韋，七月，靺鞨，並遣使貢方物。

《册府元龜》卷九七〇《外臣部·朝貢三》頁一一三九五下

## 公元六〇一年　隋文帝仁壽元年

步迦尋亦大亂，奚、霫五部内從<sup>①</sup>，步迦奔吐谷渾。

《隋書》卷八十四《列傳第四十九·北狄·突厥》頁一八七四

奚、霫五部内徙，步迦奔吐谷渾，啓人遂有其衆，遣使朝貢。

《北史》卷九十九《列傳第八十七·突厥》頁三二九八

仁壽元年，西突厥泥利可汗及葉護俱被鐵勒所敗，步迦尋亦大亂，奚、霫五部内徙，步迦奔吐谷渾。

《册府元龜》卷九九五《外臣部·交侵》頁一一六八五上

仁壽元年，泥利可汗及葉護俱被鐵勒所敗，并奚、霫五部内徙，霫，先立切。啓民遂有其衆。

《太平寰宇記》卷之一百九十四《四夷二十三·北狄六·突厥上》頁三七二二

雍虞閭旋爲部下所殺。是歲，泥利可汗及葉護俱被鐵勒所敗，<sup>〔六四〕</sup>并奚、霫五部内徙，霫，先立反。啓人遂有其衆。

---

① 中華書局點校修訂本頁二一〇八作"奚、霫五部内徙"，其頁二一二二"校勘記"曰：奚霫五部内徙　"徙"原作"從"，據《北史》卷九九《突厥傳》、《册府》卷九九五《外臣部·交侵》、《通志》卷二〇〇《四夷七·突厥》改。

# 【校勘記】

〔六四〕雍虞閭旋爲部下所殺是歲泥利可汗及葉護俱被鐵勒所敗　都藍可汗雍虞閭被殺於開皇十九年,泥利可汗被鐵勒所敗在仁壽元年,兩事不在一年,不得言"是歲"。參閱《隋書・北狄傳》一八七二頁——八七四頁、《北史・突厥傳》三二九六頁—三二九八頁。

《通典》卷第一百九十七《邊防十三》頁五四〇六、五四二四

是歲,泥利可汗及葉護俱被鐵勒所敗,并奚、霤五部內徙,霤,先立反。啓人遂有其衆。

《文獻通考》卷三百四十三《四裔考二十・突厥上》頁二六八八中

## 公元六〇七年　隋煬帝大業三年

染干聽之,因召所部諸國,奚、霤、室韋等種落數十酋長咸萃。

《隋書》卷五十一《列傳第十六・長孫覽附晟》頁一三三六

染干聽之,因召所部諸國,奚、霤、室韋等種落數十,酋長咸萃。

《北史》卷二十二《列傳第十・長孫道生附晟》頁八二三

啓民奉詔,因召所部諸國奚、霤、室韋等酋長數十人咸

集。霫，居鮮卑故地，保冷陘山南奥支水。室韋，契丹之類也；其南者爲契丹，其北者爲室韋。《新唐書》：室韋，蓋丁零苗裔也，地據黄龍北，傍猺越河。霫，而立翻。酋，才由翻。長，知兩翻。

《資治通鑑》卷一百八十《隋紀四·煬帝大業三年》頁五六三〇

染干聽之，因召所部諸國奚、霫、室韋等種落數十酋長咸萃。

《册府元龜》卷六五二《奉使部·宣國威》頁七八一四下至七八一五上

## 公元六一九年　唐高祖武德二年

謀令莫賀咄設入自原州，泥步設與師都入自延州，處羅入自并州，突利可汗與奚、霫、契丹、靺鞨入自幽州，合于竇建德，經滏口道來會于晉、絳。

《舊唐書》卷五十六《列傳第六·梁師都》頁二二八〇

突利可汗與奚、霫、契丹、靺羯縣幽州道合。

《新唐書》卷八十七《列傳第十二·梁師都》頁三七三一

## 公元六二〇年　唐高祖武德三年

突利在東偏，管奚、霫等數十部，徵税無度，諸部多怨之。

《舊唐書》卷一百九十四上《列傳第一百四十四上·突厥上》頁五一六〇

頡利嗣立，以爲突利可汗，牙直幽州之北，管奚、霫等數十部，徵稅無度，諸部多怨之。

《太平寰宇記》卷之一百九十五《四夷二十四·北狄七·突厥中》頁三七三七

頡利嗣位，[一〇三]以爲突利可汗，牙直幽州之北，管奚、霫等數十部，徵稅無度，諸部多怨之。

【校勘記】

〔一〇三〕頡利嗣位 "位"原作"立"，據朝鮮本及《舊唐書·突厥傳》上五一六〇頁改。

《通典》卷第一百九十七《邊防十三》頁五四一二、五四二八

頡利嗣立，以爲突利可汗，牙直幽州之北，管奚、霫等數十部，徵稅無度，諸部多怨之。

《文獻通考》卷三百四十三《四裔考二十·突厥上》頁二六九〇上

突利可汗與奚、霫、契丹、靺鞨入自幽州，可，從刊入聲。汗，音寒。奚與契丹本皆東胡種，保烏丸山者，其後爲奚，保鮮卑山者，其後爲契丹。霫與突厥同俗，保冷陘山，南契丹，東靺鞨，西拔野古。靺鞨居肅慎地，亦曰挹婁，元魏時曰勿吉。霫，而立翻。契，欺訖翻，又音喫。靺，莫撥翻。鞨，戶割翻。《考異》曰：《舊·突厥傳》："大業中，突利年數歲，始畢遣領東牙之兵，號泥步設，頡利嗣位，以爲突利可汗。"按《梁師都傳》，此際有泥步設，又有突利可汗。然則突利、處羅時已爲小可汗，非頡利嗣位後也。《高祖實錄》云："處羅欲分兵大掠中國，於懷戎、雁門、

靈武、涼州四道俱入。"今從《舊書・梁師都傳》。

　　《資治通鑑》卷一百八十八《唐紀四・高祖武德三年》頁
五八九五

## 公元六二二年　唐高祖武德五年

　　崇州　武德五年，分饒樂郡都督府置崇州、鮮州，
處奚可汗部落，隸營州都督。舊領縣一，戶一百四十，口
五百五十四。天寶，戶二百，口七百一十六。

　　《舊唐書》卷三十九《志第十九・地理二》頁一五二二至
一五二三

　　崇州，今理昌黎縣。唐武德五年分饒樂郡都督府置崇州、
鮮州，處奚可汗部落，隸營州都督。

　　《太平寰宇記》卷之七十一《河北道二十・崇州》頁一
四四一

　　鮮州　武德五年，分饒樂郡都督府奚部落置，隸營州都
督。萬歲通天元年，遷於青州安置。神龍初，改隸幽州。天
寶領縣一，戶一百七，口三百六十七。

　　《舊唐書》卷三十九《志第十九・地理二》頁一五二三至
一五二四

　　鮮州，今理賓從縣。〔五八〕唐武德五年分饒樂郡都督府奚部
落置，隸營州都督。萬歲通天元年遷于青州安置。神龍初改
隸幽州。

## 【校勘記】

〔五八〕賓從縣　“從”，底本作“徒”，據萬本、《庫》本及《舊唐書·地理志》二、《新唐書·地理志》七改。下同。

《太平寰宇記》卷之七十一《河北道二十·鮮州》頁一四四二、一四五五

奚州九，府一。

鮮州武德五年析饒樂都督府置。僑治潞之古縣城。縣一：賓從。崇州武德五年析饒樂都督府之可汗部落置。貞觀三年更名北黎州，治營州之廢陽師鎮。八年復故名。後與鮮州同僑治潞之古縣城。縣一：昌黎。順化州縣一：懷遠。歸義州歸德郡總章中以新羅户置，僑治良鄉之廣陽城。縣一：歸義。後廢。開元中，信安王禕降契丹李詩部落五千帳，以其衆復置。

奉誠都督府，本饒樂都督府，唐初置，後廢。貞觀二十二年以内屬奚可度者部落更置，并以別帥五部置弱水等五州。開元二十三年更名。領州五。弱水州以阿會部置。祁黎州以處和部置。洛瓌州以奧失部置。太魯州以度稽部置。渴野州以元俟析部置。

《新唐書》卷四十三下《志第三十三下·地理七下》頁一一二六

# 公元六二三年　唐高祖武德六年

（五月）癸卯，高開道以奚寇幽州，長史王說敗之。

《新唐書》卷一《本紀第一·高祖》頁一六

（五月）癸卯，高開道引奚騎寇幽州，長史王詵擊破之。

長,知兩翻。詵,疏臻翻。

《資治通鑑》卷一百九十《唐紀六·高祖武德六年》頁五九六八

（七月）高開道以奚侵幽州,州兵擊却之。

《資治通鑑》卷一百九十《唐紀六·高祖武德六年》頁五九七一

# 公元六二七年　唐太宗貞觀元年

貞觀初,奚、霫等並來歸附,頡利怒其失衆,遣北征延陀,又喪師旅,遂因而撻焉。

《舊唐書》卷一百九十四上《列傳第一百四十四上·突厥上》頁五一六〇

貞觀初,奚、霫等並來歸附,頡利怒其失衆,遣北征薛延陀,又喪師旅,遂因而撻焉。

《太平寰宇記》卷之一百九十五《四夷二十四·北狄七·突厥中》頁三七三七

貞觀初,奚等並來歸附,頡利怒其失衆,遣北征薛延陁,又喪師旅,遂因而撻焉。

《通典》卷第一百九十七《邊防十三》頁五四一二、五四二八

貞觀初,奚等并來歸附,頡利怒其失衆,遣北征薛延陁,又喪師旅,遂因而撻焉。

《文獻通考》卷三百四十三《四裔考二十·突厥上》頁二六九〇上

## 公元六二八年　唐太宗貞觀二年

初,突厥突利可汗建牙直幽州之北,主東偏,奚、霫等數十部多叛突厥來降,厥,九勿翻。可,從刊入聲。汗,音寒。霫,先立翻。降,戶江翻。頡利可汗以其失衆責之。

《資治通鑑》卷一百九十二《唐紀八·太宗貞觀二年》頁六〇四九

## 公元六二九年　唐太宗貞觀三年

詔兵部尚書李靖擊虜馬邑,頡利走,九俟斤以衆降,拔野古僕骨同羅諸部、霫奚渠長皆來朝。

《新唐書》卷二百一十五上《列傳第一百四十上·突厥上》頁六〇三四至六〇三五

貞觀三年,與僕骨、同羅、奚、霫同入朝。

《新唐書》卷二百一十七下《列傳第一百四十二下·回鶻下·拔野古》頁六一四〇

突厥俟斤九人及拔野古、僕骨、同羅、奚酋長並率衆來降,復以李靖等分道出擊。

《唐會要》卷九十四《北突厥》頁二〇〇二

突厥俟斤九人及拔野古、僕骨、同羅、奚酋長並率衆來降,復以李靖等分道出擊。

《唐會要》卷九十四《北突厥》頁二〇〇二

唐貞觀三年,與僕骨、同羅、奚、霫同入朝。

《文獻通考》卷三百四十四《四裔考二十一·拔野古》頁
二六九九上

帝伐高麗,悉發酋長與奚首領從軍。

《新唐書》卷二百一十九《列傳第一百四十四·北狄·契
丹》頁六一六八

九月,丙午,突厥俟斤九人帥三千騎來降。戊午,拔野
古、僕骨、同羅、奚酋長並帥衆來降。厥,九勿翻。俟,渠之翻。
帥,讀曰率。騎,奇寄翻。降,户江翻。酋,慈由翻。長,知兩翻。

《資治通鑑》卷一百九十三《唐紀九·太宗貞觀三年》頁
六〇六六

九月,高麗、百濟、新羅,並遣使朝貢,拔也古、僕骨、内同
羅、奚等渠帥並來朝。

《册府元龜》卷九七〇《外臣部·朝貢三》頁一一三
九七下

至唐,大賀氏蠶食扶餘、室韋、奚、靺鞨之區,地方二千
餘里。貞觀三年,以其地置玄州。尋置松漠都督府,建八部
爲州,各置刺史:達稽部曰峭落州,紇便部曰彈汗州,獨活部
曰無逢州,芬阿部曰羽陵州,突便部曰日連州,芮奚部曰徒河

州,墜斤部曰萬丹州,伏部曰匹黎、赤山二州。以大賀氏窟哥
爲使持節十州軍事。分州建官,蓋昉於此。

《遼史》卷三十七《志第七·地理志一》頁四三八

帝伐高麗,悉發契丹、奚首領從軍。還過營州,以窟哥爲
左武衛將軍。

《遼史》卷六十三《表第一·世表》頁九五二至九五三

## 公元六三〇年　唐太宗貞觀四年

突厥既亡,營州都督薛萬淑遣契丹酋長貪没折説諭東北
諸夷,奚、霫、室韋等十餘部皆内附。説,輸芮翻;下同。霫,先立
翻。萬淑,萬均之兄也。

《資治通鑑》卷一百九十二《唐紀九·太宗貞觀四年》頁
六〇八二

薛萬淑爲右領軍,鎮黄龍。時突厥之亂也,萬淑遣契丹
渠帥貪没折諷諭北狄東國威靈,奚、霫、室韋等十餘部皆來降
附,太宗下書褒美。

《册府元龜》卷四二六《將帥部·招降》頁五〇七九上

## 公元六三一年　唐太宗貞觀五年

十一月,室韋、倭、黑水靺鞨、並遣使朝貢,黨項、白蘭渠
帥,奚、契丹俟斤,並來朝。

《册府元龜》卷九七〇《外臣部·朝貢三》頁一一三

九八上

## 公元六三二年　唐太宗貞觀六年

閏八月,契丹、奚,十一月,薛延陁、室韋、靺鞨,十二月,雪山黨項、百濟、新羅,並遣使朝貢。

《册府元龜》卷九七〇《外臣部·朝貢三》頁一一三九八上

## 公元六三三年　唐太宗貞觀七年

七年正月,契丹、奚渠帥並來朝。

《册府元龜》卷九七〇《外臣部·朝貢三》頁一一三九八上

## 公元六四一年　唐太宗貞觀十五年

於是詔營州都督張儉統所部與奚、霫、契丹乘其東。

《新唐書》卷二百一十七下《列傳第一百四十二下·回鶻下·薛延陀》頁六一三五

營州部與契丹、奚、霫、靺鞨諸蕃切畛,高麗引衆入寇,儉率兵破之,俘斬略盡。

《新唐書》卷一百一十一《列傳第三十六·張儉》頁四一三三

(十一月)癸酉,上命營州都督張儉帥所部騎兵及奚、霫、契丹壓其東境。

《資治通鑑》卷一百九十六《唐紀十二·太宗貞觀十五年》頁六一七一

十五年十一月,薛延陀盡其甲騎,并發同羅、僕骨、迴紇、靺鞨、霫等衆,合二十萬,卒一人馬四匹,度漠,屯白道川,據善陽嶺,以擊思摩之部。……詔營州都督張儉統所部騎兵,及奚、霫、契丹等壓其東境。

《册府元龜》卷九八五《外臣部·征討四》頁一一五六九上

太宗貞觀十五年十一月癸酉,薛延陀盡其甲騎,并發同羅、僕骨、迴紇、靺鞨、奚、霫等衆合二十萬,率一人馬四匹,度漠屯白道川,據善陽嶺,以擊思摩之部。思摩引其種落走朔州,留精騎以戰,延陁乘之,及塞。詔營州都督張儉統所部騎兵,及奚、霫、契丹等壓其東境。

《册府元龜》卷九九五《外臣部·交侵》頁一一六八五下至一一六八六上

## 公元六四四年　唐太宗貞觀十八年

七月甲午,營州都督張儉率幽、營兵及契丹、奚以伐高麗。

《新唐書》卷二《本紀第二·太宗》頁四三

(七月)甲午,下詔遣營州都督張儉等帥幽、營二都督兵及契丹、奚、靺鞨先擊遼東以觀其勢。帥,讀曰率。契,欺訖翻,又音喫。

　　《資治通鑑》卷一百九十七《唐紀十三·太宗貞觀十八
年》頁六二〇九

　　契丹蕃長於句折、奚蕃長蘇支、燕州刺史李玄正等,各率
衆,絕其走伏。

　　《册府元龜》卷一一七《帝王部·親征二》頁一四〇〇上

　　十八年七月,太宗以高麗莫離支自殺其主,發兵擊新
羅,……甲午遂下詔曰:"……若不拯救,豈濟倒懸? 宜令營
州都督張儉、守左宗衛率高履行等率幽、營二都督府兵馬,及
契丹、奚、靺鞨往遼東問罪。"

　　《册府元龜》卷九八五《外臣部·征討四》頁一一五
七〇上

　　六月,詔曰:"……若不拯救,豈濟倒懸? 宜令營州都督
張儉、守左宗衛率高履行等,率幽、營二都督府兵馬,及契丹、
奚、靺鞨,往遼東問罪。"

　　《册府元龜》卷九九一《外臣部·備禦四》頁一一六
四〇上

　　(十二月)甲寅,詔諸軍及新羅、百濟、奚、契丹分道擊
高麗。

　　《資治通鑑》卷一百九十七《唐紀十三·太宗貞觀十八
年》頁六二一五

## 公元六四五年　唐太宗貞觀十九年

新羅數請援,乃下吳船四百柂輸糧,詔營州都督張儉等發幽、營兵及契丹、奚、靺鞨等出討。

《新唐書》卷二百二十《列傳第一百四十五·東夷·新羅》頁六一八九

又發契丹、奚、新羅、百濟諸君長兵悉會。

《新唐書》卷二百二十《列傳第一百四十五·東夷·新羅》頁六一九〇

戊申,詔本州刺史、父老及契丹等蕃長首領宴會。父老年七十以上,契丹、奚蕃長以下,各班賜繒錦綾數千萬段。

《冊府元龜》卷一〇九《帝王部·宴享一》頁一三〇四下

北狄、西戎之酋咸爲將帥,奚霫、契丹之旅皆充甲卒。

《冊府元龜》卷一一七《帝王部·親征二》頁一四〇二上

十九年正月庚午朔,百濟太子、扶餘康信、延陁、新羅、吐谷渾、吐蕃、契丹、奚、吐火羅葉護、沙鉢羅葉護、于闐、同娥、康國、靺鞨、霫等遣使來賀,各貢方物。

《冊府元龜》卷九七〇《外臣部·朝貢三》頁一一三九九下

## 公元六四六年　唐太宗貞觀二十年

鐵勒者,本匈奴之別種。武德初,有薛延陀、契苾、迴紇、

都播、骨利幹、多覽葛、僕骨、拔野古、同羅、渾部、思結、斛薩、
奚結、阿跌、白霫等。……貞觀二十年，既破延陀，太宗幸靈
州，次涇陽頓，鐵勒迴鶻、拔野古、同羅、僕骨、多濫葛、思結、
阿跌、契丹、奚、〔六〕渾、斛薩等十一姓，各遣使朝貢，奏稱："延
陀可汗不事大國，暴虐無道，不能與奴等爲主人。"

【校勘記】

〔六〕：契丹奚　鐵勒部落無名"契丹"、"奚"者，據岑仲
勉《突厥集史》上册考證，此二名應爲"契苾"、"奚結"。

《唐會要》卷九十六《鐵勒》頁二〇四三、二〇四七

回紇、拔野古、同羅、僕骨、多濫葛、思結、阿跌、契苾、跌
結、渾、斛薛等十一姓各遣使入貢，跌，徒結翻。《考異》曰：《舊回
紇鐵勒傳》作"多覽葛"，今從《實録》及《本紀》、《唐曆》。又《回紇傳》、
陳彭年《唐紀》作"斛薩"，《鐵勒傳》作"解薛"。今從《實録》。《實録》
又有契丹、奚，云十三姓。按契丹、奚本非薛延陀所統，又内附已久，嘗從
征遼，非至此乃降。今從《舊本紀》。

《資治通鑑》卷一百九十八《唐紀十四·太宗貞觀二十
年》頁六二三八至六二三九

《唐史》云："武德初，有薛延陀、契苾、回紇、都播、骨利
幹、多覽葛、僕骨、拔野古、同羅、渾部、思結、斛薛、奚結、阿
跌、白霫等，皆磧北鐵勒之部内諸部也。"

《太平寰宇記》卷之一百九十八《四夷二十七·北狄
十·鐵勒》頁三七九一

　　貞觀二十年，既破延陀，太宗幸靈州，次涇陽縣，鐵勒拔野古、同羅、僕骨、都波、〔一三〕多濫葛、思結、阿跌、契丹、奚、渾、斛薛等十一姓各遣使貢獻。

**【校勘記】**

〔一三〕都波　萬本、《庫》本同，宋版無。按《舊唐書》卷三《太宗紀》下載：貞觀二十年，“鐵勒迴紇、拔野古、同羅、僕骨、多濫葛、思結、阿跌、契苾、跌結、渾、斛薛等十一姓各遣使朝貢。”《資治通鑑》卷一九八同。又《新唐書》卷二一七《回鶻傳》下：都播，亦曰都波，“貞觀二十一年，因骨利幹入朝，亦以使通中國”。則貞觀二十年，都波尚未遣使，此當衍。

　　《太平寰宇記》卷之一百九十八《四夷二十七·北狄十·鐵勒》頁三七九一至三七九二、三八〇二至三八〇三

# 公元六四八年　唐太宗貞觀二十二年

　　（四月）己未，契丹辱紇主曲據帥衆内附，奚、契丹酋領皆稱爲辱紇主。契，欺訖翻，又音喫。帥，讀曰率。

　　《資治通鑑》卷一百九十九《唐紀十五·太宗貞觀二十二年》頁六二五六

　　（十一月）庚子，契丹帥窟哥、奚帥可度者並率其部内屬。以契丹部爲松漠都督，以奚部置饒樂都督。

　　　　　　　《舊唐書》卷三《本紀第三·太宗下》頁六一

　　十一月，庚子，契丹帥窟哥、奚帥可度者並帥所部内屬。帥，所類翻；下別帥同。並帥，讀曰率。以契丹部爲松漠府，杜佑曰：

松漠之地,在柳城郡之北。以窟哥爲都督;又以其別帥達稽等部
爲峭落等九州,各以其辱紇主爲刺史。峭落州、無逢州、羽陵州、
白連州、徒何州、萬丹州、疋黎州、赤山州、并松漠府爲九州。峭,七笑翻。
以奚部爲饒樂府,以可度者爲都督;樂,音洛。又以其別帥阿
會等部爲弱水等五州,弱水州、祁黎州、洛瓌州、太魯州、渴野州。亦
各以其辱紇主爲刺史。

《資治通鑑》卷一百九十九《唐紀十五·太宗貞觀二十
二年》頁六二六三

十一月,契丹帥窟哥、奚帥可度者,並率其部内屬。以契
丹部爲松漠都督府,……以奚部置饒樂都督府,拜可度爲使
持節六州諸軍州、饒樂都督,又以別帥阿會部置弱水,處和部
置祈黎州,奧失部置洛瓌州,度稽部置大魯州,元俟折部置渴
野州,亦各以其酋長辱紇主爲刺史,俱隸於饒樂焉。又于營
州置東夷校尉官。

《册府元龜》卷九七七《外臣部·降附》頁一一四八○下

奚長可度率衆内附,爲置饒樂都督府。

《遼史》卷三十九《志第九·地理志三·中京道》頁
四八一

## 公元六二七至六四八年　唐太宗貞觀年間

突厥之別部及奚、契丹、靺鞨、降胡、高麗隸河北者,爲府
十四,州四十六。

《新唐書》卷四十三下《志第三十三下·地理七下》頁一
一一九

# 公元六六〇年　唐高宗显慶五年

（十二月）阿史德樞賓及奚、契丹戰，敗之。

《新唐書》卷三《本紀第三·高宗》頁六一

窟哥死，與奚連叛，行軍總管阿史德樞賓等執松漠都督阿卜固獻東都。

《新唐書》卷二百一十九《列傳第一百四十四·北狄·契丹》頁六一六八

居延州都督李合珠並爲冷岍道行軍總管，……奚與契丹依阻此山以自固，其地在潢水之南，黃龍之北。各將所部兵以討叛奚，仍命尚書右丞崔餘慶充使總護三部兵，奚尋遣使降。將，即亮翻；下同。使，疏吏翻。降，户江翻。更以樞賓等爲沙磚道行軍總管，以討契丹，擒契丹松漠都督阿卜固送東都。磚，職緣翻。

《資治通鑑》卷二百《唐紀十六·高宗顯慶五年》頁六三二〇

五月，以定襄都督阿史德樞賓、左武侯將軍延陀梯真、居延州都督李合珠，並爲冷岍道行軍總管，各領本蕃兵以討叛奚，仍令尚書左丞崔餘慶充使總護三蕃。尋而奚遣使降附，改樞賓等爲沙磚道行軍總管以討契丹，松漠都督阿卜固送之東都，并擒叛奚謀主匹帝禿帝，斬之而還。

《册府元龜》卷九八六《外臣部·征討五》頁一一五七七下

窟哥死,與奚叛,行軍總管阿史德樞賓執松漠都督阿不固,<sup>〔九〕</sup>獻于東都。

**【校勘記】**

〔九〕阿不固　按《新唐書・契丹傳》作阿卜固。

《遼史》卷六十三《表第一・世表》頁九五三、九五八

# 公元六七九年　唐高宗儀鳳四年
## 唐高宗調露元年

調露中,單于突厥背叛,誘扇奚、契丹侵掠州縣,其後奚、羯胡又與桑乾突厥同反。

《舊唐書》卷九十三《列傳第四十三・唐休璟》頁二九七八

會突厥誘奚、契丹叛,都督周道務以兵授休璟,破之於獨護山,數馘多,遷朔州長史。

《新唐書》卷一百一十一《列傳第三十六・唐休璟》頁四一四九

突厥扇誘奚、契丹侵掠營州,誘,羊久翻。契,欺訖翻,又音喫。

《資治通鑑》卷二百二《唐紀十八・高宗調露元年》頁六三九二

唐休璟爲營府户、曹。調露中,單于突厥背叛,誘扇奚、契丹侵掠州縣。其後奚羯胡又與桑乾突厥同反,都督周道務

遣休璟將兵擊破之,于獨護山斬獲甚衆,超拜豐州司馬。

《冊府元龜》卷七二四《幕府部·武功》頁八六二三上

## 公元六九〇年　武周則天后載初二年
## 武周則天后天授元年

榆州,高平軍,下,刺史。本漢臨渝縣地,後隸右北平驪城縣。唐載初二年,析慎州置黎州,[七]處靺鞨部落,後爲奚人所據。

### 【校勘記】

〔七〕慎州　原誤“鎮州”,據《新唐書·地理志》改。

《遼史》卷三十九《志第九·地理志三·中京道》頁四八四、四九〇

## 公元六九四年　武周則天后延載元年

武后延載元年六月,幽州都督孫佺討奚、契丹,出師之夕,有大星隕於營中。

《文獻通考》卷二百九十一《象緯考十四·流星星隕》頁二三〇四下

武太后延載元年六月,幽州都督孫佺帥兵襲奚,將入賊境,有白虹垂頭於軍門。

《文獻通考》卷二百九十四《象緯考十七·虹蜺》頁二三二九上

## 公元六九六年　武周則天后天册萬歲二年
## 武周則天后萬歲通天元年

營州柳城郡，上都督府。本遼西郡，萬歲通天元年爲契丹所陷，……柳城。中。西北接奚，北接契丹，有東北鎮醫巫閭山祠。又東有碣石山。

《新唐書》卷三十九《志第二十九·地理三》頁一〇二三

欽明兄欽寂，時爲龍山軍討擊副使，與契丹戰於崇州，龍山，即慕容氏和龍之山也。崇州，奚州也，武德五年，分饒樂都督府之可汗部置，貞觀三年，徙治營州之廢陽師鎮。

《資治通鑑》卷二百五《唐紀二十一·則天后萬歲通天元年》頁六五〇八

攻陷冀州，俄爲奚及突厥掩擊其後，張九節設伏以擊之，遂單馬潛遁，爲其奴斬之。

《唐會要》卷九十六《契丹》頁二〇三三

## 公元六九七年　武周則天后萬歲通天二年
## 武周則天后神功元年

契丹及奚自神功之後，常受其徵役，其地東西萬餘里，控弦四十萬，自頡利之後最爲强盛，自恃兵威，虐用其衆。

《舊唐書》卷一百九十四上《列傳第一百四十四上·突厥上》頁五一七二

俄而奚及突厥之衆掩擊其後，掠其幼弱。

《舊唐書》卷一百九十九下《列傳第一百四十九下·北狄·契丹》頁五三五一

屬契丹及奚盡降突厥，道路阻絶，則天不能討，祚榮遂率其衆東保桂婁之故地，[二二]據東牟山，築城以居之。

**【校勘記】**

〔二二〕桂婁　《新書》卷二一九《北狄傳》作“挹婁”。

《舊唐書》卷一百九十九下《列傳第一百四十九下·北狄·渤海靺鞨》頁五三六〇、五三六六

武后聞盡忠死，更詔夏官尚書王孝傑、羽林衛將軍蘇宏暉率兵十七萬討契丹，戰東硤石，師敗，孝傑死之。……於是神兵道總管楊玄基率奚軍掩其尾，契丹大敗，獲何阿小，降別將李楷固、駱務整，收仗械如積。萬榮委軍走，殘隊復合，與奚搏，奚四面攻，乃大潰，萬榮左馳。

《新唐書》卷二百一十九《列傳第一百四十四·北狄·契丹》頁六一六九

契丹及奚自神功之後，常受其徵役。

《太平寰宇記》卷之一百九十六《四夷二十五·北狄八·突厥下》頁三七五三

契丹及奚自神功之後，常受其徵役。

《通典》卷第一百九十八《邊防十四·突厥中》頁五

四三八

契丹及奚自神功之後，常受其徵役。

《文獻通考》卷三百四十三《四裔考二十·突厥中》頁二
六九二中

奚人叛萬榮，神兵道總管楊玄基擊其前，奚兵擊其後，獲
其將何阿小。萬榮軍大潰，阿，烏葛翻。《考異》曰：《朝野僉載》：
"突厥破萬榮新城，群賊聞之失色，衆皆潰散。"不云爲玄基等所破。《實
録》但云爲玄基及奚所破，不云突厥取新城。要之，契丹聞新城破，衆心
已離，唐與奚人擊之遂潰耳。今兩取之。

《資治通鑑》卷二百六《唐紀二十二·則天后神功元年》
頁六五二一

其餘衆及奚、霫皆降於突厥。霫，而立翻。

《資治通鑑》卷二百六《唐紀二十二·則天后神功元年》
頁六五二二

八月，……萬斬俄又引兵南與官軍戰，神兵道總管楊
玄基率輕騎角其前，奚人出兵以掎其後，表裏合擊之，萬斬
大敗。……奚兵四面攻之，大潰，萬斬棄其衆，以輕騎数十人
東走。

《册府元龜》卷九八六《外臣部·征討五》頁一一五
八一下

神兵道總管楊玄基率奚兵掩擊,⁽一一⁾大破萬榮,執何阿小,別將李楷固、駱務整降。萬榮委軍走,玄基與奚四面合擊,萬榮衆潰,東走。

**【校勘記】**

〔一一〕神兵道總管楊玄基　原作神兵總管楊立基,據《新唐書·契丹傳》改。

《遼史》卷六十三《表第一·世表》頁九五四、九五八

## 公元七〇五年　　唐中宗神龍元年

始於薊門之北,漲水爲溝,以備奚、契丹之寇。

《舊唐書》卷一百八十五下《列傳第一百三十五下·良吏下·姜師度》頁四八一六

好興作,始廟溝於薊門,以限奚、契丹,循魏武帝故迹,並海鑿平虜渠,以通餉路,罷海運,省功多。

《新唐書》卷一百《列傳第二十五·姜師度》頁三九四六

## 公元七〇七年　　唐中宗神龍三年　　唐中宗景龍元年

神龍三年,滄州刺史姜師度於薊州之北,漲水爲溝,以備奚、契丹之寇。

《舊唐書》卷四十九《志第二十九·食貨下》頁二一一三

神龍三年,滄州刺史姜師度於薊州之北漲水爲溝,以備契丹、奚之入寇。

《唐會要》卷八十七《漕運》頁一八九一

## 公元七一〇年　唐中宗景龍四年　唐睿宗景雲元年

會左羽林大將軍孫佺等與奚戰冷陘，爲奚所執，獻諸默啜，默啜殺之，更以刑部尚書郭元振代休璟。

《新唐書》卷二百一十五上《列傳第一百四十上·突厥上》頁六〇四七

（十二月）壬辰，奚、霫犯塞，掠漁陽、雍奴，出盧龍塞而去。漁陽縣本屬幽州，中宗神龍元年分屬營州。雍奴縣，漢以來屬漁陽郡，隋屬涿郡，唐屬幽州。盧龍，漢肥如縣也，屬遼西郡，隋開皇十八年，更名盧龍，屬北平郡，唐帶平州。霫，而立翻。幽州都督薛訥追擊之，弗克。

《資治通鑑》卷二百一十《唐紀二十六·睿宗景雲元年》頁六六五九至六六六〇

是年，奚首領李大酺遣使貢方物。

《冊府元龜》卷九七〇《外臣部·朝貢三》頁一一四〇四上

## 公元七一一年　唐睿宗景雲二年

初，景雲中，默啜西滅娑葛，遂役屬契丹、奚，因虐用其下。

《新唐書》卷二百一十五上《列傳第一百四十上·突厥上》頁六〇四八

# 公元七一二年　唐睿宗延和元年　唐玄宗先天元年

（六月）庚申，幽州都督孫佺率左驍衛將軍李楷洛、左威衛將軍周以悌等，將兵三萬，與奚首領李大輔戰于硎山，爲賊所敗，佺没於陣。

　　《舊唐書》卷七《本紀第七·睿宗》頁一六〇

（六月）甲子，幽州都督孫佺、左驍衛將軍李楷洛、左威衛將軍周以悌及奚戰于冷陘山，敗績。

　　《新唐書》卷五《本紀第五·睿宗》頁一一九

延和元年六月，幽州都督孫佺討奚、契丹，出師之夕，有大星隕于營中。

　　《新唐書》卷三十二《志第二十二·天文二·星變》頁八四三

延和元年六月，幽州都督孫佺帥兵襲奚，將入賊境，有白虹垂頭于軍門。

　　《新唐書》卷三十六《志第二十六·五行三》頁九五〇

子佺，延和初，爲羽林將軍、幽州都督，率兵十二萬討奚李大酺，分三屯，以副將李楷洛、周以悌領之。次冷硎，楷洛與大酺戰，不勝，壯校多没。佺氣褫，乃紿言：“天子詔我招慰奚，楷洛違詔妄戰，當斬。”遣人謝大酺。大酺曰：“審爾，願出天子賜，明不欺。”佺揪聚軍中幣萬餘匹，悉袍、帶并與之。

大酺知佺詐，好語勸引還，而佺部伍離沮，奚逼之，大敗，死者數萬。佺、以悌同見獲，送默啜所殺之。

《新唐書》卷一百六《列傳第三十一·孫處約附佺》頁四〇五六至四〇五七

孫佺敗績于奚，擢隱甫并州司馬護邊，會兄逸甫疾甚，未及行，詔責逗留，下除河南令。

《新唐書》卷一百三十《列傳第五十五·崔隱甫》頁四四九七

（六月）庚申，幽州大都督孫佺與奚酋李大酺戰于冷陘，貞觀中，奚酋可度者内附，賜姓李，後遂以李爲姓。酋，慈由翻。酺，音蒲。陘，音刑。《考異》曰：《上皇録》云“甲子”，今從《睿宗録》。全軍覆没。

是時，佺帥左驍衛將軍李楷洛，左威衛將軍周以悌發兵二萬、騎八千，分爲三軍，以襲奚、契丹。帥讀曰率。驍，堅堯翻。騎，奇寄翻。契，欺訖翻，又音喫。

《資治通鑑》卷二百一十《唐紀二十六·玄宗先天元年》頁六六七二

使楷洛將騎四千前驅，遇奚騎八千，楷洛戰不利。

《資治通鑑》卷二百一十《唐紀二十六·玄宗先天元年》頁六六七三

十一月，乙酉，奚、契丹二萬騎寇漁陽，幽州都督宋璟閉城不出，虜大掠而去。

《資治通鑑》卷二百一十《唐紀二十六·玄宗先天元年》頁六六七八

睿宗延和元年六月，將兵二萬、騎八千以襲奚。

《册府元龜》卷四四四《將帥部·陷没》頁五二七三上

睿宗延和元年，將兵二萬八千以襲奚師，至冷陘，並没焉。

《册府元龜》卷四四六《將帥部·生事》頁五二九六上

## 公元七一三年　唐玄宗先天二年　唐玄宗開元元年

時奚、契丹皆叛，道路阻絶，武后不能討。

《資治通鑑》卷二百一十《唐紀二十六·玄宗開元元年》頁六六八〇

## 公元七一三至七四一年　唐玄宗開元元年至唐玄宗開元二十九年

明年，契丹、奚、突厥連和，數入邊，訥建議請討，詔監門將軍杜賓客、定州刺史崔宣道與訥帥衆二萬出檀州。

《新唐書》卷一百一十一《列傳第三十六·薛仁貴附訥》頁四一四三

奚車，契丹塞外用之，開元、天寶中漸至京城。兜籠，巴蜀婦人所用，今乾元已來，蕃將多著勳於朝，兜籠易於擔負，京城奚車、兜籠，代於車輿矣。

《舊唐書》卷四十五《志第二十五·輿服》頁一九五七

營州西北百里曰松陘嶺，其西奚，其東契丹。

《新唐書》卷四十三下《志第三十三下·地理七下》頁一
一四六

## 公元七一四年　唐玄宗開元二年

（正月）甲申，并州大都督府長史兼檢校左衛大將軍薛訥
同紫微黃門三品，仍總兵以討奚、契丹。

　　　　　《舊唐書》卷八《本紀第八·玄宗上》頁一七二

時契丹及奚與突厥連和，屢爲邊患，訥建議請出師討之。
　　《舊唐書》卷九十三《列傳第四十三·薛訥》頁二九八四

玄宗方欲威服四夷，特令訥同紫微黃門三品，總兵擊奚、
契丹，議者乃息。

　　　《舊唐書》卷九十三《列傳第四十三·薛訥》頁二九八四

（七月）庚子，薛訥及奚、契丹戰于灤河，敗績。
　　　　　《新唐書》卷五《本紀第五·玄宗》頁一二三

初，營州都督治柳城以鎮撫奚、契丹，則天之世，都督趙
文翽失政，奚、契丹攻陷之，見二百五卷武后萬歲通天元年。契，欺
訖翻，又音喫。翽，呼會翻。是後寄治幽州東漁陽城。據《舊書》，
漁陽城在幽州東二百里。或言："靺鞨、奚、霫大欲降唐，正以唐
不建營州，無所依投，爲默啜所侵擾，故且附之；靺鞨，音末曷。
霫，而立翻。降，户江翻。啜，陟劣翻。若唐復建營州，則相帥歸化
矣。"復，扶又翻。帥，讀曰率。

《資治通鑑》卷二百一十一《唐紀二十七·玄宗開元二年》頁六六九五

開元二年正月癸巳,奚饒樂郡王李大酺等來朝。
　　《册府元龜》卷一七〇《帝王部·來遠》頁二〇五三上

玄宗開元二年,契丹、奚及突厥等連和,屢爲邊患,訥建議請出師討之。
　　《册府元龜》卷四四三《將帥部·敗衂三》頁五二五六上

是年閏五月戊寅,詔曰:"……契丹及奚,近通質子,並即停追。前令還蕃首領等,至幽州且住,交替者,即旋去。"
　　《册府元龜》卷九九六《外臣部·納質》頁一一六九四上

隋,奚本曰庫莫奚。隋高祖時,突厥稱藩之後,亦遣使入朝,或通或絕,最爲無信。
　　《册府元龜》卷九九八《外臣部·姦詐》頁一一七一〇下

玄宗開元二年二月癸巳,奚王李大酺等來朝①。上謂之曰:"卿等爲朕外藩,款誠夙著,爰初州屬,職貢相仍。往緣寄任非才,拙於綏撫,因使卿等猜貳,頗成阻絕。而能不忘本,翻然改圖,覽所獻書,具知至懇。大酺將尚縣主,失活又遣近

―――――――――

① 奚王李大酺等來朝　鳳凰出版社校訂本頁一一五六四"校勘記"曰:"奚王,宋本作'奚饒樂郡王',然下文有'五年'云李大酺封饒樂郡王,宋本誤,今從原本。"

親,并自邊隅,同臻洛邑,朕今與卿等相見,喜慰良深。"

《册府元龜》卷九九九《外臣部·入覲》頁一一七一九上

## 公元七一六年　唐玄宗開元四年

是時奚、契丹相率款塞,突騎施蘇禄自立爲可汗,突厥部落頗多攜貳,乃召默啜時衙官暾欲谷爲謀主。

《舊唐書》卷一百九十四上《列傳第一百四十四上·突厥上》頁五一七三

毗伽可汗以開元四年即位,本蕃號小殺。……是時奚、契丹相率款塞,突騎施蘇禄自立爲可汗,突厥部落頗多攜貳,乃召默啜時衙官暾欲谷爲謀主。

《太平寰宇記》卷之一百九十六《四夷二十五·北狄八·突厥下》頁三七五四

是時,奚、契丹相率款塞,突騎施蘇禄自立爲可汗,突厥部落頗多攜貳,乃召默啜時衙官暾欲谷爲謀主。

《通典》卷第一百九十八《邊防十四·突厥中》頁五四三九

是時,奚、契丹相率款塞,突騎施蘇禄自立爲可汗,突厥部落頗多攜貳,及召默啜時衙官暾欲谷爲謀主。

《文獻通考》卷三百四十三《四裔考二十·突厥中》頁二六九二下

八月辛未,奚、契丹降。

《新唐書》卷五《本紀第五·玄宗》頁一二五

後二年，與奚長李大酺皆來，詔復置松漠府，以失活爲都督，封松漠郡王，授左金吾衛大將軍；仍其府置静析軍，以失活爲經略大使，所統八部皆擢其酋爲刺史。

《新唐書》卷二百一十九《列傳第一百四十四·北狄·契丹》頁六一七〇

開元四年，與奚長李大酺偕來，詔復置松漠府，以失活爲都督，封松漠郡王；仍置静析軍，以失活爲經略大使，八部長皆爲刺史。

《遼史》卷六十三《表第一·世表》頁九五四

四年八月，契丹李失活、奚李大酺，各以所部來降，制曰："混一六合，紀綱四海，開物所以苞舉華夷，列爵所以範圍中外。契丹松漠州都督李失活、奚饒樂州都督李大酺等，並材雄劍騎，家襲簪組。

《册府元龜》卷九六四《外臣部·封册二》頁一一三四二下

四年九月，契丹李失活、奚李大酺各以所部來降。

《册府元龜》卷九七七《外臣部·降附》頁一一四八一下

十二月，詔曰："固安縣主取來年二月五日出適奚都督李大酺，須早支料造作。"

《册府元龜》卷九七九《外臣部・和親二》頁一一五〇〇上

玄宗開元四年，奚使乞於寺觀禮拜，及向兩市貨易。許之。

《册府元龜》卷九九九《外臣部・請求》頁一一七二一下

北燕馮跋時，庫莫奚虞出庫真率三千餘落請交市，獻馬千疋。許之，處之於营丘。

《册府元龜》卷九九九《外臣部・互市》頁一一七二六下

四年，奚使乞於西市貨易。許之。

《册府元龜》卷九九九《外臣部・互市》頁一一七二七上

辛未，契丹李失活、奚李大酺帥所部來降。武后萬歲通天時，奚、契丹叛。帝即位之後，孫佺、薛訥相繼喪師，兩蕃不敢乘勝憑陵中國，乃相帥來降，中國之勢安强，有以服其心故也。酺，音蒲。帥，讀曰率。降，户江翻；下同。制以失活爲松漠郡王、行左金吾大將軍兼松漠都督，因其八部落酋長，拜爲刺史；貞觀末，以契丹達稽部爲峭落州，紇便部爲彈汗州，獨活部爲無逢州，芬問部爲羽陵州，突便部爲日連州，芮奚部爲徒河州，墜斤部爲萬丹州，伏部爲匹黎、赤山二州，并松漠府凡六部十州；今復以其酋長各爲刺史。又以將軍薛泰督軍鎮撫之。大酺爲饒樂郡王、行右金吾大將軍兼饒樂都督。失活，盡忠之從父弟也。李盡忠即萬歲通天叛者。樂，音洛。從，才用翻。

《資治通鑑》卷二百一十一《唐紀二十七・玄宗開元四年》頁六七二〇

突厥默啜既死，奚、契丹、拔曳固等諸部皆內附，突騎施蘇禄復自立爲可汗。

《資治通鑑》卷二百一十一《唐紀二十七·玄宗開元四年》頁六七二〇

# 公元七一七年　唐玄宗開元五年

（三月）丁巳，以辛景初女封爲固安縣主，妻于奚首領饒樂郡王大酺。

《舊唐書》卷八《本紀第八·玄宗上》頁一七七

初，營州都督府置在柳城，控帶奚、契丹。則天時，都督趙文翽政理乖方，兩蕃反叛，攻陷州城，其後移於幽州東二百里漁陽城安置。開元五年，奚、契丹各款塞歸附，玄宗欲復營州於舊城，侍中宋璟固爭以爲不可，獨慶禮甚陳其利。

《舊唐書》卷一百八十五下《列傳第一百三十五下·良吏下·宋慶禮》頁四八一四

初，營州都督府治柳城，扼制奚、契丹。武后時，趙文翽失兩蕃情，攻殘其府，更治東漁陽城。玄宗時，奚、契丹款附，帝欲復治故城，宋璟固爭不可，獨慶禮執處其利，乃詔與太子詹事姜師度、左驍衛將軍邵宏等爲使，築裁三旬畢。

《新唐書》卷一百三十《列傳第五十五·宋慶禮》頁四四九四

奚、契丹既內附，貝州刺史宋慶禮建議，請復營州。

《資治通鑑》卷二百一十一《唐紀二十七·玄宗開元五年》頁六七二七

夏,四月,甲戌,賜奚王李大酺妃辛氏號固安公主。酺,音蒲。

《資治通鑑》卷二百一十一《唐紀二十七·玄宗開元五年》頁六七二七

營州都督府

貞觀二十二年十一月二十三日,契丹酋長窟哥、奚帥可度者,並率其部内屬。以契丹部爲松漠都督府,拜窟哥爲持節十州諸軍事、松漠都督府。又以其別帥達稽部置峭落州,紇便部置彈汗州,獨活部置無逢州,芬問部置羽陵州,突便部置日蓮州,芮奚部置徒河州,墜斤部置萬丹州,出伏部置匹黎、赤山二州,各以其酋長、辱紇主爲刺史,俱隸松漠焉。以奚部置饒樂都督府,拜可度者爲持節六州諸軍事、饒樂都督府。又以別帥阿會部置弱水州,處和部置祁黎州,奧失部置洛瓌州,度稽部置太魯州,元俟析部置渴野州,亦各以其酋長、辱紇主爲刺史,俱隸於饒樂焉。二十三年,於營州兼置東夷都護,以統松漠、饒樂之地,罷置護東夷校尉官。

萬歲通天元年五月,[二]窟哥孫松漠都督李盡忠與其妻兄歸誠州刺史孫萬榮,殺營州都督趙文翽,舉兵反,攻陷營州。其後營州都督寄置於幽州漁陽城。至開元五年三月,奚、契丹等款附,上欲復營州於舊城,宋璟固争,以爲不可,獨宋慶禮盛陳其利。乃詔慶禮充使,于柳城築營州,三旬而畢,遂兼營州都督,開屯田八十餘所。

**【校勘記】**

〔二〕萬歲通天元年　"元"原作"五",據《舊唐書》卷六《則天皇后紀》及本書卷九六改。

《唐會要》卷七十三《營州都督府》頁一五六四、一五七八

初,營州都督府置在柳城,控帶奚、契丹。則天時,都督趙文翽政理乖方,兩蕃反叛,攻陷州城。其後移于幽州東二百里漁陽城安置。開元五年,奚、契丹各款塞歸附,玄宗欲復營府於舊城,侍中宋璟固爭以爲不可,獨慶禮盛陳其利。

《册府元龜》卷六九二《牧守部·招輯》頁八二五五上

五年四月甲戌,進封奚饒樂郡王李大酺妃固安縣主辛氏爲固安公主。

《册府元龜》卷九七四《外臣部·褒異一》頁一一四四五上

七月己亥,突厥遣使獻馬,授其使郎將,放還蕃,降書喻之曰:"皇帝敬問突厥可汗。使人他滿達干至,所言堅昆使來及吐蕃使不願入漢,并奚、契丹等俱知之。"

《册府元龜》卷九七四《外臣部·褒異一》頁一一四四五上至一一四四五下

八月,……又詔封從外生女辛氏爲固安公主,出降奚王

饒樂郡王李大酺。

《册府元龜》卷九七九《外臣部·和親二》頁一一五〇〇
上至一一五〇〇下

五年三月庚戌，復置營州於柳城，詔曰：“……奚饒樂郡
王李大酺賜婚來朝，已納呼韓之拜。”

《册府元龜》卷九九二《外臣部·備禦五》頁一一六
五〇下

五年，奚王李大酺入朝，封饒樂郡王。

《册府元龜》卷九九九《外臣部·入覲》頁一一七一九上

## 公元七一八年　　唐玄宗開元六年

都督許欽澹令薛泰帥驍勇五百人，又徵奚王李大輔者及
娑固合衆以討可突于。〔一二〕

**【校勘記】**

〔一二〕李大輔　《唐會要》卷九六、《通鑑》卷二一一皆
作“李大酺”。

《舊唐書》卷一百九十九下《列傳第一百四十九下·北
狄·契丹》頁五三五二、五三六六

都督許欽澹以州甲五百，合奚君長李大酺兵共攻可突
于，不勝，娑固、大酺皆死，欽澹懼，徙軍入榆關。

《新唐書》卷二百一十九《列傳第一百四十四·北狄·契丹》頁六一七〇

　　皆受天兵軍節度。天兵軍在并州城中。《考異》曰:《實錄》:"壬辰,制大舉擊突厥,五都督及拔悉密金山道總管處木昆執米啜、堅昆都督骨篤禄毗伽、契丹都督李失活、奚都督李大酺及默啜之子右賢王默特勒逾輸等夷夏之師,凡三十萬,並取朔方道行軍大總管王晙節度;"而於後俱不見出師勝敗。按此年正月,突厥請和,帝有答詔;而二月伐之,恐無此事。《舊紀》及《王晙》、《突厥傳》皆無此月出兵事。《新·突厥傳》云:"默棘連遣使請和,帝以不情,答而不許,俄下詔伐之,以王晙統之,期以八年並集稽落水上。"行兵貴密,不應前二年早先下詔,蓋取《實錄》附會《舊傳》耳。

　　《資治通鑑》卷二百一十二《唐紀二十八·玄宗開元六年》頁六七三二

　　六年,契丹娑固爲其臣可突干所攻,奔營州都督許欽澹,令薛泰帥驍健五百人徵奚王李大酺及娑固,合衆以討可突干。官軍不利,娑固、大酺臨陣被殺。

　　《冊府元龜》卷九七三《外臣部·助國討伐》頁一一四三三上

　　都督許欽澹及奚君李大酺攻可突于,不勝,娑固、大酺皆死。韓愈作可突干,劉煦、宋祁及《唐會要》皆作可突于。

　　《遼史》卷六十三《表第一·世表》頁九五四

六年正月壬寅,奚王李失活、永樂公主還蕃,命有司加等祖餞,其私覿物六千段 [①]。

《册府元龜》卷九七四《外臣部·褒異一》頁一一四四五下

六年春正月辛丑,北夷請和。乃降璽書曰:"……今契丹、奚等,輸款入朝,皆封郡王,各賜公主,放歸所部,以息其人。"

《册府元龜》卷九八〇《外臣部·通好》頁一一五一〇下至一一五一一上

十一月己酉,賜丹書鐵券于奚都督烏褐頡利發、契丹伊健啜。

《册府元龜》卷九八一《外臣部·盟誓》頁一一五二六下

六年二月,大舉蕃漢兵北伐突厥,下制曰:"……奚都督、右金吾衛大將軍、保塞軍經略大使,饒樂郡王李大酺等,士馬之精,何往不尅。"

《册府元龜》卷九八六《外臣部·征討五》頁一一五八三上

## 公元七一九年　唐玄宗開元七年

七年正月,奚王李大酺及新羅國,並遣使來賀正。

《册府元龜》卷九七一《外臣部·朝貢四》頁一一四〇六上

① 其私覿物六千段　鳳凰出版社校訂本頁一一二七七 "段" 作 "段"。

二月，波斯國、奚、拂涅、靺鞨，三月，安國，並遣使獻方物。

《册府元龜》卷九七一《外臣部・朝貢四》頁一一四〇六上

## 公元七二〇年　唐玄宗開元八年

八年冬，御史大夫王晙爲朔方大總管，奏請西徵拔悉密，東發奚、契丹兩蕃，期以明年秋初，引朔方兵數道俱入，掩突厥衙帳於稽落河上。

《舊唐書》卷一百九十四上《列傳第一百四十四上・突厥上》頁五一七四

八年冬，御史大夫王晙爲朔方大總管，奏請西徵拔悉密，東發奚、契丹兩蕃，期以明年秋，引朔方兵數道俱入，掩突厥衙帳于稽落河上。

《太平寰宇記》卷之一百九十六《四夷二十五・北狄八・突厥下》頁三七五五

八年冬，御史大夫王晙爲朔方大總管，奏請西徵拔悉密，東發奚、契丹兩蕃，期以明年秋初，引朔方兵數道俱入，掩突厥衙帳於稽落河上。

《通典》卷一百九十八《邊防十四・突厥中》頁五四四〇

八年冬，御史大夫王晙爲朔方大總管，奏請西徵拔悉密，東發奚、契丹兩蕃，期以明年秋初，引朔方兵數道俱入，掩突厥衙帳於稽落河上。

　　《文獻通考》卷三百四十三《四裔考二十·突厥中》頁二六九三上

　　俄下詔伐之，乃以拔悉蜜右驍衛大將軍金山道總管處木昆執米啜、堅昆都督右武衛大將軍骨篤禄毗伽可汗、契丹都督李失活、奚都督李大酺、突厥默啜子左賢王墨特勒、左威衛將軍右賢王阿史那毗伽特勒、燕山郡王火拔石失畢等蕃漢士悉發，凡三十萬，以御史大夫、朔方道大總管王晙統之，期八年秋並集稽落水上，使拔悉蜜、奚、契丹分道掩其牙，捕默棘連。

　　《新唐書》卷二百一十五下《列傳第一百四十下·突厥下》頁六〇五二

　　東發奚、契丹，期以今秋掩毗伽牙帳於稽落水上；稽落水蓋導源稽落山。毗伽聞之，大懼。暾欲谷曰："不足畏也。拔悉密在北庭，與奚、契丹相去絶遠，勢不相及；朔方兵計亦不能來此。"

　　《資治通鑑》卷二百一十二《唐紀二十八·玄宗開元八年》頁六七四二

　　既而拔悉密果發兵逼突厥牙帳，而朔方及奚、契丹兵不至，拔悉密懼，引退。

　　《資治通鑑》卷二百一十二《唐紀二十八·玄宗開元八年》頁六七四二

營州都督許欽澹遣安東都護薛泰帥驍勇五百與奚王李大酺奉娑固以討之，戰敗，娑固、李大酺皆爲可突干所殺，帥，讀曰率。酺，音蒲。生擒薛泰，營州震恐。許欽澹移軍入渝關，可突干立娑固從父弟鬱干爲主，遣使請罪。上赦可突干之罪，以鬱干爲松漠都督，以李大酺之弟魯蘇爲饒樂都督。使，疏吏翻；下同。樂，音洛。

《資治通鑑》卷二百一十二《唐紀二十八·玄宗開元八年》頁六七四三

八年冬，御史大夫王晙爲朔方大總管，奏請西徵拔悉密，東發奚、契丹兩蕃，剋期①。掩突厥衙帳於稽落河上。

《冊府元龜》卷九六二《外臣部·才智》頁一一三二三上

八年九月，遣左驍衛郎將攝郎中張越使于靺鞨，以奚及契丹背恩，義討之也②。

《冊府元龜》卷九八六《外臣部·征討五》頁一一五八四上

## 公元七二一年　唐玄宗開元九年

晙卒後，信安王禕討奚於幽州，告捷，且言“戰時，士咸見

---

① 鳳凰出版社校訂本頁一一一五五校勘記中記載，剋期，此下當有脱文，《舊唐書·突厥傳下》下有“以明年初秋，引朔方兵數道俱入”十三字。

② 義討之也　鳳凰出版社校訂本頁一一四二〇校改“義”爲“議”。

晙與部將高昭麾兵赴敵”,天子嗟異。

《新唐書》卷一百一十一《列傳第三十六·王晙》頁四
一五六

光庭即請以使召其大臣入衛,乃遣鴻臚卿袁振往諭帝
意。默棘連置酒與可敦、闕特勒、暾欲谷坐帳中,謂振曰:“吐
蕃,犬出也,唐與爲昏;奚、契丹,我奴而役也,亦尚主;獨突厥
前後請,不許,云何?”

《新唐書》卷二百一十五下《列傳第一百四十下·突厥
下》頁六〇五三

後三年,可突于殺邵固,立屈烈爲王,脅奚衆共降突厥,
公主走平盧軍。

《新唐書》卷二百一十九《列傳第一百四十四·北狄·契
丹》頁六一七一

開元初,……後三年,可突于殺邵固,立屈烈爲王,脅奚
衆共降突厥。

《文獻通考》卷三百四十五《四裔考二十二·契丹上》頁
二七〇一中

可突于走,奚衆降,王以二蕃俘級告諸廟。

《新唐書》卷二百一十九《列傳第一百四十四·北狄·契
丹》頁六一七一

## 公元七二二年　唐玄宗開元十年

夏四月丁酉,封契丹首領松漠都督李鬱于爲松漠郡王,奚首領饒樂都督李魯蘇爲饒樂郡王。

　　《舊唐書》卷八《本紀第八·玄宗上》頁一八三

（閏五月）癸卯,以餘姚縣主女慕容氏爲燕郡公主,出降奚首領饒樂郡王李魯蘇。〔一八〕

【校勘記】

〔一八〕奚首領饒樂郡王李魯蘇　據本書卷一九九下《契丹傳》、《通鑑》卷二一二,此處當作“契丹首領松漠郡王李鬱于”。

　　《舊唐書》卷八《本紀第八·玄宗上》頁一八三、二〇五

明年,可突于盜邊,幽州長史薛楚玉、副總管郭英傑、吳克勤、烏知義、羅守忠率萬騎及奚擊之,戰都山下。可突于以突厥兵來,奚懼,持兩端,衆走險;知義、守忠敗,英傑、克勤死之,殺唐兵萬人。

　　《新唐書》卷二百一十九《列傳第一百四十四·北狄·契丹》頁六一七一

契丹及奚斤通質子并即停追。前令還蕃首領等至幽州且住交替者,即旋去。

　　《册府元龜》卷一七〇《帝王部·來遠》頁二〇五四上至二〇五四下

十年四月，以契丹首領松漠府都督李鬱于爲松漠郡王，奚首領饒樂府都督李魯蘇爲饒樂郡王，各賜物一千疋，銀器七十事，及錦袍、鈿帶等。

《册府元龜》卷九六四《外臣部·封册二》頁一一三四四上

四月丁酉，契丹首領松漠府都督李鬱于爲松漠郡王，奚首領饒樂府都督李魯蘇爲饒樂郡王，各賜物一千匹、銀器七十事，及錦袍、鈿帶等。

《册府元龜》卷九七五《外臣部·褒異二》頁一一四四八上

七月甲戌，契丹遣使大首領楷落來朝①，授郎將，放還蕃。丙子，奚遣其兄奴默俱及聋鏷高來朝，皆授將軍，賜紫袍、銀鈿帶②、金魚袋，留宿衛。

《册府元龜》卷九七五《外臣部·褒異二》頁一一四四八上至一一四四八下

固安。從外甥女辛氏。開元五年二月，出降奚首領李大酺。至八年，大酺戰死，共立季弟魯蘇爲主，仍以公主爲妻。時魯蘇牙官塞默羯謀害魯蘇，翻歸突厥，公主密知之，遂誘而殺之。上嘉其功，賞賜累萬。公主嫡母嫉主榮寵，乃上言云主是庶生，請別以所生主嫁魯蘇。上怒，乃令

① 契丹遣使大首領楷落來朝　鳳凰出版社校訂本頁一一二九〇校改"楷落"爲"稽落"。
② 銀細帶　鳳凰出版社校訂本頁一一二九〇校改"細"爲"鈿"。

離婚。東光。咸安公主女韋氏。降奚首領魯蘇。

　　　　《唐會要》卷六《和蕃公主》頁八六至八七

　是年，奚饒樂郡王魯蘇入朝，仍以固安公主爲妻。而公主與嫡母不和，遞相論告，詔令離婚。復以成安公主之女韋氏爲東光公主，以妻之。

　　　　《册府元龜》卷九七九《外臣部·和親二》頁一一五〇〇下

　"庫莫奚又封成安公主女嫣氏爲東光公主以妻魯蘇。"案：《新》、《舊唐書》"嫣"作"韋"。

　　　　《通典》附録四《通典考證叢實》頁五六四六

　固安、從外甥女辛氏。開元時，降奚首領李大輔。後大輔戮死，立李弟魯蘇爲主，仍尚主。魯蘇牙官謀歸突厥，主殺之，以功被賞。東光、成安公主女韋氏，降奚首領魯蘇。

　　　　《文獻通考》卷二百五十八《帝系考九·公主》頁二〇四八上

　興中府。本霸州彰武軍，節度。古孤竹國。漢柳城縣地。……十年還柳城。後爲奚所據。太祖平奚及俘燕民，將建城，命韓知方擇其處。[一九]

**【校勘記】**

〔一九〕命韓知方擇其處　按卷七四《韓知古傳》，神册初知古曾授彰武節度使，與此事迹合。疑"方"是古字之訛。

《遼史》卷三十九《志第九·地理志三·中京道》頁四八
六、四九一至四九二

## 公元七二三年　唐玄宗開元十一年

四月己未，吐蕃首領張甘松來降，授員外鎮將，留宿衛。
奚首領李日越等來朝，授員外折衝，留宿衛。

《册府元龜》卷九七五《外臣部·褒異二》頁一一四
四八下

## 公元七二四年　唐玄宗開元十二年

十二年二月，契丹遣使涅禮來賀正，并獻方物，奚遣大首
領李奚奴等十人，渤海靺鞨遣其臣賀作慶，新羅遣其臣金武
勳，勃律遣大首領蘇磨羅，來賀正。各賜帛五十匹，放還蕃。

《册府元龜》卷九七一《外臣部·朝貢四》頁一一四
〇七上

十二年二月丙申，……乙巳，奚遣大首領李奚奴等十人
來賀正。

《册府元龜》卷九七五《外臣部·褒異二》頁一一四
四九上

十二年三月，遣使齎絹錦八萬段，分賜奚及契丹，詔曰：
“公主出降蕃王，本擬安養部落，請入朝謁，深慮勞煩，朕固割
恩，抑而未許，因加殊惠，以慰遠心。奚有五部落，宜賜物三

萬段,先給征行遊奕兵及百姓,餘一萬段與東光公主、饒樂王衙官、刺史、縣令。"

　　《冊府元龜》卷九七九《外臣部·和親二》頁一一五〇〇下至一一五〇一上

　　三月癸酉,遣使齎絹綿八萬段,分賜奚及契丹,敕曰:"……奚有五部落,宜賜物三萬段,其中取二萬段先給征行遊奕兵及百姓,餘一萬段與東光公主、饒樂王衙官、刺史、縣令。"

　　《冊府元龜》卷九七五《外臣部·褒異二》頁一一四四九上

　　(五月)乙酉,鐵利來朝,並授折衝,放還蕃。松漠府契丹還使來朝,饒樂府奚遣使獻麝香,並授折衝,放還蕃。

　　《冊府元龜》卷九七五《外臣部·褒異二》頁一一四四九下

　　五月,松漠府契丹遣使來朝,饒樂府奚遣使獻麝香。

　　《冊府元龜》卷九七一《外臣部·朝貢四》頁一一四〇七上

## 公元七二五年　唐玄宗開元十三年

　　文武百僚,二王後,孔子後,諸方朝集使,岳牧舉賢良及儒生、文士上賦頌者,戎狄夷蠻羌胡朝獻之國,突厥頡利發,契丹、奚等王。

　　《舊唐書》卷二十三《志第三·禮儀三》頁九〇〇

奚及契丹舊是突厥之奴，亦尚唐家公主。

《舊唐書》卷一百九十四上《列傳第一百四十四上·突厥上》頁五一七五

奚、契丹，本突厥奴也；夷言奴，猶華言臣也。皆得尚主。

《資治通鑑》卷二百一十二《唐紀二十八·玄宗開元十三年》頁六七六五

文武百僚，二王後，孔子後，諸方朝集使，岳牧舉賢良及儒生文士上賦頌者，戎狄夷蠻羌胡朝獻之國，突厥頡利發，奚、契丹等王。

《唐會要》卷八《郊議》頁一三七

十三年正月辛丑，契丹、奚遣使來賀正，且獻方物，並授中郎將，賜紫袍、銀鈿帶，放還蕃。

《册府元龜》卷九七五《外臣部·褒異二》頁一一四四九下

十三年，玄宗將東封，……謂振曰：“吐蕃狗種，唐國與之爲婚；奚及契丹舊是突厥之奴，亦尚唐家公主；突厥前後請結和親，獨不蒙許，何也？”

《册府元龜》卷九七九《外臣部·和親二》頁一一五〇一下

十三年，……小殺與其妻及闕特勒、暾欲谷等環坐帳中設宴,謂振曰:"吐蕃狗種,唐國與之爲婚,奚及契丹舊是突厥之奴,亦尚唐家公主。"

《太平寰宇記》卷之一百九十六《四夷二十五‧北狄八‧突厥下》頁三七五六

十三年,帝將東巡,中書令張說謀欲加兵以備突厥,……設宴謂振曰:"吐蕃狗種,唐國與之爲婚;奚及契丹舊是突厥之奴,亦尚唐家公主。突厥前後請結和親,獨不蒙許,何也?"

《册府元龜》卷九九二《外臣部‧備禦五》頁一一六五三下

十三年,……小殺與其妻及闕特勤、暾欲谷等環坐帳中設宴,謂振曰:"吐蕃狗種,唐國與之爲婚;奚及契丹舊是突厥之奴,亦尚唐家公主。突厥前後請結和親,獨不蒙許,何也?"

《通典》卷第一百九十八《邊防十四‧突厥中》頁五四四一

十三年,……小殺與妻及闕特勤、暾欲谷等環坐帳中設宴,謂振曰:"吐蕃狗種,唐國與之爲婚;奚及契丹舊是突厥之奴,亦尚唐家公主。突厥前後請結和親,獨不蒙許,何也?"

《文獻通考》卷三百四十三《四裔考二十‧突厥中》頁二六九三中

## 公元七二六年　唐玄宗開元十四年

十四年春正月癸亥,改封契丹松漠郡王李召固爲廣化

王,奚饒樂郡王李魯蘇爲奉誠王,封宗室外甥女二人爲公主,
各以妻之。

　　　《舊唐書》卷八《本紀第八·玄宗上》頁一八九


　　十四年,改封契丹松漠郡王李邵固爲廣化王,奚饒樂郡
王李魯蘇爲奉誠王,仍封宗室外甥女二人爲公主,各以妻之。
　　　《册府元龜》卷九六四《外臣部·封册二》頁一一三
四四上


　　春,正月,癸未,更立契丹松漠王李邵固爲廣化王,奚饒
樂王李魯蘇爲奉誠王。契,欺訖翻。樂,音洛。以上從甥陳氏爲
東華公主,妻邵固;從,才用翻。妻,七細翻;下同。《考異》曰:東華
出降,《實録》在三月壬子;於此終言之。以成安公主之女韋氏爲東
光公主,成安公主,中宗之女,下嫁韋捷。妻魯蘇。
　　　《資治通鑑》卷二百一十三《唐紀二十九·玄宗開元十
四年》頁六七七〇


　　(十四年正月)丙午,奚御史郡王父李綴進位右武衛員外
大將軍;及奚弱水州刺史李高進階鎮軍大首領,日走等二百
餘人,並授郎將。
　　　《册府元龜》卷九七五《外臣部·襃異二》頁一一四
五〇上


　　十四年正月,改封契丹松漠郡王李邵固爲廣化王,奚饒
樂郡王李魯蘇爲奉誠王,仍封宗室外甥女二人爲公主,各以

妻之。

《册府元龜》卷九七九《外臣部・和親二》頁一一五〇一
下至一一五〇二上

六月甲寅,奚遣阿布高來朝,授中郎,賜紫袍、金魚袋,放
還蕃。

《册府元龜》卷九七五《外臣部・褒異二》頁一一四
五〇下

十一月,吐火羅國遣使來朝,突厥遣其大臣梅録啜來朝,
渤海靺鞨王遣其子義信來朝并獻方物,奚遣使阿布高來朝,
康國王遣使獻豹及方物。

《册府元龜》卷九七一《外臣部・朝貢四》頁一一四
〇八上

## 公元七二八年　唐玄宗開元十六年

十六年二月庚午,奚質子右領軍衛將軍李如越卒,制贈
左驍衛大將軍,官造靈轝,給遞還奚。

《册府元龜》卷九七五《外臣部・褒異二》頁一一四五一
上至一一四五一下

八月丁丑,契丹廣化王李邵固遣其子諾括來朝,授大將
軍,賜紫袍、金帶,放還蕃。奚大首領特没干來朝,授中郎將,
賜紫袍、金帶,放還蕃。

《册府元龜》卷九七五《外臣部・褒異二》頁一一四五一下

十月丁丑，……奚首領李窟何來朝，授左威衛將軍，賜
紫袍、金帶，放還蕃。

《冊府元龜》卷九七五《外臣部·褒異二》頁一一四五一
下至一一四五二上

## 公元七二九年　唐玄宗開元十七年

（三月）己巳，奚及契丹遣使來朝，皆賜紫袍、金帶，放
還蕃。

《冊府元龜》卷九七五《外臣部·褒異二》頁一一四
五二上

## 公元七三〇年　唐玄宗開元十八年

五月，契丹衙官可突干殺其主李召固，率部落降于突厥，
奚部落亦隨西叛。奚王李魯蘇來奔，召固妻東華公主陳氏及
魯蘇妻東光公主韋氏並奔投平盧軍。制幽州長史趙含章率
兵討之。

《舊唐書》卷八《本紀第八·玄宗上》頁一九五

（六月）丙子，命單于大都護、忠王浚爲河北道行軍元帥，
御史大夫李朝隱、京兆尹裴伷先爲副，率十八總管以討契丹
及奚等，事竟不行。

《舊唐書》卷八《本紀第八·玄宗上》頁一九五

十八年，奚、契丹犯塞，以上爲河北道元帥，信安王褘爲
副，帥御史大夫李朝隱、京兆尹裴伷先等八總管兵以討之。〔二〕

【校勘記】

〔二〕八總管兵　"總"上各本原有"人"字，據《御覽》卷
一一二、《新書》卷六《肅宗紀》刪。

《舊唐書》卷十《本紀第十·肅宗》頁二三九、二六五

十八年，可突于殺邵固，率部落并脅奚衆降于突厥，東華
公主走投平盧軍。

《舊唐書》卷一百九十九下《列傳第一百四十九下·北
狄·契丹》頁五三五二

五月己酉，奚、契丹附于突厥。

《新唐書》卷五《本紀第五·玄宗》頁一三五

十八年，奚、契丹寇邊，乃以肅宗爲河北道行軍元帥，遣
御史大夫李朝隱等八總管兵十萬以伐之。居二歲，朝隱等敗
奚、契丹於范陽北，肅宗以統帥功遷司徒。

《新唐書》卷六《本紀第六·肅宗》頁一五五

薊州漁陽郡，下。開元十八年析幽州置。土貢：白膠。
戶五千三百一十七，口萬八千五百二十一。縣三。……自古盧
龍北經九荆嶺、受米城、張洪隘度石嶺至奚王帳六百里。又東北行傍吐
護真河五百里至奚、契丹衙帳。又北百里至室韋帳。

《新唐書》卷三十九《志第二十九·地理三》頁一〇二二

契丹可突于殺其王邵固降突厥，而奚亦亂，其王魯蘇挈

族屬及邵固妻子自歸。是歲，奚、契丹入寇，詔承玼擊之，破
於捺禄山。二十二年，詔信安王禕率幽州長史趙含章進討，
承玼請含章曰："二虜固劇賊，前日戰而北，非畏我，乃誘我
也。公宜畜鋭以折其謀。"含章不信，戰白城，果大敗。承玼
獨按隊出其右，斬首萬計，可突于奔北奚。

　　《新唐書》卷一百三十六《列傳第六十一·李光弼附烏
承玼》頁四五九六


　　初，契丹王李邵固遣可突干入貢，同平章事李元紘不禮
焉。左丞相張説謂人曰："奚、契丹必叛。可突干狡而很，專
其國政久矣，人心附之。此謂契丹國人之心也。契，欺訖翻，又音
喫。很，户墾翻。今失其心，必不來矣。"己酉，可突干弑邵固，
帥其國人并脅奚衆叛降突厥，奚王李魯蘇及其妻韋氏、邵固
妻陳氏皆來奔。史言張説之言之驗。韋、陳皆中國以爲公主嫁兩蕃，
事見上十四年。帥，讀曰率。降，户江翻。厥，九勿翻。

　　《資治通鑑》卷二百一十三《唐紀二十九·玄宗開元十
八年》頁六七八九


　　以御史大夫李朝隱、京兆尹裴伷先副之，帥十八總管以
討奚、契丹。朝，直遥翻。伷，與胄同。帥，讀曰率。

　　《資治通鑑》卷二百一十三《唐紀二十九·玄宗開元十
八年》頁六七九〇


　　可突干寇平盧，先鋒使張掖烏承玼破之於捺禄山。開元
初，置平盧軍於營州。玼，且禮翻，又音此。捺，奴葛翻。《考異》曰：韓愈

《烏氏先廟碑》云：“尚書諱承洽，開元中管平盧先鋒軍，屢破奚、契丹，從戰捺禄，走可突干。”《新傳》云：“承玭，開元中與族兄承恩皆爲平盧先鋒，沈勇而決，號轅門二龍。”據此，則承玭、承洽一人也。今從《新書》。

《資治通鑑》卷二百一十三《唐紀二十九·玄宗開元十八年》頁六七九〇

十一月，契丹、奚、中天竺國，並遣使朝貢。

《册府元龜》卷九七一《外臣部·朝貢四》頁一一四〇九上

（十一月）壬申，契丹、奚遣使來朝，且獻方物，賜帛，放還蕃。

《册府元龜》卷九七五《外臣部·褒異二》頁一一四五三上

十八年五月，契丹衙官可突干殺其主李召固，率部落降于突厥，奚部落亦隨而叛，奚王李魯蘇來奔，召固妻東華公主陳氏及魯蘇妻東光公主韋氏，並奔投平盧軍。制幽州長史趙含章率兵討之。

《册府元龜》卷九八六《外臣部·征討五》頁一一五八五下

## 公元七三一年　唐玄宗開元十九年

十九年，契丹衙官可突干殺其王邵固，率部落降于突厥。玄宗遣忠王爲河北道行軍元帥以討奚及契丹兩蕃，以褘爲

副。王既不行，禕率户部侍郎裴耀卿等諸副將分道統兵出於
范陽之北，大破兩蕃之衆，擒其酋長，餘黨竄入山谷。

　　《舊唐書》卷七十六《列傳第二十六·太宗諸子·吴王
恪附孫信安王禕》頁二六五二


　　十九年八月，幽州執叛奚壽斤來獻，宰臣裴光庭等奏曰：
“伏以深仁燭幽，遠被無外，至德感物，矧兹有苗。頃者奚壽
斤放命不恭，執訊來獻，而陛下設誠不疑，推致赤心，歸于陬
落，襁負而至，置之左右，射御不違。自非睿宗至誠被物，何
以驟改驕節，卒爲忠臣。變鴟梟於鸞鳳，登反側於仁壽，求諸
前古，竹帛所不載，稽諸近事，耳目所未聞。臣等豫睹休異，
輒敢書于史册。”帝曰：“奚壽斤往因脅從，遂同逆命，俘虜而
至，罪則難容。收其悔過之心，免其殊死之責，推誠待物，果
獲忠臣。此皆卿等輔翊之所致，豈朕薄德之能感。書之簡
册，以示將來，當斯美名，良用懍惕。”

　　《册府元龜》卷三七《帝王部·頌德》頁四一三上至四
一三下


　　十九年，契丹衙官可突于殺其王邵固，率部落降于突厥。
玄宗以忠王爲河北道行軍元帥，以討奚及契丹兩蕃，以禕爲
副王。既不行，禕率户部侍郎裴輝卿等諸副將分道統兵馬，
出於范陽之北，大破兩蕃之衆，擒其酋長，餘黨竄入山谷。

　　《册府元龜》卷二九一《宗室部·立功二》頁三四二九下

## 公元七三二年　唐玄宗開元二十年

三月，信安王禕與幽州長史趙含章大破奚、契丹於幽州之北山。

　　　　《舊唐書》卷八《本紀第八·玄宗上》頁一九七

（五月）戊辰，信安王獻奚、契丹之俘，上御應天門受之。

　　　　《舊唐書》卷八《本紀第八·玄宗上》頁一九八

二十年，[三]諸將大破奚、契丹，以上遙統之功，加司徒。

**【校勘記】**

〔三〕二十年　"十"字各本原無，據本書卷八《玄宗紀》、《御覽》卷一一二補。

　　　　《舊唐書》卷十《本紀第十·肅宗》頁二三九、二六五

俄又令耀卿賫絹二十萬匹分賜立功奚官，就部落以給之。

　　　　《舊唐書》卷九十八《列傳第四十八·裴耀卿》頁三〇八〇

可突于率其麾下遠遁，奚衆盡降，禕乃班師。

　　　　《舊唐書》卷一百九十九下《列傳第一百四十九下·北狄·契丹》頁五三五三

二十年正月乙卯，信安郡王禕爲河東、河北道行軍副元

帥,以伐奚、契丹。

　　　　　《新唐書》卷五《本紀第五・玄宗》頁一三六

　　三月己巳,信安郡王禕及奚、契丹戰于薊州,敗之。
　　五月戊申,忠王浚俘奚、契丹以獻。

　　　　　《新唐書》卷五《本紀第五・玄宗》頁一三六

　　開元二十年,副信安王禕討契丹,又持帛二十萬賜立功
奚官,耀卿曰:"幣涉寇境,不可以不備。"

　　　　　《新唐書》卷一百二十七《列傳第五十二・裴耀卿》頁四
四五二

　　春,正月,乙卯,以朔方節度副大使信安王禕爲河東、河
北行軍副大總管,將兵擊奚、契丹;壬申,以户部侍郎裴耀卿
爲副總管。

　　　　　《資治通鑑》卷二百一十三《唐紀二十九・玄宗開元二
十年》頁六七九七

　　信安王禕帥裴耀卿及幽州節度使趙含章分道擊契【章:
十二行本"契"上有"奚"字;乙十一行本同;孔本同;張校同。】丹,帥,
讀曰率;下同。含章與虜遇,虜望風遁去。

　　　　　《資治通鑑》卷二百一十三《唐紀二十九・玄宗開元二
十年》頁六七九七

　　己巳,禕等大破奚、契丹,俘斬甚衆,《考異》曰:《唐曆》作

"庚辰"。今從《實錄》。可突干帥麾下遠遁，餘黨潛竄山谷。奚酋李詩瑣高帥五千餘帳來降。奚，慈由翻。降，户江翻。

《資治通鑑》卷二百一十三《唐紀二十九·玄宗開元二十年》頁六七九七

上命裴耀卿齎絹二十萬匹分賜立功奚官，耀卿謂其徒曰："戎狄貪婪，婪，盧含翻。今齎重貨深入其境，不可不備。"

《資治通鑑》卷二百一十三《唐紀二十九·玄宗開元二十年》頁六七九八

玄宗開元二十年三月，信安王禕及幽州長史趙含章，大破叛奚及契丹於幽州之北。

《册府元龜》卷一二《帝王部·告功》頁一三五下

又命王浚親統奚、契丹俘虜告廟。

《册府元龜》卷一二《帝王部·告功》頁一三六上

俄又令耀卿齎絹二十萬疋，分賜立功奚官，就部落以給之。

《册府元龜》卷六五五《奉使部·謀略》頁七八四九上

二十年正月，王子奚歸義王遣其首領細蘇等來朝，新羅、奚並遣使賀正。

《册府元龜》卷九七一《外臣部·朝貢四》頁一一四〇九上

二十年正月壬子,奚歸義王遣其首領佃蘇等來朝,並授將軍,賜帛有差,放還蕃。庚申,新羅遣使賀正,奚遣使賀正,並授郎將,賜帛有差,放還蕃。

《冊府元龜》卷九七五《外臣部·褒異二》頁一一四五四上

晙卒後,信安王禕於幽州討奚告捷,奏稱軍士咸見晙與蕃將高昭領兵馬先軍討賊,上聞而嗟異久之。

《舊唐書》卷九十三《列傳第四十三·王晙》頁二九八九

開元二十年以後,邀功之將,務恢封略,以甘上心,將欲蕩滅奚,契丹,翦除蠻、吐蕃,喪師者失萬而言一,勝敵者獲一而言萬,寵錫云極,驕矜遂增。

《通典》卷第一百四十八《兵一》頁三七八〇

## 公元七三三年　唐玄宗開元二十一年

范陽節度使,臨制奚、契丹,統經略、威武、清夷、静塞、恒陽、北平、高陽、唐興、横海等九軍。

《舊唐書》卷三十八《志第十八·地理一》頁一三八七

范陽節度使:理范陽郡,管兵九萬一千人,馬六千五百疋,衣賜八十萬疋段,軍糧五十萬石。制臨奚、契丹,統經略軍、范陽郡城内,管兵三萬人,馬五千四百疋。

《通典》卷第一百七十二《州郡二》頁四四八一

開元二十一年,幽州長史薛楚玉遣英傑及裨將吳克勤、烏知義、羅守忠等率精騎萬人及降奚之衆以討契丹,屯兵於榆關之外;契丹首領可突干引突厥之衆拒戰於都山之下。<sup>(四)</sup>

**【校勘記】**

〔四〕可突干　"干"字各本原作"于",據本書卷八《玄宗紀》、《通鑑》卷二一三改。

《舊唐書》卷一百三《列傳第五十三‧郭知運附子英傑》頁三一九〇、三二〇二

先是,契丹及奚連年爲邊患,契丹衙官可突干驍勇有謀略,頗爲夷人所伏。

《舊唐書》卷一百三《列傳第五十三‧張守珪》頁三一九四

幽州長史薛楚玉遣副將郭英傑、吳克勤、鄔知義、羅守忠率精騎萬人,并領降奚之衆追擊之。軍至渝關都山之下,可突于領突厥兵以拒官軍。奚衆遂持兩端,散走保險。

《舊唐書》卷一百九十九下《列傳第一百四十九下‧北狄‧契丹》頁五三五三

上遣大門藝詣幽州發兵,以討勃海王武藝;《考異》曰:《新書‧烏承玭傳》云:"可突干殺其王邵固,降突厥,而奚亦亂。是歲,奚、契丹入寇,詔承玭擊之,破於捺禄山。"

《資治通鑑》卷二百一十三《唐紀二十九‧玄宗開元二十一年》頁六八〇〇

薛楚玉遣英傑將精騎一萬及降奚擊契丹,屯於榆關之外。"榆"當作"渝"。此渝關在營、平之間,古所謂臨渝之險者也。《漢書音義》:渝,音喻。又唐勝州界有榆關。隋之榆林郡界二關,有"渝"、"榆"之異。史家傳寫混淆無别,故詳辯之。將,即亮翻。騎,奇寄翻。降,户江翻;下同。可突干引突厥之衆來合戰,奚持兩端,散走保險;唐兵不利,英傑戰死。

《資治通鑑》卷二百一十三《唐紀二十九·玄宗開元二十一年》頁六八〇一至六八〇二

四月壬戌,奚首領屬鶻留來朝,授果毅,賜絹四十疋,留宿衛。

《册府元龜》卷九七五《外臣部·褒異二》頁一一四五四下

## 公元七三四年　唐玄宗開元二十二年

(十二月)乙巳,幽州長史張守珪發兵討契丹,斬其王屈烈及其大臣可突干於陣,傳首東都,餘叛奚皆散走山谷。

《舊唐書》卷八《本紀第八·玄宗上》頁二〇二

時范陽節度使張守珪以裨將安禄山討奚、契丹敗衄,執送京師,請行朝典。

《舊唐書》卷九十九《列傳第四十九·張九齡》頁三〇九九

安禄山初以范陽偏校入奏,氣驕蹇,九齡謂裴光庭曰:

"亂幽州者,此胡雛也。"及討奚、契丹敗,張守珪執如京師。

《新唐書》卷一百二十六《列傳第五十一·张九齡》頁四四二九

六月壬辰,幽州節度使張守珪俘奚、契丹以獻。

《新唐書》卷五《本紀第五·玄宗》頁一三八

其年十一月,幽州節度使張守珪發兵討契丹,斬其王屈列及其大臣可突于等,傳首東都,餘衆及叛奚皆散走山谷。立其酋長李過折爲契丹王,仍授特進,封北平郡王。其年,過折又爲可突于黨泥禮所殺,惟一子剌乾走投安東獲免,拜左驍衛將軍。自後與奚王朝貢歲至,蕃禮甚備。

《唐會要》卷九十六《契丹》頁二〇三四至二〇三五

自後至今與奚王朝貢歲至,蕃禮甚修。

《太平寰宇記》卷之一百九十九《四夷二十八·北狄十一·契丹》頁三八一二

四至:……東與高麗鄰,西與奚國接,南至營州;北至室韋,地方二千里。

《太平寰宇記》卷之一百九十九《四夷二十八·北狄十一·契丹》頁三八一三

二十二年,……可突于餘衆及叛奚俱走山谷。

《太平寰宇記》卷之一百九十九《四夷二十八·北狄十一·契丹》頁三八一二

先是契丹及奚連年爲邊患，及守珪到官，頻出擊之，每戰皆捷，斬契丹首領可突于首，傳於東都。

《册府元龜》卷三八四《將帥部・褒異一〇》頁四五七一下

張守珪爲幽州長史，河北節度副大使。開元二十二年發兵討契丹，斬其王屈烈及其大臣可突干等，傳首東都，餘衆及叛奚皆散山谷，立其酋長李過折爲契丹王。

《册府元龜》卷三五八《將帥部・立功一一》頁四二四五下

二十二年十二月，幽州長史張守珪發兵討奚、契丹，斬其王屈烈及其大臣可突於陣，傳首東都，餘叛奚皆散走。立其酋長李遇折爲契丹王。

《册府元龜》卷九八六《外臣部・征討五》頁一一五八六上

## 公元七三五年　唐玄宗開元二十三年

開元二十三年，長史薛楚玉遣英傑與裨將吴克勤、烏知義、羅守忠帥萬騎及奚衆討契丹，屯榆關。契丹酋長可突于拒戰都山下，奚衆貳，官軍不利，知義、守忠引麾下遁去，英傑、克勤力戰死。

《新唐書》卷一百三十三《列傳第五十八・郭知運附英傑》頁四五四五

契丹、奚連年梗邊，牙官可突于，胡有謀者，前長史趙含章、薛楚玉等不能制。

《新唐書》卷一百三十三《列傳第五十八·張守珪》頁四五四九

會裨將趙堪、白真陀羅等彊使平盧軍使烏知義度湟水邀叛奚，且蹂其稼，知義辭不往，真陀羅矯詔脅之。

《新唐書》卷一百三十三《列傳第五十八·張守珪》頁四五四九

且守珪纔破契丹，陛下即以爲宰相；若盡滅奚、厥，奚、厥，謂奚與突厥。厥，九勿翻。將以何官賞之？

《資治通鑑》卷二百一十四《唐紀三十·玄宗開元二十三年》頁六八一一

突厥尋引兵東侵奚、契丹，涅禮與奚王李歸國擊破之。

《資治通鑑》卷二百一十四《唐紀三十·玄宗開元二十三年》頁六八一三

二十三年二月己亥，以奚、契丹既平，宰臣裴耀卿、張九齡、李林甫等奏賀曰："奚及契丹，尤近邊鄙，侵軼是慮，式遏成勞，臣庶嘗情，欲其防禦，所謂長策無出此者。"

《册府元龜》卷三七《帝王部·頌德》頁四一三下

## 公元七三六年　唐玄宗開元二十四年

張守珪使平盧討擊使、左驍衛將軍安禄山討奚、契丹叛者，擊使，疏吏翻。驍，堅堯翻；下同。

《資治通鑑》卷二百一十四《唐紀三十·玄宗開元二十四年》頁六八一四

禄山大呼曰："大夫不欲滅奚、契丹兩蕃邪！而殺壯士！"

《資治通鑑》卷二百一十四《唐紀三十·玄宗開元二十四年》頁六八一五

張守珪，爲幽州大都督，兼范陽節度使。安禄山盜羊事發，守珪怒，追捕至，欲擊殺之。禄山大呼曰："大夫不欲滅奚、契丹兩蕃耶？而殺壯士！"……禄山素習山川井泉，嘗以擊賊，領麾下十數騎出，即生擒奚、契丹數十人。

《册府元龜》卷四二二《將帥部·任能》頁五〇二八上

又云："二十四年，禄山爲平盧將，討奚、契丹失利，守珪奏請斬之，九齡批曰：'穰苴出軍，必誅莊賈；孫武行令，亦斬宮嬪。'"

《資治通鑑》卷二百一十四《唐紀三十·玄宗開元二十四年》頁六八一五

《舊·張九齡傳》云："張守珪以裨將安禄山討奚、契丹，敗衂，執送京師，請行朝典。"

《資治通鑑》卷二百一十四《唐紀三十·玄宗開元二十四年》頁六八一五

史思明，……頃之，負官錢，無以償，將走奚，未至，爲邏騎所困，欲殺之，紿曰："我使人也，若聞殺天子使者，其國不祥，不如以我見王，王活我，功自汝得。"邏以爲然，送至王所，不拜，曰："天子使見小國君不拜，禮也。"王怒，然疑真使者，卒授館，待以禮。將還，令百人從入朝。奚有部將瑣高者，名聞國中，思明欲禽以贖罪，詆王曰："從我者雖多，無足與見天子者，惟高材，可與至中國。"王悅，命高將帳下三百俱。既至平盧，遣謂戌主曰："奚兵數百，外稱入朝，内實盜，請備之。"主潛師迎犒，殺其衆，囚高以獻。幽州節度使張守珪奇其功，表折衝，與禄山俱爲捉生。

《新唐書》卷二百二十五上《列傳第一百五十上·逆臣上·史思明》頁六四二六

窣干嘗負官債亡入奚中，爲奚遊弈所得，欲殺之；窣干紿曰："我，唐之和親使也，紿，湯亥翻。使，疏吏翻。汝殺我，禍且及汝國。"遊弈信之，送詣牙帳。窣干見奚王，長揖不拜，奚王雖怒，而畏唐，不敢殺，以客禮館之，館，古玩翻。使百人隨窣干入朝。窣干謂奚王曰："王遣人雖多，觀其才皆不足以見天子。聞王有良將瑣高者，何不使之入朝！"瑣高者，蓋奚中酋豪之號，非人名也。前已有李詩瑣高。將，即亮翻。朝，直遥翻。奚王即命瑣高與牙下三百人隨窣干入朝。窣干將至平盧，先使人謂軍使裴休子曰："奚使瑣高與精鋭俱來,聲云入朝,實欲襲軍城,宜謹爲之備,先事圖之。"休子乃具軍容出迎,至館,悉阬殺其從兵,執瑣高送幽州。使,疏吏翻。先,悉薦翻。從,才用翻。張守珪以窣干爲有功,奏爲果毅,累遷將軍。後入奏事,上與語,悦之,賜名思明。安、史事始此。

《資治通鑑》卷二百一十四《唐紀三十·玄宗開元二十四年》頁六八一七

## 公元七三八年　唐玄宗開元二十六年

二十六年,守珪裨將趙堪、白真陀羅等假以守珪之命,逼平盧軍使烏知義令率騎邀叛奚餘燼於湟水之北,將踐其禾稼。

《舊唐書》卷一百三《列傳第五十三·張守珪》頁三一九五

## 公元七三九年　唐玄宗開元二十七年

幽州將趙堪、白真陁羅矯節度使張守珪之命,使平盧軍使烏知義擊叛奚餘黨於橫水之北;橫水當作"湟水"。《新書》作"湟水",《舊書·張守珪傳》作"湟水",今從之。湟水在遼國,今臨潢府界。《志》云,自營州度松陘嶺北行四百里至湟水。使,疏吏翻。將,即亮翻。

《資治通鑑》卷二百一十四《唐紀三十·玄宗開元二十七年》頁六八三七

## 公元七四〇年　唐玄宗開元二十八年

秋,八月,甲戌,幽州奏破奚、契丹。

《資治通鑑》卷二百一十四《唐紀三十·玄宗開元二十八年》頁六八四二

二十八年八月二十日敕:"幽州節度奏破奚、契丹,宜擇日告廟。"自後,諸軍每有克捷,必先告廟。

《唐會要》卷十四《獻俘》頁三七三

二十八年八月,幽州節度使奏破奚、契丹。

《册府元龜》卷一一二《帝王部·告功》頁一三六上

二十八年八月二十日,敕幽州節度,奏破奚、契丹,宜擇日告廟自後諸軍每有克捷,必先告廟。

《册府元龜》卷四三四《將帥部·獻捷一》頁五一五八下

## 公元七四一年　唐玄宗開元二十九年

兩蕃、勃海、黑水四府經略使。唐謂奚、契丹爲兩蕃。

《資治通鑑》卷二百一十四《唐紀三十·玄宗開元二十九年》頁六八四五

承嗣,開元末爲軍使安禄山前鋒兵馬使,累俘斬奚、契丹功,補左清道府率,遷武衛將軍。

《舊唐書》卷一百四十一《列傳第九十一·田承嗣》頁三八三七

## 公元七四二年　唐玄宗天寳元年

是歲北伐,與奚怒皆戰于桑乾河,三敗之,大虜其衆,耀武漠北,高會而旋。

《舊唐書》卷一百三《列傳第五十三·王忠嗣》頁三一九八

王忠嗣,天寳初爲靈州都督。是歲北伐,與奚戰於桑乾河,敗之,大虜其衆。

《册府元龜》卷四一一《將帥部·間諜》頁四八八八下

柳城　漢縣,屬遼西郡。室韋、靺鞨諸部,並在東北。遠者六千里,近者二千里。西北與奚接界,北與契丹接界。

《舊唐書》卷三十九《志第十九·地理二》頁一五二一

柳城縣,四鄉。漢柳城縣地,〔二九〕屬遼西郡。室韋、靺鞨諸部,並在東北,還者六千里,近者二千里,西北與奚接界,北與契丹接界。慕容皝改爲龍城縣。隋文改爲龍山,尋又改爲柳城縣。

**【校勘記】**

〔二九〕漢柳城縣地　“縣”,底本脱,《庫》本同,據萬本及《漢書》卷二八《地理志》下補。

《太平寰宇記》卷之七十一《河北道二十·營州·柳城縣》頁一四三二、一四五二

　柳城有龍山、鮮卑山，在縣東南二百里，棘城之東塞外亦有鮮卑山，在遼西之北一百里，未詳孰是。青山、石門山、白狼山、白狼水。又有漢交黎縣故城，在東南。其龍山，即慕容皝祭龍所也。有饒樂水、漢故徒河縣城、和龍城。室韋、靺鞨諸部並在東北，遠者六千里，近者二千餘里，西北與奚接，北與契丹相接。

　　《通典》卷第一百七十八《州郡八》頁四七一六

　柳城。……西北與奚接，北與契丹相接。

　　《文獻通考》卷三百十六《輿地考二·古冀州·營州》頁二四八三下

　室韋、靺鞨諸部，並在東北，遠者六千里，近者二千里，斯地西北與奚接，正北與契丹接畛。

　　《太平寰宇記》卷之七十一《河北道二十·營州·營丘城》頁一四三四

　檀州密雲郡，本安樂郡，天寶元年更名。土貢：人葠、麝香。戶六千六十四，口三萬二百四十六。縣二。……密雲，中。有隄山。燕樂。中。東北百八十五里有東軍、北口二守捉。北口，長城口也。又北八百里有吐護真河，奚王衙帳也。

　　《新唐書》卷三十九《志第二十九·地理三》頁一〇二二

　密雲縣，九鄉。本漢厗音狄溪切。〔三八〕奚縣也，《漢書·地理志》厗奚屬漁陽郡。

**【校勘記】**

〔三八〕音狄溪切　《庫》本無此注文，萬本作“孟康曰：‘音題，字或作蹄。’”同《漢書·地理志》下顏師古注。

《太平寰宇記》卷之七十一《河北道二十·檀州·密雲縣》頁一四三六、一四五三

燕樂縣，東北七十五里。[四一]今四鄉。本漢犀奚縣地也，屬漁陽郡。按犀奚縣，今密雲縣是也，後魏于此置廣陽郡，[四二]有長城。隋改爲長陽郡，後廢。[四三]舊治白檀故城，唐長壽二年移治新城，[四四]即今治也。

**【校勘記】**

〔四一〕東北七十五里　“七十五”，《嘉慶重修一統志》卷八順天府引本書作“七十”。

〔四二〕後魏于此置廣陽郡　原校：“按後魏《地形志》：‘真君二年改益州爲廣陽郡，延和九年置燕樂縣’，今《記》但云‘後魏于此置廣陽郡’，不及置縣之始，當是脱文。”

〔四三〕隋改爲長陽郡後廢　原校：“按《隋書·地理志》：‘後魏廣陽郡，至後齊廢，大業初置安樂郡。’今《記》州序亦云‘唐天寶元年始改安樂郡爲密雲郡’，而燕樂縣序乃云‘隋改廣陽郡爲長陽郡，後廢’，未詳所據，亦與州序不合，恐舛誤。”

〔四四〕新城　萬本、《庫》本皆作“新興城”，《嘉慶重修一統志》順天府引《舊唐書·地理志》同，然檢《舊唐書》卷三九《地理志》二作“新城”，不作“新興城”。

《太平寰宇記》卷之七十一《河北道二十·檀州·燕樂

縣》頁一四三六、一四五四

朔方軍節度使王忠嗣及奚戰于紫乾河，敗之，遂伐突厥。

　　《新唐書》卷五《本紀第五·玄宗》頁一四三

天寶元年，北討奚怒皆，戰桑乾河，三遇三克，耀武漠北，高會而還。

　　《新唐書》卷一百三十三《列傳第五十八·王忠嗣》頁四五五二

范陽節度臨制奚、契丹，統經略、威武、清夷、靜塞、恒陽、北平、高陽、唐興、橫海九軍，屯幽、薊、嬀、檀、易、恒、定、漠、滄九州之境，治幽州，兵九萬一千四百人。

　　《資治通鑑》卷二百一十五《唐紀三十一·玄宗天寶元年》頁六八四九

范陽節度，臨制奚、契丹，統經略、威武、清夷、靜塞、恒陽、北平、高陽、唐興、橫海九軍，屯幽、薊、嬀、檀、易、恒、定、漠、滄九州之境，治幽州，兵九萬一千四百人。

　　《文獻通考》卷五十九《職官考十三·節度使》頁五三七中至五三七下

朔方節度使王忠嗣盛兵磧口以威之，使，疏吏翻。磧，七迹翻。《考異》曰：《新》、《舊書·忠嗣傳》皆曰：“是歲，忠嗣北伐，與奚怒皆戰于桑乾河，三敗之，大虜其衆。”又曰：“明年再破怒皆及突厥之衆，自是塞外晏然。"按朔方不與奚相接,不知所云奚怒皆何也。今闕之。

《資治通鑑》卷二百一十五《唐紀三十一·玄宗天寶元年》頁六八五五

## 公元七四三年　唐玄宗天寶二年

二年正月丁卯,契丹刺史匐從之等一百二十人、奚刺史達利胡等一百八十人,並來朝册勳,皆授中郎將,賜紫袍、金鈿帶、金魚袋,放還蕃。

《册府元龜》卷九七五《外臣部·褒異二》頁一一四五七下

## 公元七四五年　唐玄宗天寶四年

(三月)壬申,封外孫獨孤氏女爲静樂公主,出降契丹松漠都督李懷節;封外孫楊氏女爲宜芳公主,出降奚饒樂都督李延寵。

《舊唐書》卷九《本紀第九·玄宗下》頁二一九

三月壬申,以外孫獨孤氏女爲静樂公主,嫁于契丹松漠都督李懷節;楊氏女爲宜芳公主,嫁于奚饒樂都督李延寵。

《新唐書》卷五《本紀第五·玄宗》頁一四四

九月,契丹及奚酋長各殺公主,舉部落叛。

《舊唐書》卷九《本紀第九·玄宗下》頁二一九

九月,契丹、奚皆殺其公主以叛。

《新唐書》卷五《本紀第五·玄宗》頁一四五

禄山方幸，表討契丹以向帝意。發幽州、雲中、平盧、河東兵十餘萬，以奚爲鄉導，大戰潢水南，禄山敗，死者數千，自是禄山與相侵掠未嘗解，至其反乃已。

《新唐書》卷二百一十九《列傳第一百四十四·北狄·契丹》頁六一七二

天寶四載，……發幽州、雲中、平盧、河東兵十餘萬，以奚爲鄉導，大戰潢水南，禄山敗，死者數千。

《文獻通考》卷三百四十五《四裔考二十二·契丹上》頁二七〇一中至二七〇一下

四載，奚、契丹殺公主以叛，禄山幸邀功，肆其侵，於是兩蕃貳。

《新唐書》卷二百二十五上《列傳第一百五十上·逆臣上·安禄山》頁六四一二

三月，壬申，上以外孫獨孤氏爲静樂公主，嫁契丹王李懷節；樂，音洛。甥楊氏爲宜芳公主，嫁奚王李延寵。宜芳縣，屬嵐州。

《資治通鑑》卷二百一十五《唐紀三十一·玄宗天寶四載》頁六八六四

安禄山欲以邊功市寵，數侵掠奚、契丹；奚、契丹各殺公主以叛，數，所角翻；下欲數、數徵同。所殺者蓋即静樂、宜芳也。禄山討破之。

《資治通鑑》卷二百一十五《唐紀三十一·玄宗天寶四載》頁六八六八

天寶四年，奚及契丹酋長各殺公主，舉部落以叛，惟明與吐蕃戰於石堡，官軍不利，�死之。

《册府元龜》卷四二五《將帥部·死事二》頁五○六二下

四載三月，封外孫女獨孤氏爲静樂公主，降松漠都督崇順王李懷節。封外甥女楊氏爲宜芳公主，出降饒樂郡督懷信王李延寵。九月，奚及契丹酋長，各殺公主，舉部以叛。

《册府元龜》卷九七九《外臣部·和親二》頁一一五○四下

## 公元七四六年　唐玄宗天寶五年

夏，四月，癸未，立奚酋娑固爲昭信王，契丹酋楷洛爲恭仁王。酋，慈由翻。娑，素禾翻。

《資治通鑑》卷二百一十五《唐紀三十一·玄宗天寶五載》頁六八七一

五載四月，封奚王娑固爲昭信王，仍授驍樂府都督。契丹王楷雒爲恭仁王，仍授松漠府都督。

《册府元龜》卷九六五《外臣部·封册三》頁一一三四九上

## 公元七四九年　唐玄宗天寶八年

八載正月，奚遣使賀正。

《册府元龜》卷九七一《外臣部·朝貢四》頁一一四一三上

## 公元七五〇年　唐玄宗天寶九年

安禄山屢誘奚、契丹，爲設會，飲以莨菪酒，《本草》曰：莨菪子生海邊川谷，今處處有之。苗莖高二三尺許，葉與地黄、紅藍等，而三指闊；四月開花，紫色；苗夾莖有白毛；五月結實，有殼作罌子狀，如小石榴；房中子至細，青白如米粒，毒甚；煮一二日而芽方生，以釀酒，其毒尤甚。爲，于僞翻；下先爲同。飲，於鴆翻。莨，音浪。菪，音蕩。醉而阬之，動數千人，函其酋長之首以獻，前後數四。

《資治通鑑》卷二百一十六《唐紀三十二·玄宗天寶九載》頁六九〇〇

辛未，禄山獻奚俘八千人，上命考課之日書上上考。

《資治通鑑》卷二百一十六《唐紀三十二·玄宗天寶九載》頁六九〇〇

## 公元七五一年　唐玄宗天寶十年

禄山養同羅、奚、契丹降者八千餘人，謂之“曳落河”。契，欺訖翻，又音喫。降，户江翻。《考異》曰：《禄山事迹》云：養爲己子。按養子必無八千之數，今不取。曳落河者，胡言壯士也。及家僮百餘人，皆驍勇善戰，一可當百。又畜戰馬數萬匹，驍，堅堯翻。畜,許六翻。

《資治通鑑》卷二百一十六《唐紀三十二·玄宗天寶十載》頁六九〇五

安禄山將三道兵六萬幽州、平盧、河東三道。以討契丹,以奚騎二千爲鄉導。騎,奇寄翻;下同。鄉,讀曰嚮。過平盧千餘里,至土護真水,遇雨。自雄武軍東北渡灤河,有古盧龍鎮,有斗陘嶺。自古盧龍北經九荆嶺、受米城、張洪隘,渡石嶺,至奚王帳六百里;又東北傍吐護真河五百里,至奚、契丹牙帳。又出檀州燕樂縣東北百八十五里,至長城口,又北八百里有吐護真河,奚王牙帳也。

《資治通鑑》卷二百一十六《唐紀三十二·玄宗天寶十載》頁六九〇八

奚復叛,與契丹合,夾擊唐兵,殺傷殆盡。

《資治通鑑》卷二百一十六《唐紀三十二·玄宗天寶十載》頁六九〇八至六九〇九

天寶十載,范陽節度安禄山承恩,阿布思不爲之下,禄山因請爲將,共討奚、契丹。

《册府元龜》卷九八六《外臣部·征討五》頁一一五八七上

天寶中哥舒翰尅吐蕃青海,青海中有島,置二萬人戍之。旋爲吐蕃所攻,翰不能救而全没。安禄山討奚、契丹於天門嶺,十萬衆盡没。

《通典》卷第一百八十五《邊防一》頁四九八〇至四九八一

天寶中哥舒翰克吐蕃青海,青海中有島,置二萬人戍之。旋爲吐蕃所攻,翰不能救而全没。安禄山討奚、契丹於天門嶺,十萬衆没。

《文獻通考》卷三百二十四《四裔考一·東》頁二五四七中

## 公元七五二年　唐玄宗天寶十一年

十一載八月,禄山併率河東等軍五六萬,號十五萬,以討契丹。去平盧千餘里,至土護真河,即北黄河也。又倍程三百里,奄至契丹牙帳。屬久雨,弓箭皆漲濕,將士困極,奚又夾攻之,殺傷略盡。禄山被射,折其玉簪,以麾下奚小兒二十餘人走上山,墜坑中,其男慶緒等扶持之。會夜,解走,投平盧城。

《舊唐書》卷二百上《列傳第一百五十上·安禄山》頁五三六九

十一載,率河東兵討契丹,告奚曰:"彼背盟,我將討之,爾助我乎?"奚爲出徒兵二千鄉導。

《新唐書》卷二百二十五上《列傳第一百五十上·逆臣上·安禄山》頁六四一五

奚聞亦叛,夾攻禄山營,士略盡。禄山中流矢,引奚兒數十,棄衆走山而墜,慶緒、孫孝哲掖出之,夜走平盧,部將史定方以兵鏖戰,虜解圍去。

《新唐書》卷二百二十五上《列傳第一百五十上·逆臣上·安禄山》頁六四一五

天寶十一載,禄山大舉兵討契丹,領衆五萬人,使人於奚,及謂之曰:"今契丹背盟,我將討之,汝豈不助我乎?"奚及遂以驍騎二千從之。禄山使前驅,使人鄉導。

《册府元龜》卷四四三《將帥部·敗衂三》頁五二五六下

奚及背禄山,附契丹,并力夾攻,殺傷略盡。

《册府元龜》卷四四三《將帥部·敗衂三》頁五二五六下

## 公元七五四年　　唐玄宗天寶十三年

天寶十三年正月,范陽節度使安禄山入朝。時禄山立破奚、契丹功,尤加寵異。

《舊唐書》卷九十七《列傳第四十七·張説附垍》頁三〇五八

天寶十三載,禄山入朝,以破奚、契丹功,求平章事,國忠曰:"禄山有軍功,然不識字,與之,恐四夷輕漢。"乃止。

《新唐書》卷一百二十五《列傳第五十·張説附垍》頁四四一二

禄山欲擊奚、契丹,復奏循光禄卿自副,使知留後。

《新唐書》卷一百九十二《列傳第一百一十七·忠義中·賈循》頁五五三三

（二月）己丑，安禄山奏：“臣所部將士討奚、契丹、九姓、同羅等，勳效甚多，將，即亮翻。契，欺訖翻，又音喫。乞不拘常格，超資加賞，仍好寫告身付臣軍授之。”

《資治通鑑》卷二百一十七《唐紀三十三·玄宗天寶十三載》頁六九二四

夏，四月，癸巳，安禄山奏擊奚破之，虜其王李日越。

《資治通鑑》卷二百一十七《唐紀三十三·玄宗天寶十三載》頁六九二六

## 公元七五五年　唐玄宗天寶十四年

禄山計天下可取，逆謀日熾，每過朝堂龍尾道，南北睥睨，久乃去。更築壘范陽北，號雄武城，峙兵積穀。養同羅、降奚、契丹曳落河八千人爲假子。

《新唐書》卷二百二十五上《列傳第一百五十上·逆臣上·安禄山》頁六四一四

夏，四月，安禄山奏破奚、契丹。契，欺訖翻。

《資治通鑑》卷二百一十七《唐紀三十三·玄宗天寶十四載》頁六九三二

十一月，甲子，禄山發所部兵及同羅、奚、契丹、室韋凡十五萬衆，號二十萬，反於范陽。

《資治通鑑》卷二百一十七《唐紀三十三·玄宗天寶十四載》頁六九三四

禄山先遣將軍何千年、高邈將奚騎二十,聲言獻射生手,
乘驛詣太原。

《資治通鑑》卷二百一十七《唐紀三十三·玄宗天寶十
四載》頁六九三五

禄山使其將安忠志將精兵軍土門,將,即亮翻;下同。忠
志,奚人,禄山養爲假子;又以張獻誠攝博陵太守,獻誠,守珪
之子也。張守珪卵翼禄山,實爲厲階。

《資治通鑑》卷二百一十七《唐紀三十三·玄宗天寶十
四載》頁六九三六

天寶十四載,禄山奏:"破奚五千騎,并破契丹勃朱蜀
活等部落。賊等除戮之外,應獲生口、馳馬、牛羊、甲仗共
一百三十二萬。"

《册府元龜》卷四三四《將帥部·獻捷一》頁五一五九上

## 公元七五七年　　唐肅宗至德二年

奚王阿篤孤初引衆與正臣合,已而始約皆攻范陽,至后
城,夜乘間襲秦,秦接戰,敗之,追奔至温泉山,禽首領阿布
離,斬以釁鼓。

《新唐書》卷二百二十四下《列傳第一百四十九下·叛
臣下·李忠臣》頁六三八七

奚王阿篤孤衂以衆與正臣合,後乃言請以萬餘騎同收范
陽,至后城南,中夜反,攻正臣,忠臣與戰,逐至温泉山,破擒

之大首領阿布離，斬以祭纛釁鼓。

《册府元龜》卷三五八《將帥部・立功一一》頁四二四七上

至德二載，禄山死，慶緒遣其下尹子琦將同羅、突厥、奚勁兵與朝宗合，凡十餘萬，攻睢陽。

《新唐書》卷一百九十二《列傳第一百一十七・忠義中・張巡》頁五五三七

甲戌，子奇以歸、檀及同羅、奚兵十三萬趣睢陽。歸，當作媯，媯州也。唐人雜史多有作歸、檀者，蓋誤也。趣，七喻翻。睢，音雖。

《資治通鑑》卷二百一十九《唐紀三十五・肅宗至德二載》頁七〇一六

今兵馬乘勝，便取東京，平盧節度使兼領奚、契丹五萬，又收河北，天下之事，計日可平。

《册府元龜》卷六四《帝王部・發號令三》七一三上

十月己酉，奚首領白越，及契丹首領捺括等入朝，賜食、金帛、錦繡、衣服等，使還蕃。

《册府元龜》卷九七六《外臣部・褒異三》頁一一四六〇上

## 公元七五八年　唐肅宗至德三年

契丹在開元、天寶間，使朝獻者無慮二十。故事，以范陽節度爲押奚、契丹使，自至德後，藩鎮擅地務自安，郭戍斥候益謹,不生事于邊,奚、契丹亦鮮入寇,歲選酋豪數十入長安朝會,每引見,賜與有秩,其下率數百皆駐館幽州。

《新唐書》卷二百一十九《列傳第一百四十四·北狄·契丹》頁六一七二

## 公元七六〇年　唐肅宗乾元三年

三年正月,奚王主羅遣大首領、上階將軍等十二人來朝。

《册府元龜》卷九七一《外臣部·朝貢四》頁一一一四一四下

三年正月乙酉,宴奚使土門將軍,賜金帛、器物有差。

《册府元龜》卷九七六《外臣部·褒異三》頁一一一四六一上

## 公元七六一年　唐肅宗上元二年

平盧節度使侯希逸與范陽相攻連年,救援既絶,又爲奚所侵,乃悉舉其軍二萬餘人襲李懷仙,破之,因引兵而南。

《資治通鑑》卷二百二十二《唐紀三十八·肅宗上元二年》七一一八

## 公元七六二年　唐肅宗寶應元年

八月己丑,奚及契丹來朝,宴于三殿。

《册府元龜》卷一一〇《帝王部·宴享二》頁一三一二上

八月,奚、契丹、寧遠國,九月,波斯、新羅,十二月,黑衣大食、尋、寧遠、石國,並遣使朝貢。

　　《册府元龜》卷九七二《外臣部·朝貢五》頁一一四
一五上


八月己酉,奚及契丹來朝,宴于三殿。

　　《册府元龜》卷九七六《外臣部·褒異三》頁一一四
六一上

### 公元七六三年　　唐代宗廣德元年

廣陽不受;欲北入奚、契丹,至温泉柵,據《新》、《舊書·懷
恩傳》,温泉柵在平州界石城縣東北。契,欺訖翻,又音喫。柵,測革翻。
李懷仙遣兵追及之;朝義窮蹙,縊於林中,懷仙取其首以獻。

　　《資治通鑑》卷二百二十二《唐紀三十八·代宗廣德元
年》頁七一三九

### 公元七六九年　　唐代宗大曆四年

十二月,迴紇、吐蕃、契丹、奚、室韋、渤海、訶陵,並遣使
朝貢。

　　《册府元龜》卷九七二《外臣部·朝貢五》頁一一四
一五下

### 公元七七一年　　唐代宗大曆六年

十一月,奚、契丹並遣使來朝。

　　《册府元龜》卷九七二《外臣部·朝貢五》頁一一四
一五下

## 公元七七二年　　唐代宗大曆七年

是秋稔。迴紇、吐蕃、大食、渤海、室韋、靺鞨、契丹、奚、
牂柯、康國、石國並遣使朝貢。

《舊唐書》卷十一《本紀第十一・代宗》頁三〇一

十二月，迴紇、吐蕃、大食、渤海、靺鞨、室韋、契丹、奚、牂
牁、康國、米國、九姓等，各遣使朝貢。

《册府元龜》卷九七二《外臣部・朝貢五》頁一一四
一五下

## 公元七七三年　　唐代宗大曆八年

十二月，渤海、室韋、牂牁，並遣使來朝，奚、契丹、渤海、
靺鞨，並遣使朝貢。

《册府元龜》卷九七二《外臣部・朝貢五》頁一一四
一五下

## 公元七七四年　　唐代宗大曆九年

十二月，奚、契丹、渤海、室韋、靺鞨遣使來朝。

《册府元龜》卷九七二《外臣部・朝貢五》頁一一四一六上

## 公元七七五年　　唐代宗大曆十年

孝忠，本奚也。張孝忠，奚人，世爲乙失活部酋長。

《資治通鑑》卷二百二十五《唐紀四十一・代宗大曆十
年》頁七二三一

承嗣知范陽寶臣鄉里，心常欲之，寶臣本范陽內屬奚，范陽將張瑣高畜爲假子，因冒其姓，歸唐，又賜姓李。

《資治通鑑》卷二百二十五《唐紀四十一·代宗大曆十年》頁七二三四

十年正月，渤海、契丹、奚、室韋、靺鞨、新羅，五月，渤海，六月，新羅、渤海，十二月，渤海、奚、契丹、室韋、靺鞨，各遣使朝貢。

《冊府元龜》卷九七二《外臣部·朝貢五》頁一一四一六上

## 公元七七六年　　唐代宗大曆十一年

徙壘與靈耀合，忠臣將軍李重倩夜攻其營，與河陽軍合譟，賊不陣潰，悅走河北，靈耀奔韋城，爲如江所禽，勉縛以獻，斬闕下。

《新唐書》卷一百三十一《列傳第五十六·宗室宰相·李勉》頁四五〇八

田悅以援兵三萬屯汴郊，忠臣勒裨將李重倩夜率百騎襲之，貫其營而還，殺數十百人。

《新唐書》卷二百二十四下《列傳第一百四十九下·叛臣下·李忠臣》頁六三八九

丙午，忠臣遣裨將李重倩將輕騎數百夜入其營，縱橫貫穿，縱，子容翻。穿，尺絹翻。斬數十人而還，還，從宣翻，又如字。營中大駭；忠臣、燧因以大軍乘之，鼓譟而入，悅衆不戰而潰。

悦脱身北走,將士死者相枕藉,不可勝數。譟,則竈翻。枕,職任翻。藉,慈夜翻。勝,音升。靈曜聞之,開門夜遁,汴州平。重倩,本奚也。

《資治通鑑》卷二百二十五《唐紀四十一·代宗大曆十一年》頁七二三九

## 公元七七七年　唐代宗大曆十二年

渤海、奚、契丹、室韋、靺鞨並遣使朝貢。

《舊唐書》卷十一《本紀第十一·代宗》頁三一二

四月,牂牁、渤、奚、契丹、室韋、靺鞨,六月,契丹,八月,契丹,十二月,新羅、渤海、靺鞨、室韋、奚、契丹,並遣使來朝,各獻方物。

《册府元龜》卷九七二《外臣部·朝貢五》頁一一四一六上

## 公元七七九年　唐代宗大曆十四年

寶臣,奚之種裔,本姓張,名忠志,以武勇,再陷逆賊僞職。

《册府元龜》卷一七六《帝王部·姑息一》頁二一一八下至二一一九上

初,回紇以女妻奚王,大曆末,奚亂,殺王,女逃歸,道平盧,滔以錦繡張道,待其至,請爲婚,女悦,許焉。

《新唐書》卷二百一十二《列傳第一百三十七·藩鎮盧龍·朱滔》頁五九七二

## 公元七八二年　唐德宗建中三年

且孝忠與武俊皆出夷落，張孝忠，本奚乞失活種。王武俊，出契丹怒皆部。深知其心最喜翻覆。喜，許記翻。

《資治通鑑》卷二百二十七《唐紀四十三·德宗建中三年》頁七三二三

## 公元七八三年　唐德宗建中四年

其母不哭，罵曰："奚奴，天子負而何事？死且晚！"

《新唐書》卷二百二十五中《列傳第一百五十中·逆臣中·朱泚》頁六四四五


帝使高重傑屯梁山禦賊，賊將李日月殺之，帝拊尸哭盡哀，結蒲爲首以葬。

《新唐書》卷二百二十五中《列傳第一百五十中·逆臣中·朱泚》頁六四四四


李懷光以宋歸朝獻諸朝，斬之。唯李日月母得貸。

《新唐書》卷二百二十五中《列傳第一百五十中·逆臣中·朱泚》頁六四五〇


李日月，泚之驍將也，戰死於奉天城下；泚歸其尸於長安，厚葬之。其母竟不哭，罵曰："奚奴！國家何負於汝而反？死已晚矣！"及泚敗，賊黨皆族誅，獨日月之母不坐。

《資治通鑑》卷二百二十八《唐紀四十四·德宗建中四

年》頁七三六七

## 公元七八四年　唐德宗興元元年

時朱滔連結迴紇、奚、契丹阻絕王命，武俊既首唱歸順，帝嘉之，故擢拜宰相，并授幽州。

《册府元龜》卷一六五《帝王部·招懷三》頁一九八六下

## 公元七八五年　唐德宗貞元元年

壬子，以前涿州刺史、兼御史中丞劉怦爲幽州長史、御史大夫、幽州盧龍節度副大使、兼知節度管理度支營田觀察、⁽二三⁾押奚契丹經略盧龍等軍使。

【校勘記】

〔二三〕劉怦爲幽州長史御史大夫幽州盧龍節度副大使兼知節度　局本原作“劉怦爲幽州御史大夫幽州盧龍節度副大使長史兼知節度”，餘各本“使”字在“兼”字下。今據本書卷一四三《劉怦傳》改。

《舊唐書》卷十二《本紀第十二·德宗上》頁三四九、三六一

（九月）辛巳，以權知幽州盧龍軍府事劉濟爲幽州長史、兼御史大夫、幽州盧龍節度觀察、押奚契丹兩蕃等使。

《舊唐書》卷十二《本紀第十二·德宗上》頁三五一

朝廷因授怦幽州大都督府長史、兼御史大夫、幽州盧龍

節度副大使、知節度事、管內營田觀察、押奚契丹、經略盧龍軍使。

《舊唐書》卷一百四十三《列傳第九十三·劉怦》頁三八九九至三九〇〇

奚王阿篤孤初以衆與正臣合，後詐言請以萬餘騎同收范陽，至后城南，中夜反攻，忠臣與戰，遂至溫泉山，破之，擒大首領阿布離，斬以祭纛釁鼓。

《舊唐書》卷一百四十五《列傳第九十五·李忠臣》頁三九四〇

## 公元七八八年　唐德宗貞元四年

（秋七月）己未，奚、室韋寇振武軍。

　　《舊唐書》卷十三《本紀第十三·德宗下》頁三六五

貞元四年，與奚衆同寇我振武，大掠人畜而去。

《舊唐書》卷一百九十九下《列傳第一百四十九下·北狄·契丹》頁五三五四

（七月）己未，奚、室韋寇振武。

　　《新唐書》卷七《本紀第七·德宗》頁一九六

振武節度使唐朝臣不嚴斥候，己未，奚、室韋寇振武，李延壽曰：室韋，蓋契丹之在南者爲契丹，在北者爲室韋。宋祁曰：室韋，契丹別種，東胡北邊，蓋丁零苗裔也。地據黃龍北，傍猺越河，直長安東北七千里。東黑水、靺鞨，西突厥，南契丹，北瀕海。執宣慰中使二人，大掠人畜而去。時回紇之衆逆公主者在振武，朝臣遣七百騎與回紇數百騎追之，回紇使者爲奚、室韋所殺。

《資治通鑑》卷二百三十三《唐紀四十九·德宗貞元四年》頁七五一四至七五一五

德宗貞元四年，奚及寶韋之衆度寇振武。初，朝臣頗無斥候，賊至，方郊迎宣慰中官。未相及一二里，中官二人爲所虜。朝臣奔歸，閉壁。乃掠人畜而去。時迴紇數百騎合勢追之，人復爲所敗。

《册府元龜》卷四四七《將帥部·輕敵》頁五三一〇上

貞元四年，與奚共寇振武，殺掠而去。大和中三朝獻，大中中一來，咸通時大酋坦烈與奚皆遣使至京師，然非顯夷，後史官失傳。

《文獻通考》卷三百四十七《四裔考二十四·室韋》頁二七一七中

## 公元七九三年　唐德宗貞元九年

開元、天寶之間，控禦西北兩蕃，唯朔方、河西、隴右三節度。中興以來，未遑外討，抗兩蕃者亦朔方、涇原、隴右、河東四節度而已。言西北兩蕃者，以別奚、契丹兩蕃。若開元、天寶以來，西則吐蕃，北則突厥。中興以來，所謂兩蕃，西則吐蕃，北則回紇。

《資治通鑑》卷二百三十四《唐紀五十·德宗貞元九年》頁七五四五

## 公元七九四年　唐德宗貞元十年

十年二月壬戌,以來朝渤海王子太清允爲右衛將軍同正,其下拜官三十餘人。契丹大首領梅落河、奚大首領梅落隘都等,皆授果毅都尉,令歸國。

《册府元龜》卷九七六《外臣部・褒異三》頁一一四六二上至一一四六二下

## 公元七九五年　唐德宗貞元十一年

(夏四月)丙寅,幽州劉濟奏大破奚王啜剌等六萬餘眾。

《舊唐書》卷十三《本紀第十三・德宗下》頁三八一

十一年四月丙寅,奚寇平州,劉濟敗之于青都山。

《新唐書》卷七《本紀第七・德宗》頁一九九

奚數侵邊,濟擊走之,窮追千餘里,至青都山,斬首二萬級。其後又掠檀、薊北鄙,濟率軍會室韋,破之。

《新唐書》卷二百一十二《列傳第一百三十七・藩鎮盧龍・劉濟》頁五九七四

丙寅,幽州奏破奚王啜利等六萬餘眾。

《資治通鑑》卷二百三十五《唐紀五十一・德宗貞元十一年》頁七五六八

十一年四月,幽州節度劉濟奏:"大破奚王啜剌等六萬餘衆。”

《册府元龜》卷九八七《外臣部·征討六》頁一一五八九下

## 公元七九六年　唐德宗貞元十二年

己巳，加山南西道節度度支營田觀察、檢校左僕射兼與元尹、御史大夫嚴振，魏博等州節度營田支度觀察使、檢校右僕射兼魏州大都督府長史兼御史大夫、駙馬都尉田緒，幽州盧龍節度度支營田觀察、押奚契丹兩蕃經略、盧龍軍使、檢校右僕射、兼幽州大都督府長史、御史大夫劉濟，劍南西川節度支度營田觀察、統押近界諸蠻及山西八國、兼雲南安撫使、檢校右僕射兼成都尹、御史大夫韋皋，并同平章事。

《册府元龜》卷一七六《帝王部·姑息一》頁二一二二上

## 公元八〇一年　唐德宗貞元十七年

乃增置兵額，選善弓矢者聚之一營，名曰“挽硬隨身”；以胡、奚雜類虬鬚者爲一將，名曰“蕃落健兒”。

《舊唐書》卷一百一十二《列傳第六十二·李國貞附子錡》頁三三四一

錡得志，無所憚，圖久安計，乃益募兵，選善射者爲一屯，號“挽硬隨身”，以胡、奚雜類虬須者爲一將，號“蕃落健兒”，皆錡腹心，稟給十倍，使號錡爲假父，故樂爲其用。

《新唐書》卷二百二十四上《列傳第一百四十九上·叛臣上·李錡》頁六三八二

錡復欲爲自全計，增廣兵衆，選有材力善射者謂之挽强，言其力能挽强弓也。杜甫詩："挽弓當挽强。"胡、奚雜類謂之蕃落，胡、奚之俘配隸江南者，錡收養之。給賜十倍他卒。

《資治通鑑》卷二百三十六《唐紀五十二·德宗貞元十七年》頁七五九七

十七年，奚梅落索低、契丹烏鬼、牂牁謝懷珠皆見。

《册府元龜》卷九七二《外臣部·朝貢五》頁一一四一七上

## 公元八〇六年　唐憲宗元和元年

（二月）乙丑，入朝奚王梅落可銀青光禄大夫、檢校司空，封饒樂郡王，放還蕃。

《舊唐書》卷十四《本紀第十四·憲宗上》頁四一五

奚王誨落可入朝。丁酉，以誨落可爲饒樂郡王，遣歸。樂，音洛。

《資治通鑑》卷二百三十七《唐紀五十三·憲宗元和元年》頁七六二七

元和元年二月，授入朝奚王梅落銀青光禄大夫、檢校司空、饒樂郡王，放還蕃國。

《册府元龜》卷九六五《外臣部·封册三》頁一一三五三上

憲宗元和元年二月丁酉，授入朝奚王誨落銀青光禄大夫、檢校司空、饒樂郡王,放還蕃國。

　　《册府元龜》卷九七六《外臣部・褒異三》頁一一四
六三上

## 公元八〇七年　唐憲宗元和二年

　　是歲,吐蕃、迴紇、奚、契丹、渤海、牂柯、南詔並朝貢。

　　《舊唐書》卷十四《本紀第十四・憲宗上》頁四二四


　　二年十二月、吐蕃、迴鶻、奚、契丹、渤海、牂牁、南詔,並
遣使朝貢。

　　《册府元龜》卷九七二《外臣部・朝貢五》頁一一四
一七下

## 公元八〇八年　唐憲宗元和三年

　　三年正月甲辰,授奚首領索位威衛將軍同正、充檀薊遊
弈使,仍賜姓李氏。

　　《册府元龜》卷九七六《外臣部・褒異三》頁一一四六三
上至一一四六三下

## 公元八〇九年　唐憲宗元和四年

　　十月,以投來奚王没辱孤爲右領軍衛將軍、員外同正、充
幽州盧龍軍節度、平州遊奕兵馬使,仍賜姓李氏。

　　《册府元龜》卷九六五《外臣部・封册三》頁一一三
五三下

十月甲午，以投來奚王没辱孤爲右領軍衛將軍員外同正、充幽州盧龍軍節度使、平林游弈兵馬使，仍賜姓李氏。

《册府元龜》卷九七六《外臣部·褒異三》頁一一四六三下

# 公元八一〇年　唐憲宗元和五年

奚、迴紇、室韋寇振武。

《舊唐書》卷十四《本紀第十四·憲宗上》頁四三一

（五月）甲子，奚寇靈州。

《資治通鑑》卷二百三十八《唐紀五十四·憲宗元和五年》頁七六七六

乙卯，幽州節度劉濟爲其子總所殺，朝廷不知其事，以總爲起復檢校工部尚書，兼幽州大都督府長史，充幽州盧龍軍節度、管内支度營田觀察處置、押奚契丹兩蕃經略、盧龍軍等使。

《册府元龜》卷一七七《帝王部·姑息二》頁二一二七上至二一二七下

十一月，奚、契丹，並遣使朝貢，渤海王遣子大延真等來獻方物。

《册府元龜》卷九七二《外臣部·朝貢五》頁一一四一七下

十二月丁卯，麟德殿召對奚丹使，賜錦綵金帛有差。

《册府元龜》卷九七六《外臣部·褒異三》頁一一四六三下

## 公元八一一年　唐憲宗元和六年

六年六月戊申，三殿對回鶻及奚使者，頒賜有差。

《册府元龜》卷九七六《外臣部·褒異三》頁一一四六三下

## 公元八一五年　唐憲宗元和十年

是歲，渤海、新羅、奚、契丹、黑水、南詔、牂柯並遣使朝貢。

《舊唐書》卷十五《本紀第十五·憲宗下》頁四五五

## 公元八一六年　唐憲宗元和十一年

迴鶻、靺鞨、奚、契丹、牂柯、渤海等朝貢。

《舊唐書》卷十五《本紀第十五·憲宗下》頁四五八

十一年正月，奚首領來朝獻名馬。尔後每歲朝貢不絶，或二三至其事，歲朝貢嘗數百人，至幽州則選其酋渠三五十赴闕。引於麟德殿，錫以金帛遣還，餘皆駐而飯之，率爲嘗。

《册府元龜》卷九七二《外臣部·朝貢五》頁一一四一八上

## 公元八一八年　唐憲宗元和十三年

是歲，迴紇、南詔蠻、渤海、高麗、吐蕃、奚、契丹、訶陵國並朝貢。

《舊唐書》卷十五《本紀第十五·憲宗下》頁四六五

## 公元八二〇年　唐憲宗元和十五年

十一月辛酉，對南詔、奚、契丹等使於麟德殿，賜以銀器錦綵。

《冊府元龜》卷九七六《外臣部·褒異三》頁一一四六四下

## 公元八二一年　唐穆宗長慶元年

（三月）癸丑，以幽州盧龍軍節度副大使、知節度事、押奚契丹兩蕃經略等使、檢校司空、同中書門下平章事、楚國公劉總可檢校司徒、兼侍中、天平軍節度、鄆曹濮等州觀察等使。

《舊唐書》卷十六《本紀第十六·穆宗》頁四八七

## 公元八二二年　唐穆宗長慶二年

憲誠之先，奚人也，世爲魏將；魏與幽、鎮本相表裏，及幽、鎮叛，魏人固搖心。

《資治通鑑》卷二百四十二《唐紀五十八·穆宗長慶二年》頁七八〇六

十二月，迴鶻、吐蕃、新羅、契丹、奚、牂柯，並遣使朝貢。

《冊府元龜》卷九七二《外臣部·朝貢五》頁一一四一八下

## 公元八二四年　唐穆宗長慶四年

（十二月）癸未，迴紇、吐蕃、奚、契丹遣使朝貢。

《舊唐書》卷十七上《本紀第十七上·敬宗》頁五一三

十二月,迴鶻、吐蕃、奚、契丹,並遣使朝貢。

《册府元龜》卷九七二《外臣部·朝貢五》頁一一四一八下

## 公元八二五年　　唐敬宗寶曆元年

十二月,迴鶻、奚、契丹,並遣使朝貢。

《册府元龜》卷九七二《外臣部·朝貢五》頁一一四一八下

## 公元八三〇年　　唐文宗大和(太和)四年

九月壬申朔。……以投來奚王茹羯爲右驍衛將軍同正。

《舊唐書》卷十七下《本紀第十七下·文宗下》頁五三八

四年,奚寇邊,以兵擊走之,仍虜其名王,就加太保。

《舊唐書》卷一百八十《列傳第一百三十·李載義》頁四六七四

先是,奚、契丹皆有迴鶻監護使,督以歲貢,且爲漢諜。

《舊唐書》卷一百八十《列傳第一百三十·張仲武》頁四六七八

四月丁未,奚寇邊,李載義敗之。

《新唐書》卷八《本紀第八·文宗》頁二三三

塞下舊有廢府十一,《舊書》作“廢栅”,當從之,蓋考之《唐志》,雲、朔塞下無十一府也。執宜脩之,使其部落三千人分守之,自是雜虜不敢犯塞。雜虜,謂退渾、回鶻、韃靼、奚、室韋之屬。

　　《資治通鑑》卷二百四十四《唐紀六十·文宗太和四年》
頁七八七〇

　　奚寇幽州，夏，四月，丁未，盧龍節度使李載義擊破之；辛
酉，擒其王茹羯以獻。羯，居列翻。

　　《資治通鑑》卷二百四十四《唐紀六十·文宗太和四年》
頁七八七一

　　四年四月，奚寇邊，載義上言："今月三日，發兵入奚界，
殺奚賊五千餘人，生擒刺史、縣令、大將，首領等二百七十三
人。"五月己卯，載義上言："先發兵深入奚部，至四月十七
日，就其帳擒奚帥茹羯。"以功加檢校太保。

　　《冊府元龜》卷三五九《將帥部·立功一二》頁四二六五
上至四二六五下

　　文宗太和四年七月，以投來奚王茹羯爲守右驍衛將軍員
外置同正員。

　　《冊府元龜》卷九六五《外臣部·封冊三》頁一一三
五四上

　　四年十二月，吐蕃、迴鶻、新羅、渤海、南詔、蠻、牂牁、昆
明、奚、契丹，並遣使朝貢。

　　《冊府元龜》卷九七二《外臣部·朝貢五》頁一一四
一八下

四年四月,幽州節度使李載義上言:"今月三日發兵入奚界,殺奚賊五千餘人,生擒刺史、縣令、大將首領等二百七十三人。"

《册府元龜》卷九八七《外臣部·征討六》頁一一五九一上

## 公元八三一年　唐文宗大和(太和)五年

四月,以楊志誠爲工部檢校尚書兼幽州大都督府長史,充幽州盧龍軍節度副大使、知節度事管内觀察、押奚契丹兩蕃經略等使。

《册府元龜》卷一七七《帝王部·姑息二》頁二一三四下至二一三五上

至今志誠亦由前載義也,但因而撫之,俾扞奚、契丹不令入寇,朝廷所賴也。

《舊唐書》卷一百七十二《列傳第一百二十二·牛僧孺》頁四四七一

今志誠繇向載義也,第付以節使扞奚、契丹,彼且自力,不足以逆順治也。

《新唐書》卷一百七十四《列傳第九十九·牛僧孺》頁五二三〇

十一月,吐蕃、迴鶻、奚、契丹、新羅、渤海、南詔、牂牁,並遣使朝貢。

《册府元龜》卷九七二《外臣部·朝貢五》頁一一四一九上

## 公元八三二年　唐文宗大和(太和)六年

六年六月敕詳度諸司制度條件等：……六品以下，畫奚車、檐子，舁不得過四人。胥吏及商賈妻，並不得乘奚車及檐子，其老疾者，聽乘葦軬車及箯籠，舁不得過二人。

《唐會要》卷三十一《輿服上》頁六六八至六七〇

六年六月戊寅，右僕射王涯准敕詳度諸司制度條件等。……六品已下，畫奚車、檐子、舁不得過四人。胥吏及商賈妻子，並不乘奚車及檐子，其老疾者，聽乘葦軬步本反也，車橫木。車及箯籠，舁不得過二人。

《册府元龜》卷六一《帝王部・立制度二》頁六七八下至六八〇上

## 公元八三三年　唐文宗大和(太和)七年

三月辛卯，幽州盧龍軍節度使楊志誠執春衣使邊奉鸞、送奚契丹使尹士恭。

《新唐書》卷八《本紀第八・文宗》頁二三四

楊志誠怒不得僕射，留官告使魏寶義并春衣使焦奉鸞、送奚契丹使尹士恭；唐中世已後，凡藩鎮加官，率遣中使奉命，謂之官告使。焦奉鸞以賜春衣，尹士恭以送兩蕃使者，同時至幽州，故皆爲所留。

《資治通鑑》卷二百四十四《唐紀六十・文宗太和七年》頁七八八四

## 公元八三四年　唐文宗大和（太和）八年

八年正月庚午，麟德殿對南詔及室韋、奚、契丹、牂牁等使，頒賜有差。

《册府元龜》卷九七六《外臣部·褒異三》頁一一四六六上

## 公元八三五年　唐文宗大和（太和）九年

九年十二月，契丹大首領介落等一十九人，室韋大都督阿朱等三十人，奚大首領匿郎等三十人並來朝。

《册府元龜》卷九七二《外臣部·朝貢五》頁一一四一九上

## 公元八三六年　唐文宗開成元年

十二月，吐蕃、迴鶻、新羅、渤海、奚、契丹、牂牁、南詔蠻、昆明各遣使朝貢，室韋大都督阿朱等來朝①。

《册府元龜》卷九七二《外臣部·朝貢五》頁一一四一九上

## 公元八三七年　唐文宗開成二年

二月癸卯，賜奚丹、室韋等告身八十九通。

《册府元龜》卷九七六《外臣部·褒異三》頁一一四六六上

## 公元八三八年　唐文宗開成三年

三年二月辛卯，上麟德殿對入朝南詔、牂牁、契丹、奚、室韋、渤海等各賜錦綵、銀器有差。

_____

① 此處"韋室"根據鳳凰出版社校訂本頁一一二五八校改爲"室韋"。

《册府元龜》卷九七六《外臣部·褒異三》頁一一四六六上

## 公元八三九年　唐文宗開成四年

十二月戊辰，渤海王子大延廣、契丹首領薩葛、奚大首領溫訥骨、室韋大都督秩虫等朝貢。

《册府元龜》卷九七二《外臣部·朝貢五》頁一一四一九下

## 公元八四二年　唐武宗會昌二年

李德裕以爲“那頡啜屯於山北，烏介恐其與奚、契丹連謀邀遮，故不敢遠離塞下。離，扐智翻。望敕張仲武諭奚、契丹與回鶻共滅那頡啜，使得北還。”

《資治通鑑》卷二百四十六《唐紀六十二·武宗會昌二年》頁七九六三

（八月）庚午，詔發陳、許、徐、汝、襄陽等兵屯太原及振武、天德，俟來春驅逐回鶻。《考異》曰：《實錄》：“六月，回鶻寇雲州，劉沔出太原兵禦之。”又云：“劉沔救雲州，爲回鶻所敗。”七月又云：“烏介過天德，至杷頭烽，突入大同川，驅太原部落牛馬數萬，轉戰至雲州。”《新紀》：“正月，回鶻寇橫水柵，略天德、振武軍。三月，回鶻寇雲、朔。六月，劉沔及回鶻戰于雲州，敗績。”按《一品集·奏回鶻事宜狀》：“臣等見楊觀説，緣回鶻赤心下兵馬多散在山北，恐與奚、契丹、室韋同邀截可汗，所以未敢遠去。今因賜仲武詔，令諭以朝旨。緣回鶻曾有忠效，又因殘破，歸附國家，朝廷事體須有存恤。今奚、契丹等與其同力，討除赤心下散卒，遣可汗漸出漢界，免有滯留。"

《資治通鑑》卷二百四十六《唐紀六十二·武宗會昌二
年》頁七九六三至七九六四

九月，以劉沔兼招撫回鶻使，如須驅逐，其諸道行營兵權
令指揮；以張仲武爲東面招撫回鶻使，其當道行營兵及奚、契
丹、室韋等並自指揮。以李思忠爲河西党項都將回鶻西南面
招討使；此河西，謂北河之西。皆會軍于太原。令沔屯雁門關。
雁門關在代州雁門縣，即陘嶺關。

《資治通鑑》卷二百四十六《唐紀六十二·武宗會昌二
年》頁七九六六

初，奚、契丹羈屬回鶻，各有監使，歲督其貢賦，且詗唐
事。監，古銜翻。使，疏吏翻。詗，火迴翻，又翾正翻。

《資治通鑑》卷二百四十六《唐紀六十二·武宗會昌二
年》頁七九六七

李心傳曰：達靼之先與女真同種，靺鞨之後也。靺鞨本
臣高麗，唐滅高麗，其遺人迸入勃海，惟黑水完疆。及勃海
盛，靺鞨皆役屬。後爲奚、契丹所攻，部族分散。

《資治通鑑》卷二百四十六《唐紀六十二·武宗會昌二
年》頁七九六八

會昌二年正月，以撫王絃爲開府儀同三司，行幽州大都
督府長史，充幽州盧龍軍節度、觀察、處置、押奚契丹兩蕃、經

略盧龍等軍大使。

《唐會要》卷七十八《諸使中·親王遙領節度使》頁一
六九八

幽州盧龍軍節度副大使、知節度事、觀察處置、押奚契丹
兩蕃經略盧龍軍等使、銀青光禄大夫、檢校工部尚書。

《冊府元龜》卷九九四《外臣部·備禦七》頁一一六
七一下

## 公元八四三年　唐武宗會昌三年

先是,奚、契丹皆有迴鶻監護使,督以歲貢,且爲漢諜事。

《冊府元龜》卷三五九《將帥部·立功一二》頁四二
六六上

三年二月, ……先是,奚、契丹皆有迴鶻監護使,督以歲
貢,且爲漢諜事。

《冊府元龜》卷九八七《外臣部·征討六》頁一一五
九一下

## 公元八四七年　唐宣宗大中元年

爲迴鶻相美權者逸隱啜逼諸迴鶻殺烏介於金山,以其弟
特勤遏捻爲可汗,復有衆五千以上,其食用糧羊皆取給於奚
王碩舍朗。

《舊唐書》卷一百九十五《列傳第一百四十五·迴紇》頁
五二一五

大中元年春，張仲武大破奚衆，其迴鶻無所取給，日有
耗散。

《舊唐書》卷一百九十五《列傳第一百四十五·迴紇》頁
五二一五

大中初，又破奚北部及山奚，俘獲雜畜不貲。

《新唐書》卷二百一十二《列傳第一百三十七·藩鎮盧
龍》頁五九八一

遏捻可汗袁殘部五千，仰食於奚大酋碩舍朗。大中初，
仲武討奚，破之，回鶻寖耗滅，所存名王貴臣五百餘，轉依
室韋。

《新唐書》卷二百一十七下《列傳第一百四十二下·回
鶻下》頁六一三三

五月，張仲武及奚北部落戰，敗之。

　　　　　《新唐書》卷八《本紀第八·宣宗》頁二四七

五月，幽州節度使張仲武大破諸奚。

《資治通鑑》卷二百四十八《唐紀六十四·宣宗大中元
年》頁八〇三〇

宣宗大中元年春，幽州大破奚衆。

《册府元龜》卷九八七《外臣部·征討六》頁一一五
九二上

遏捻可汗哀殘部五千,仰食於奚大酋碩舍朗。大中初,
張仲武討奚,破之,回鶻寖耗滅,所存名王貴臣三百餘,轉依
室韋。

《文獻通考》卷三百四十七《四裔考二十四》頁二七二一上

## 公元八四八年　唐宣宗大中二年

回鶻遏捻可汗仰給於奚王石舍朗;仰,牛向翻。及張仲武
大破奚衆,見去年五月。回鶻無所得食,日益耗散,至是,所存
貴人以下不滿五百人,依於室韋。

《資治通鑑》卷二百四十八《唐紀六十四·宣宗大中二
年》頁八〇三二

## 公元八七四年　唐僖宗乾符元年

既淹歲月,且無救援,又爲奚虜所侵,希逸拔其軍二萬餘
人,且行且戰,遂達于青州。

《舊唐書》卷一百二十四《列傳第七十四·侯希逸》頁三
五三四

然孤軍無援,又爲奚侵掠,乃拔其軍二萬,浮海入青州據
之,平盧遂陷。

《新唐書》卷一百四十四《列傳第六十九·侯希逸》頁四
七〇三

既淹歲月,且無救援,又爲奚虜侵掠。

《冊府元龜》卷四五〇《將帥部·失守》頁五三三四下

# 公元八七七年　唐僖宗乾符四年

制以壽王傑爲開府儀同三司、幽州經略盧龍等軍節度觀察押奚契丹等使；以幽州節度副使、權知兵馬事李可舉檢校左散騎常侍、幽州大都督府左司馬,充幽州兵馬留後。

　　《舊唐書》卷十九下《本紀第十九下·僖宗》頁七〇〇

乾符四年,授開府儀同三司、幽州大都督、〔一〕幽州盧龍等軍節度、押奚契丹、管内觀察處置等使。

**【校勘記】**

〔一〕幽州大都督　"幽州"上各本原有"同"字,據《御覽》卷一一六、《册府》卷一一删。

　　《舊唐書》卷二十上《本紀第二十上·昭宗》頁七三五、七八三

乾符四年,授開府儀同三司,幽州大都督,幽州盧龍等軍節度,押奚、契丹管内觀察處置等使。

　　《册府元龜》卷一一《帝王部·繼統三》頁一二二下至一二三上

# 公元八七八年　唐僖宗乾符五年

志勤,奉誠人也。貞觀二十二年,以内屬奚可度者部落置饒樂都督府,開元二十三年更名奉誠都督府。薛志勤,其府人也。

　　《資治通鑑》卷二百五十三《唐紀六十九·僖宗乾符五年》頁八一九六

## 公元八八〇年　唐僖宗廣明元年

李琢、赫連鐸進攻蔚州，李國昌戰敗，部衆皆潰，獨與克用及宗族北入達靼。宋白曰：達靼者，本東北方之夷，蓋靺鞨之部也。貞元、元和之後，奚、契丹漸盛，多爲攻劫，部衆分散，或投屬契丹，或依于勃海，漸流徙于陰山，其俗語訛，因謂之達靼。

《資治通鑑》卷二百五十三《唐紀六十九·僖宗廣明元年》頁八二三一

達靼本靺羯之別部也，居于陰山。歐陽修曰：靺鞨本在奚、契丹東北，後爲契丹所攻，部族分散，居陰山者自號達靼。洪景盧曰：蕃語以華言譯之，皆得其近似耳。天竺，語轉而爲捐篤、身毒；禿髮，語轉而爲吐蕃；達靼，乃靺鞨也。契丹之讀如喫，惟《新唐書》有音。冒頓讀如墨突，惟《晉書音義》有之。

《資治通鑑》卷二百五十三《唐紀六十九·僖宗廣明元年》頁八二三二

## 公元八八五至八八八年　唐僖宗光啓元年至光啓四年

光啓時，方天下盜興，北疆多故，乃鈔奚、室韋，小小部種皆役服之，因入寇幽、薊。

《新唐書》卷二百一十九《列傳第一百四十四·北狄·契丹》頁六一七二

光啓中，契丹王習爾稍强盛，時中原多故，習爾遂役屬達靼、奚、室韋等諸部入寇。其後爲幽州劉守光所破，十年不敢犯塞。

《册府元龜》卷九五六《外臣部·總序》頁一一二四一上

光啓時，方天下盜興，北疆多故，乃鈔奚、室韋，小小部種皆役服之。

《文獻通考》卷三百四十五《四裔考二十二·契丹上》頁二七〇一下

光啓中，其王欽德者，<sup>〔二〕</sup>乘中原多故，北邊無備，遂蠶食諸郡，達靼、奚、室韋之屬，咸被驅役，族帳寖盛，有時入寇。

**【校勘記】**

〔二〕欽德　原作“沁丹”，注云：“舊作欽德，今改正。”按此係輯録《舊五代史》時據《遼史索倫國語解》所改，今恢復原文。

《舊五代史》卷一百三十七《外國列傳第一·契丹》頁一八二七、一八三七

契丹王欽德，習爾之族也，是爲痕德菫可汗。光啓中，鈔掠奚、室韋諸部，皆役服之，數與劉仁恭相攻。

《遼史》卷六十三《表第一·世表》頁九五六

## 公元八九五年　唐昭宗乾寧二年

以幽州兵馬留後劉仁恭檢校司空，兼幽州大都督府長史，充幽州盧龍軍節度、押奚契丹等使。

《舊唐書》卷二十上《本紀第二十上·昭宗》頁七五六

# 公元九○一年　唐昭宗天復元年

唐天復元年,歲辛酉,痕德菫可汗立,以太祖爲本部夷離菫,專征討,連破室韋、于厥及奚帥轄剌哥,俘獲甚衆。

《遼史》卷一《本紀第一·太祖上》頁一至二

遙輦耶瀾可汗十年,歲在辛酉,太祖授鉞專征,[一]破室韋、于厥、奚三國,俘獲盧帳,不可勝紀。

【校勘記】

〔一〕遙輦耶瀾可汗十年歲在辛酉太祖授鉞專征　按《世表》,耶瀾可汗在唐會昌間,次巴剌可汗在咸通間,又次痕德菫可汗在光啓間。辛酉歲當天復元年,不合。《太祖紀》上,“唐天復元年,歲辛酉,痕德菫可汗立,以太祖爲本部夷離菫,專征討”。較近實際。

《遼史》卷三十四《志第四·兵衛志上》頁三九六、四○○

及太祖爲迭剌部夷離菫,討奚部,其長術里偪險而壘,攻莫能下,命曷魯持一笴往諭之。既入,爲所執。乃説奚曰:“契丹與奚言語相通,實一國也。我夷離菫於奚豈有輈輇之心哉?漢人殺我祖奚首,夷離菫怨次骨,日夜思報漢人。顧力單弱,使我求援於奚,傳矢以示信耳。夷離菫受命於天,撫下以德,故能有此衆也。今奚殺我,違天背德,不祥莫大焉。且兵連禍結,當自此始,豈爾國之利乎!”術里感其言,乃降。

《遼史》卷七十三《列傳第三·耶律曷魯》頁一二二○

## 公元九〇三年　唐昭宗天復三年

先是德祖俘奚七千户,徙饒樂之清河,至是創爲奚迭剌部,分十三縣。遂拜太祖于越、總知軍國事。

《遼史》卷一《本紀第一·太祖上》頁二

十二年,德祖討奚,俘七千户。

《遼史》卷三十四《志第四·兵衛志上》頁三九六

## 公元九〇六年　唐哀帝天祐三年

明年二月,復擊劉仁恭。還,襲山北奚,破之。汴州朱全忠遣人浮海奉書幣、衣帶、珍玩來聘。十一月,遣偏師討奚、霤諸部及東北女直之未附者,悉破降之。

《遼史》卷一《本紀第一·太祖上》頁二

## 公元九〇七年　唐哀帝天祐四年　遼太祖元年
## 後梁太祖開平元年

初,契丹有八部,歐陽修曰:……《莊宗列傳》曰:"咸通末,其王曰習爾,疆土稍大,累來朝貢。光啓中,其王曰欽德,乘中原多故,北邊無備,遂蠶食諸部,達靼、奚、室韋之屬,咸被驅役。"

《資治通鑑》卷二百六十六《後梁紀一·太祖開平元年》頁八六七六至八六七七

咸通末,有習爾者爲王,土宇始大。其後欽德爲王,乘中原多故,時入盜邊。及阿保機爲王,尤雄勇,五姓奚五姓奚,一阿會部，二處和部，三奧失部，四度稽部，五元俟折部，各有辱紇主爲之酋領。歐陽修曰：奚當唐末居陰涼川，在營府之西，幽州之西北，皆數百里，分爲五部：一曰阿薈部，二曰爇米部，三曰粵質部，四曰怒皆部，五曰黑訖支部。後徙居幽州之東北數百里。宋白曰：奚居陰涼川，東去營府五百里，西南去幽州九百里，東南接海，山川三千里。後徙居琵琶川。

　　《資治通鑑》卷二百六十六《後梁紀一·太祖開平元年》頁八六七八

　　西取突厥故地，擊奚，滅之，復立奚王而使契丹監其兵。監，古銜翻。東北諸夷皆畏服之。

　　《資治通鑑》卷二百六十六《後梁紀一·太祖開平元年》頁八六七九

　　咸通以後，契丹始大，奚族不敢復抗。太祖建國，舉族臣屬。

　　《遼史》卷三十九《志第九·地理志三·中京道》頁四八一

　　先是契丹部落分而爲八，以次相代。唐咸通末，有習爾者爲王，土宇始大。其後欽德爲王，乘中原多故，時入侵邊。及阿保機稱王，崩，謚太祖。尤雄勇，五姓奚及七姓室韋咸服屬之。

　　《契丹國志》卷之一《太祖大聖皇帝》頁一

　　其後，太祖擊滅七部，復併爲一。又北伐室韋、女真，西取突厥故地。擊奚，滅之，復立奚王，使契丹監其兵。東北諸夷皆畏服之。

　　　　　　　　　《契丹國志》卷之一《太祖大聖皇帝》頁一


　　先是，渤海國王大諲撰本與奚、契丹爲脣齒國。太祖初興，併吞八部，繼而用師，併吞奚國。

　　　　　　　　　《契丹國志》卷之一《太祖大聖皇帝》頁六


## 公元九一〇年　　遼太祖四年　　後梁太祖開平四年

　　冬十月，烏馬山奚庫支及查剌底、鋤勃德等叛，討平之。

　　　　　　　　《遼史》卷一《本紀第一·太祖上》頁四


　　烏馬山奚庫支及查剌底、鋤勃德等部叛，討平之。

　　　　　《遼史》卷六十九《表第七·部族表》頁一〇七九


## 公元九一一年　　遼太祖五年　　後梁太祖開平五年

　　五年春正月丙戌朔，日有食之。丙申，上親征西部奚。奚阻險，叛服不常，數招諭弗聽。是役所向輒下，遂分兵討東部奚，亦平之。於是盡有奚、霫之地。

　　　　　　　　《遼史》卷一《本紀第一·太祖上》頁四


　　太祖即位五年，討西奚、東奚，悉平之，盡有奚、霫之衆。

　　　　　《遼史》卷三十四《志第四·兵衛志上》頁三九六


　　五年正月，西奚部、東奚部叛，討平之。

　　《遼史》卷六十九《表第七·部族表》頁一〇七九至一〇八〇

## 公元九一二年　遼太祖六年　後梁太祖乾化二年

六年三月，皇太子暨諸將分擊部落，以烏古、奚爲圖盧、涅離、奧畏三部。[一]

**【校勘記】**

〔一〕以烏古奚爲圖盧涅離奧畏三部　按《營衞志》下圖盧作圖魯，奧畏作乙室奧隗。

《遼史》卷六十九《表第七·部族表》頁一〇八一、一一二三

## 公元九一三年　遼太祖七年　後梁末帝乾化三年

三月癸丑，次蘆水。弟迭剌哥圖爲奚王，與安端擁千餘騎而至，給稱入覲。上怒曰：“爾曹始謀逆亂，朕特恕之，使改過自新，尚爾反覆，將不利於朕！”遂拘之。

《遼史》卷一《本紀第一·太祖上》頁六

太祖征奚及討劉守光，敵魯略地海濱，殺獲甚衆。

《遼史》卷七十三《列傳第三·蕭敵魯》頁一二二三

太祖方經略奚地，命阿古只統百騎往衞之。

《遼史》卷七十三《列傳第三·阿古只》頁一二二三

## 公元九一六年　遼太祖神册元年　後梁末帝貞明二年

契丹王阿保機自稱皇帝，國人謂之天皇王，以妻述律氏爲皇后，置百官；至是，改元神册。《考異》曰：……《虜庭雜記》

曰：“太祖一舉併吞奚國，仍立奚人依舊爲奚王，命契丹監督兵甲。”

　　《資治通鑑》卷二百六十九《後梁紀四‧均王貞明二年》
頁八八〇八至八八〇九

## 公元九一七年　　遼太祖神册二年　　後梁末帝貞明三年

　　契丹以盧文進爲幽州留後，其後又以爲盧龍節度使，文
進常居平州，帥奚騎歲入北邊，殺掠吏民。帥，讀曰率；下同。

　　《資治通鑑》卷二百七十《後梁紀五‧均王貞明三年》頁
八八一八至八八一九


　　閲兵於魏州，時幽州盧龍軍節度使、……麟、勝、雲、蔚、
新、武等州，諸部落奚、契丹、室韋、吐谷渾等馬萬匹，總河東、
魏博十鎮之師，閲於魏州。

　　　　　　《册府元龜》卷八《帝王部‧創業四》頁八七下


　　盧文進來歸，常居平州，帥奚騎歲入北邊，殺掠吏民，盧
龍巡屬，爲之殘弊。

　　　　　　　　《契丹國志》卷之一《太祖大聖皇帝》頁三

## 公元九一八年　　遼太祖神册三年　　後梁末帝貞明四年

　　秋八月辛丑朔，大閲於魏郊，河東、魏博、幽、滄、鎮定、邢
洺、麟、勝、雲、朔十鎮之師，及奚、契丹、室韋、吐渾之衆十餘
萬，部陣嚴肅，旌甲照曜，師旅之盛，近代爲最。

　　　　《舊五代史》卷二十八《唐書四‧莊宗紀第二》頁三九一
至三九二

## 公元九二一年　遼太祖神册六年　後梁末帝貞明七年

是夜,莊宗次定州,翌日出戰,遇奚長禿餒五千騎,莊宗親軍千騎與之鬥,爲敵所圍,外救不及,莊宗挺馬奮躍,出入數四,酣戰不解。

《舊五代史》卷一百三十七《外國列傳第一·契丹》頁一八二九

乙室奥隗部。神册六年,太祖以所俘奚户置。隸南府,節度使屬東北路兵馬司。

《遼史》卷三十三《志第三·營衛志下·部族下》頁三八八

## 公元九二二年　遼太祖神册七年　後梁末帝龍德二年

晉王謀大舉入寇,……及麟、勝、雲、蔚、新、武等州諸部落奚、契丹、室韋、吐谷渾,皆以兵會之。八月,并河東、魏博之兵,大閲於魏州。

《資治通鑑》卷二百七十《後梁紀五·均王貞明四年》頁八八三三

契丹逆戰,晉王以親軍千騎先進,遇奚酋禿餒五千騎,酋,慈秋翻。餒,弩罪翻。爲其所圍。

《資治通鑑》卷二百七十一《後梁紀六·均王龍德二年》頁八八七二至八八七三

## 公元九二三年　遼太祖天讚二年
## 後梁末帝龍德三年　後唐莊宗同光元年

甲申，淮南楊溥、奚首領李紹威並遣使朝貢。

　　《舊五代史》卷三十《唐書六・莊宗紀第四》頁四二二

　　既而以存審檢校太傅兼侍中充幽州盧龍節度、管内觀察處置、押奚契丹兩蕃、經略盧龍軍等使，勉而赴任。

　　《册府元龜》卷一二〇《帝王部・選將二》頁一四三七上

　　十二月，奚首領李紹威遣使朝貢。

　　《册府元龜》卷九七二《外臣部・朝貢五》頁一一四二〇下

　　三月戊寅，軍于箭笴山，討叛奚胡損，獲之，射以鬼箭。誅其黨三百人，沉之狗河。置奚墮瑰部，以勃魯恩權總其事。

　　　　　　《遼史》卷二《本紀第二・太祖下》頁一八

　　二年三月，討奚胡損，獲之，置奚墮瑰部。

　　《遼史》卷六十九《表第七・部族表》頁一〇八一至一〇八二

　　明年，下平州，獲趙思温、張崇。回破箭笴山胡遜奚，諸部悉降。

　　　　　　《遼史》卷三《本紀第三・太宗上》頁二七

晉王趨望都，遇奚酋禿餒契丹將名五千騎，爲其所困，力戰，出入數四，不解。李嗣昭引三百騎橫擊之，乃退，晉王始得出。

《契丹國志》卷之一《太祖大聖皇帝》頁四

## 公元九二三至九二六年　後唐莊宗同光元年至同光四年

文進在平州，率奚族勁騎，鳥擊獸搏，倏來忽往，燕、趙諸州，荆榛滿目。

《舊五代史》卷九十七《晉書二十三·列傳第十二·盧文進》頁一二九五

同光中，契丹數以奚騎出入塞上，攻掠燕、趙，人無寧歲。

《新五代史》卷四十八《雜傳第三十六·盧文進》頁五四〇

## 公元九二四年　遼太祖天讚三年　後唐莊宗同光二年

甲午，奚王李紹威、吐渾李紹魯皆貢馳馬。

《舊五代史》卷三十一《唐書七·莊宗紀第五》頁四三〇

（冬十月戊辰）黨項進白驢，奚王李紹威進馳馬。

《舊五代史》卷三十二《唐書八·莊宗紀第六》頁四四一至四四二

十一月，黨項進白驢，奚王李紹威進馳馬，迴鶻都督安子想進玉團、馳馬等。

《册府元龜》卷九七二《外臣部・朝貢五》頁一一四二一上

## 公元九二五年　　遼太祖天讚四年　　後唐莊宗同光三年

冬十月壬午，奚、吐渾、突厥皆遣使者來。

　　　　《新五代史》卷五《唐本紀第五・莊宗下》頁四九

十月，奚、吐渾、突厥首領使人貢方物爲萬壽節，高麗國遣使韋伸貢方物。

　　　　《册府元龜》卷九七二《外臣部・朝貢五》頁一一四二一上

## 公元九二六年　　遼太宗天顯元年　　後唐莊宗同光四年

辛巳，吐渾、奚各遣使貢馬。

　　　　《舊五代史》卷三十四《唐書十・莊宗紀第八》頁四六八

四年二月辛亥，……盧龍軍節度管内觀察處置押奚契丹兩藩經略盧龍軍等大使、特進檢校太尉、同中書門下平章事、幽州大都督府長史、上柱國、天水縣開國侯、食邑一千户。

　　　　《册府元龜》卷一二八《帝王部・明賞二》頁一五四四上至一五四五上

四年正月，北面招討使李紹真奏北來，奚首領云契丹阿保機寇渤海國。

　　　　《册府元龜》卷九九五《外臣部・交侵》頁一一六八八上

甲午,復幸忽汗城,閱府庫物,賜從臣有差。以奚部長勃魯恩、王郁自回鶻、新羅、吐蕃、党項、室韋、沙陀、烏古等從征有功,優加賞賫。

《遼史》卷二《本紀第二‧太祖下》頁二二

天顯元年二月,奚部長勃魯恩、王郁從征有功,賞之。

《遼史》卷六十九《表第七‧部族表》頁一〇八二

## 公元九二七年　　遼太宗天顯二年　　後唐明宗天成二年

北面副招討房知溫奏,營州界奚陁羅支內附。

《舊五代史》卷三十八《唐書十四‧明宗紀第四》頁五一八

是歲,王都謀叛,據定州,乃以晏球爲招討使攻之。時都北連契丹,契丹遣奚首領禿餒率虜千騎援都,突入定州,晏球引軍保曲陽。

《冊府元龜》卷三六〇《將帥部‧立功一三》頁四二七四上

二年正月,定州行營副招討房知溫奏:"奚陁羅支領兩蕃奚內附,建牙於營州。"

《冊府元龜》卷九七七《外臣部‧降附》頁一一四八四上

明宗天成二年四月,幽州節度使趙德均令衙校嘗玉破奚於檀州,斬首百餘級,奪漢民四十,擒生奚二。

　　《册府元龜》卷九八七《外臣部・征討六》頁一一五九四上

　　夏四月,唐義武節度使王都在鎮州謀反,詔招討使王晏球等,發諸道兵會討定州。晏球攻拔其北關城,王都以重賂求救於奚酋禿餒。將名。

　　　　《契丹國志》卷之二《太宗嗣聖皇帝上》頁一〇

## 公元九二八年　　遼太宗天顯三年　　後唐明宗天成三年

　　唐義武軍節度使王都遣人以定州來歸。唐主出師討之,使來乞援,命奚禿里鐵刺往救之。

　　　　　　《遼史》卷三《本紀第三・太宗上》頁二八

　　是日,晏球攻定州,拔其北關城。權知定州行州事者,以未得定州城,使王晏球權知行州事於城外,以招撫定州之民。蓋此命未頒,晏球之兵已至定州城下矣。都以重賂求救於奚酋禿餒,禿餒即圍莊宗者,虜酋之桀也。酋,慈秋翻。

　　　　《資治通鑑》卷二百七十六《後唐紀五・明宗天成三年》頁九〇一八

## 公元九二九年　　遼太宗天顯四年　　後唐明宗天成四年

　　六月,故奚王男素姑進其父鞍馬、衣甲、器械。

　　　　《册府元龜》卷九七二《外臣部・朝貢五》頁一一四二二上

## 公元九三一年　　遼太宗天顯六年　　後唐明宗長興二年

　　舍利則剌宜賜姓原,[六]名知感,栻骨宜賜姓服,[七]名懷造,奚王副使竭失訖宜賜姓乙,[八]名懷宥,三人並授檢校太子賓客。

**【校勘記】**

〔六〕舍利則剌　原作"錫里札拉",殿本考證云:"錫里扎拉舊作舍利則剌。"今恢復原文。

〔七〕械骨　原作"英格",殿本作裕勒古。殿本考證云:"裕勒古舊作械骨。"今恢復原文。

〔八〕竭失訖　劉本、彭本同,殿本作格斯齊。殿本考證云:"格斯齊舊作竭失訖,今改。"

《舊五代史》卷四十二《唐書十八·明宗紀第八》頁五七六、五八五

李守貞又進奪得契丹王奚車白駝掌羽旗槍等。

《冊府元龜》卷四三五《將帥部·獻捷二》頁五一七〇下

## 公元九三三年　遼太宗天顯八年　後唐明宗長興四年

十一月,吐蕃遣使來貢,奚首領李素姑來朝貢。

《冊府元龜》卷九七二《外臣部·朝貢五》頁一一四二三上

## 公元九三四年　遼太宗天顯九年　後唐末帝清泰元年

末帝清泰元年,制以幽州盧龍軍節度押奚契丹經略盧龍軍等使兼北面行營招討使、檢校太師、中書令、行幽州大都督府長史。

《冊府元龜》卷一二九《帝王部·封建》頁一五五六下

## 公元九三四至九三六年　後唐末帝清泰元年
## 至清泰三年

始戎王以軟語撫璋，璋謂必得南歸，及委璋平叛奚、圍雲
州皆有功，故留之不遣。

《舊五代史》卷九十五《晉書二十一·列傳第十·翟璋》
頁一二六八

## 公元九三六年　遼太宗天顯十一年
## 後唐末帝清泰三年

奚首領達剌干遣通事介老奏，[八]奚王李素姑謀叛入契
丹，已處斬訖，達剌干權知本部落事。

**【校勘記】**

〔八〕達剌干　殿本作達喇罕。殿本考證云："達喇罕舊
作達剌干，今改。"

《舊五代史》卷四十八《唐書二十四·末帝紀下》頁六六
二、六六九

（九月）甲辰，以的魯子徒離骨嗣爲夷離堇，仍以父字爲
名，以旌其忠。南宰相鶻離底、奚監軍寅你已、將軍陪阿臨陣
退懦，上召切責之。

《遼史》卷三《本紀第三·太宗上》頁三八

命南宰相解領、鶻離底、奚監軍寅你已、將軍陪阿先還。

《遼史》卷三《本紀第三·太宗上》頁三九

## 公元九三七年　遼太宗天顯十二年
## 後晉高祖天福二年

契丹主過新州，命威塞節度使翟璋斂犒軍錢十萬緡。初，契丹主阿保機強盛，室韋、奚、霫皆役屬焉。翟，直格翻，又徒歷翻，姓也。犒，苦到翻。霫，似入翻。奚王去諸苦契丹貪虐，帥其衆西徙嬀州，帥，讀曰率。依劉仁恭父子，號西奚。東奚居琵琶川；西奚徙嬀州，依北山而居。去諸卒，子掃剌立。剌，來達翻；下揌剌同。唐莊宗滅劉守光，賜掃剌姓李名紹威。紹威娶契丹逐不魯之姊。逐不魯獲罪於契丹，奔紹威，紹威納之；契丹怒，攻之，不克。紹威卒，子揌剌立。揌，户結翻。及契丹主德光自上黨北還，還，從宣翻，又如字。揌剌迎降，降，户江翻。時逐不魯亦卒，契丹主曰：“汝誠無罪，掃剌、逐不魯負我。”皆命發其骨，磑而颺之。磑，五對翻，䃺也，今人謂之磨。颺，余章翻。諸奚畏契丹之虐，多逃叛。契丹主勞翟璋曰：“當爲汝除代，令汝南歸。”勞，力到翻。爲，于僞翻。己亥，璋表乞徵詣闕。既而契丹遣璋將兵討叛奚、攻雲州，有功，留不遣璋，璋鬱鬱而卒。

《資治通鑑》卷二百八十一《後晉紀二·高祖天福二年》頁九一七〇

晉高祖天福二年二月，新州翟璋奏：“契丹點發新毅蔚等州軍馬與契丹討奚族達剌干，今已歸服。”

《册府元龜》卷九九五《外臣部·交侵》頁一一六八八上

十二年春正月，……癸亥，遣國舅安端發奚西部民各還本土。

《遼史》卷三《本紀第三·太宗上》頁四〇

## 公元九四〇年　　遼太宗會同三年　　後晉高祖天福五年

二月己亥,奚王勞骨寧率六節度使朝貢。

《遼史》卷四《本紀第四·太宗下》頁四七

（三月）壬申,次石嶺,以奚王勞骨寧監軍寅你已朝謁不時,切責之。

《遼史》卷四《本紀第四·太宗下》頁四七

## 公元九四二年　　遼太宗會同五年　　後晉高祖天福七年

契丹北行,武行德率軍趨河陽,廷勳爲行德所逐,乃與奚王拽剌保懷州,尋以兵反攻行德,行德出戰,爲廷勳所敗。

《舊五代史》卷九十八《晉書二十四·列傳第十三·崔廷勳》頁一三一八

## 公元九四三年　　遼太宗會同六年　　後晉出帝天福八年

（六月）己未,奚鋤骨里部進白麑。

《遼史》卷四《本紀第四·太宗下》頁五三

六年六月,奚鋤勃德部進白麑。<sup>〔三〕</sup>

**【校勘記】**

〔三〕奚鋤勃德部進白麑　按《紀》會同六年六月,作奚鋤骨里部進白麑。

《遼史》卷六十九《表第七·部族表》頁一〇八五、一一二四

# 公元九四四年　遼太宗會同七年　後晉出帝天福九年

及契丹入汴,自鎮赴闕,時契丹首領、奚王拽剌等在洛下,在禮望塵致敬,首領等倨受其禮,加之凌辱,邀索貨財,在禮不勝其憤。

《舊五代史》卷九十《晉書十六·列傳第五·趙在禮》頁一一七八至一一七九

天福九年正月,契丹大至,其一日大譟環其城,明日陳攻具於四墉,三日契丹主躬率步奚及渤海夷等四面進攻,<sup>〔五〕</sup>蠻衆投薪於夾城中,繼以炬火,賊之梯衝,焚爇殆盡。

**【校勘記】**

〔五〕渤海　原作"激海",據劉本、彭校改。

《舊五代史》卷九十五《晉書二十一·列傳第十·吳巒》頁一二六八、一二七〇

時有契丹諸部,渤海首領高牟瀚、奚王拽剌相遇於途,在禮望塵致敬。牟瀚、拽剌與諸部偏帥咸倨以受之。

《册府元龜》卷九〇九《總録部·憂懼》頁一〇七七二上

時契丹首領、奚王拽敕等在洛下,在禮望塵致敬,蕃酋等倨受其禮,加之凌辱,邀索貨財,在禮不勝其憤。

《册府元龜》卷九五三《總録部·困辱》頁一一二一九上

## 公元九四五年　遼太宗會同八年　後晉出帝開運二年

（二年正月）德光坐奚車中，呼其衆曰："晉軍盡在此矣，可生擒之，然後平定天下。"

《新五代史》卷七十二《四夷附録第一》頁八九五

德光坐奚車中，呼其衆曰："晉軍盡在此矣，可生擒之，然後平定天下。"

《文獻通考》卷三百四十五《四裔考二十二・契丹上》頁二七〇三中

契丹主坐大奚車中，沈括曰：奚人業伐山，陸種，斲車；契丹之車皆資於奚。其輜車之制如中國，後廣前殺而無般，材儉易敗，不能任重而利於行山。長轂廣輪，輪之牙，其厚不能四寸，而軫之材不能五寸。其乘車駕之以駝，上施幰，惟富者加氈幰文繡之飾。《蜀本》"奚車"之上無"大"字。

《資治通鑑》卷二百八十四《後晉紀五・齊王開運二年》頁九二八九

契丹主乘奚車走十餘里，追兵急，獲一橐駝，乘之而走。

《資治通鑑》卷二百八十四《後晉紀五・齊王開運二年》頁九二九〇

（三月）辛亥，易州安審約奏："狼山守把孫方簡掩殺，得賊頭諧里相公一千餘人、奚車一兩，内有諧里妻及奴婢等。"

《册府元龜》卷一一八《帝王部・親征三》頁一四一〇下
至一四一一上

癸亥，戰于白圍谷，是日契丹主在奚車中，及軍敗走，車
行十餘里，追兵既急，獲一橐馳乘之而走。

《册府元龜》卷一一八《帝王部・親征三》頁一四一一上

上乘奚車退十餘里，晉追兵急，獲一橐駝乘之乃歸。
　　　　　　　《遼史》卷四《本紀第四・太宗下》頁五六

初，蕭后東歸以避金人，至松亭關，議所往。耶律大石
林牙，遼人也，欲歸天祚；四軍大王蕭幹，奚人也，欲就奚王
府立國。……於是，遼、奚軍列陣相拒而分矣。遼軍從林
牙，挾蕭后以歸天祚於夾山。時奚、渤海軍從蕭幹留奚王
府，幹據府自立，僭號爲神聖皇帝，國號大奚，改元天興。時
奚中闕食。
　　六月，奚兵出盧龍嶺，攻破景州，殺守臣劉滋、通判楊
伯榮。
　　七月，奚兵遇郭藥師，戰於腰鋪，大敗而歸。……因而招
降到奚、渤海、漢軍五千餘人。
　　《契丹國志》卷之十二《天祚皇帝下》頁一〇四至一〇五

# 公元九四六年　遼太宗會同九年　後晉出帝開運三年

開運三年十二月，耶律德光已降晉兵，遣張彥澤先犯京
師，以書遺太后，具道已降晉軍，且曰："吾有梳頭妮子，竊一

藥囊以奔于晉，今皆在否？吾戰陽城時，亡奚車一乘，在否？”
又問契丹先爲晉獲者及景延廣、桑維翰等所在。

　　《新五代史》卷十七《晉家人傳第五·高祖皇后李氏》頁
一七六


　　遺晉太后書　太宗

　　吾有梳頭妮子竊一藥囊以奔於晉。今皆在否。吾戰陽
城時。亡奚車十乘。在否。《歐五代史》十七《晉家人傳》。

　　　　　　　　《全遼文》卷一《遺晉太后書》頁五


　　遼帝坐奚車中，命鐵鷂四面下馬，拔鹿角而入，奮短兵以
擊晉兵，又順風縱火揚塵以助其勢。

　　　　　　《契丹國志》卷之三《太宗嗣聖皇帝下》頁二四

# 公元九四七年　　遼太宗會同十年
## 後漢高祖天福十二年

　　（四年正月）乙未，被中國冠服，百官常參，起居如晉儀，
而氈裘左衽，胡馬奚車，羅列階陛，晉人俛首不敢仰視。

　　《新五代史》卷七十二《四夷附録第一》頁八九六至
八九七


　　四年正月丁亥朔旦，……乙未，被中國冠服，百官常參，
起居如晉儀，而氈裘左衽，胡馬奚車，羅死階陛，晉人俛首不
敢仰視。

　　《文獻通考》卷三百四十五《四裔考二十二·契丹上》頁

二七〇三下

　　契丹遣契丹將述軋、書契丹將,以別漢將與勃海將。奚王拽
刺、拽,羊列翻。刺,盧達翻。勃海將高謨翰戍洛陽,在禮入謁,拜
於庭下,拽刺等皆踞坐受之。
　　《資治通鑑》卷二百八十六《後漢紀一·高祖天福十二
年》頁九三三四

　　劉晞在契丹嘗爲樞密使、同平章事,至洛陽,詬奚王曰:
詬,苦候翻,又許候翻。“趙在禮漢家大臣,爾北方一酋長耳,酋,
慈秋翻。長,知兩翻。安得慢之如此!”立於庭下以挫之。由是
洛人稍安。
　　《資治通鑑》卷二百八十六《後漢紀一·高祖天福十二
年》頁九三三四

　　時耿崇美、崔廷勳至澤州,聞弘肇兵已入潞州,不敢進,
引兵而南;弘肇遣誨追擊,破之,崇美、廷勳與奚王拽刺退保
懷州。
　　《資治通鑑》卷二百八十六《後漢紀一·高祖天福十二
年》頁九三五四

　　崔廷勳、耿崇美、奚王拽刺合兵逼河陽,張遇帥衆數千救
之,戰於南阪,敗死。太行南阪也。帥,讀曰率。武行德出戰,亦
敗,閉城自守。拽刺欲攻之,廷勳曰:“今北軍已去,北軍,謂契
丹聚於恒州之軍,崔廷勳等在南,故謂屯恒之軍爲北。得此城何用!

且殺一夫猶可惜,況一城乎!"聞弘肇已得澤州,乃釋河陽,
還保懷州。

　　《資治通鑑》卷二百八十七《後漢紀二·高祖天福十二
年》頁九三六一

## 公元九五一年　　遼世宗天禄五年　　後周太祖廣順元年

　　契丹遣彰國節度使蕭禹厥將奚、契丹五萬會北漢兵入
寇;北漢主自將兵二萬自陰地關寇晉州,丁未,軍于城北,三
面置寨,晝夜攻之,遊兵至絳州。

　　《資治通鑑》卷二百九十《後周紀一·太祖廣順元年》頁
九四六六

　　辛亥應曆元年。周太祖郭咸廣順元年。冬十月,遼遣蕭禹厥
將奚、遼兵五萬會北漢兵伐周,北漢主自將兵二萬,攻晉州。

　　　　　　《契丹國志》卷之五《穆宗天順皇帝》頁四一

## 公元九五三年　　遼穆宗應曆三年　　後周太祖廣順三年

　　是月,定州送奚、契丹來奔。

　　《册府元龜》卷九七七《外臣部·降附》頁一一四八四下

## 公元九五四年　　遼穆宗應曆四年　　後周太祖顯德元年

　　周太祖崩,旻聞之喜,遣使乞兵于契丹。契丹遣楊袞將
鐵馬萬騎及奚諸部兵五六萬人號稱十萬以助旻。

　　《新五代史》卷七十《東漢世家第十·劉旻》頁八六五

# 公元九七四年　北宋太祖開寶七年　遼景宗保寧六年

乞二詳穩依舊制表保寧六年　奚和朔奴

臣竊見太宗之時。奚六部二宰相二常袞。誥命太常袞班在酋長左右。副常袞總知酋長五房族屬。二宰相匡輔酋長。建明善事。今宰相職如故。二常袞別無所掌。乞依舊制。《遼史》八五本傳。

《全遼文》卷四《乞二詳穩依舊制表》頁八三

# 公元九七九年　北宋太祖太平興國四年
## 遼景宗乾亨元年

九月己卯，燕王韓匡嗣爲都統，南府宰相耶律沙爲監軍，惕隱休哥、南院大王斜軫、權奚王抹只等各率所部兵南伐。

《遼史》卷九《本紀第九·景宗下》頁一〇二

宋乘銳攻燕，將奚兵翊休哥擊敗之。

《遼史》卷八十四《列傳第十四·耶律抹只》頁一三〇八

乾亨初，宋來侵，詔以本部兵守南京，與北院大王奚底、統軍蕭討古等逆戰，奚底等敗走，獨撒合全軍還。上諭之曰："拒敵當如此。卿勉之，無憂不富貴。"加守太保。

《遼史》卷八十五《列傳第十五·耶律撒合》頁一三一九

春正月丁亥，……八作使郝守濬充西面壕寨都監，馬軍都虞候米信，步軍都虞候田重進充行營馬步軍都指揮使，西上閣門使郭守文、判四方館事順州團練使梁迥監其軍。信，奚人。重進，幽州人也。

《續資治通鑑長編》卷二十《太宗・太平興國四年》頁四四二至四四三

## 公元九八二年　北宋太平興國七年　遼景宗乾亨四年

以南院大王勃古哲總領山西諸州事，北院大王、于越休哥爲南面行軍都統，奚王和朔奴副之，同政事門下平章事蕭道寧領本部軍駐南京。

《遼史》卷十《本紀第十・聖宗一》頁一〇七至一〇八

## 公元九八三年　北宋太平興國八年　遼聖宗統和元年

況奚族是契丹世仇，儻以恩信招懷之，俾爲外禦，自可不煩朝廷出師矣。

《續資治通鑑長編》卷二十四《太宗・太平興國八年》頁五五七

戊寅，遣使賜于越休哥及奚王籌寧、統軍使頗德等湯藥。……趙妃及公主胡骨典、奚王籌寧、宰相安寧、北大王普奴寧、惕隱屈烈、吳王稍、寧王只没與橫帳、國舅、契丹、漢官等並進助山陵費。

《遼史》卷十《本紀第十・聖宗一》頁一〇八

## 公元九八六年　北宋太宗雍熙三年　遼聖宗統和四年

曹彬入涿州，遣部將浚儀李繼宣等領輕騎渡涿河覘敵勢。乙酉,敵帥衆來攻,繼宣擊破之於城南,斬首千級,獲馬五百匹,殺奚宰相賀斯。

《續資治通鑑長編》卷二十七《太宗·雍熙三年》頁六〇九

壬午,樞密使斜軫、林牙勤德、謀魯姑、節度使闒覽、統軍使室羅、侍中抹只、奚王府監軍迪烈與安吉等克女直還軍,遣近侍泥里吉詔旌其功,仍執手撫諭,賜酒果勞之。

《遼史》卷十一《本紀第十一·聖宗二》頁一一九

戊申,監軍、宣徽使蒲領奏敵軍引退,而奚王籌寧、北大王蒲奴寧、統軍使頗德等以兵追躡,皆勝之。……癸丑,以艾正、趙希贊及應州、朔州節度副使、奚軍小校隘離轄、渤海小校貫海等叛入于宋,籍其家屬,分賜有功將校。宋將曹彬、米信北渡拒馬河,與于越休哥對壘,挑戰,南北列營長六七里。時上次涿州東五十里。甲寅,詔于越休哥、奚王籌寧、宣徽使蒲領、南、北二王等嚴備水道,無使敵兵得潛至涿州。

《遼史》卷十一《本紀第十一·聖宗二》頁一二一

奚王籌寧、南、北二王率所部將校來朝。

《遼史》卷十一《本紀第十一·聖宗二》頁一二二

時北南院、奚部兵未至,休哥力寡,不敢出戰。

《遼史》卷八十三《列傳第十三·耶律休哥》頁一三〇〇

癸未，田重進戰飛狐北，獲其西南面招安使大鵬翼、康州刺史馬頵、馬軍指揮使何萬通。乙酉，曹彬敗契丹于涿州南，殺其相賀斯。〔二〕

【校勘記】

〔二〕殺其相賀斯　《長編》卷二七、《太平治迹統類》卷三都作“殺奚宰相賀斯”。“其”疑“奚”字之誤。

　　　《宋史》卷五《本紀第五·太宗二》頁七八、一〇二

　　仍慮步奚爲寇，可分雄勇兵士三五千人至青白軍以來山中把截，此是新州、嫣山之間〔六〕南出易州大路，其桑水屬燕城北隅，繞西壁而轉。

【校勘記】

〔六〕此是新州嫣山之間　“此是”原作“此時”，據宋本、宋撮要本、閣本改。又“嫣山”，《宋會要·蕃夷一》之一八及上引《宋史》、《奏議》均作“嫣川”。

　　　《續資治通鑑長編》卷二十七《太宗·雍熙三年》頁六〇三至六〇四、六二八

　　奚、霫部落，劉仁恭及男守光之時，皆刺面爲義兒，伏燕軍指使，人馬疆土，少劣於契丹。自彼脅從役屬以來，常懷骨髓之恨。渤海兵馬土地，盛於奚帳，雖勉强從事，俱懷殺主破國之怨。〔八〕

【校勘記】

〔八〕俱懷殺主破國之怨　“怨”原作“心”，據同上書改。

　　　《續資治通鑑長編》卷二十七《太宗·雍熙三年》頁六〇

四、六二八

其奚、霫、渤海之國，各選重望親嫡，封册爲王，仍賜分器、旂鼓、車服、戈甲，優而遣之，必竭赤心，永服皇化。……此人生長塞垣，諳練戎事，乘機戰鬥，一以當十，兼得奚、霫、渤海以爲外臣，乃守在四夷也。

《續資治通鑑長編》卷二十七《太宗・雍熙三年》頁六〇四

別族則有奚、霫，勝兵亦千餘人，少馬多步。奚，其王阿保得者，[一二]昔年犯闕時，[一三]令送劉晞、崔廷勳屯河洛者也。奚王，拽剌也，此云阿保得，當考。

**【校勘記】**

〔一二〕奚其王阿保得者　"其王"原作"霫工"，據同上書改。

〔一三〕昔年犯闕時　"闕"原作"關"，據同上書改。

《續資治通鑑長編》卷二十七《太宗・雍熙三年》頁六〇五、六二八

## 公元九八八年　　北宋太宗端拱元年　　遼聖宗統和六年

二月丁未，奚王籌寧殺無罪人李浩，所司議貴，請貸其罪，令出錢贍浩家，從之。

《遼史》卷十二《本紀第十二・聖宗三》頁一三〇

（十二月）丙辰，畋于沙河。休哥獻奚詳穩耶魯所獲宋諜。

《遼史》卷十二《本紀第十二・聖宗三》頁一三二

從奚王和朔奴伐兀惹,以戰失利,削金紫崇禄階。

　　《遼史》卷八十五《列傳第十五‧耶律奴瓜》頁一三一六

　　遼南京副部署奚王籌寧怙權,擿無罪人李浩至死,有司議貴,請貸籌寧罪,令出錢贍浩家,從之。

　　《續資治通鑑》卷十四《宋紀十四‧太宗端拱元年》頁三三四

　　辛巳,奚王籌寧敗南師于益津關。

　　《續資治通鑑》卷十四《宋紀十四‧太宗端拱元年》頁三三九

## 公元九八九年　北宋太宗端拱二年
## 遼聖宗統和七年

　　況河次半有崖岸,不可徑度,其平處築城護之,守以偏師,此斷彼之右臂也。仍慮步奚爲寇,可分雄勇兵士三五千人,至青白軍以來山中防遏,此是新州、媯川之間,南出易州大路,其桑乾河水屬燕城北隅,繞西壁而轉。

　　《宋史》卷二百六十四《列傳第二十三‧宋琪》頁九一二四

　　然後國家命重臣以鎮之,敷恩澤以懷之。奚、霫部落,當劉仁恭及其男守光之時,皆刺面爲義兒,服燕軍指使,人馬疆土少劣於契丹,自被脅從役屬以來,常懷骨髓之恨。渤海兵馬土地,盛於奚帳,雖勉事契丹,俱懷殺主破國之怨。其薊門洎山後雲、朔等州，沙陀、吐渾元是割屬，咸非叛黨。此蕃漢諸部之衆，如將來王師討伐，雖臨陣擒獲，必貸其死，命署置存撫，使之懷恩，但以罪契丹爲名。如此則蕃部之心，願報私憾，契丹小醜，克日殄平。其奚、霫、渤海之國，各選重望親嫡，封册爲王，仍賜分器、鼓旗、車服戈甲〔四〕以優遣之，必竭赤心，永服皇化。

**【校勘記】**

〔四〕仍賜分器鼓旗車服戈甲　"車服"原作"軍服"，據《長編》卷二七、《宋會要·蕃夷一》之一八改。

《宋史》卷二百六十四《列傳第二十三·宋琪》頁九一二四、九一三三

此人生長塞垣，諳練戎事，乘機戰鬥，一以當十，兼得奚、霫、渤海以爲外臣，乃守在四夷也。

《宋史》卷二百六十四《列傳第二十三·宋琪》頁九一二五

別族則有奚、霫，勝兵亦萬餘人，少馬多步。奚，其王名阿保得者，昔年犯闕時，令送劉琛、崔廷勳屯河、洛者也。

《宋史》卷二百六十四《列傳第二十三·宋琪》頁九一二六

## 公元九九四年　北宋太宗淳化五年
## 遼聖宗統和十二年

十二月戊寅朔，日有食之。詔并奚王府奧理、〔八〕墮隗、

梅只三部爲一,其二剋各分爲部,以足六部之數。

【校勘記】

〔八〕奥理　《營衛志》下、《百官志》二並作奥里。

《遼史》卷十三《本紀第十三·聖宗四》頁一四五、一五一

奥里部。統和十二年,以與梅只、墮瑰三部民籍數寡,合爲一部。并上三部,本屬奚王府,聖宗分置。

《遼史》卷三十三《志第三·營衛志下·部族下》頁三九〇

北剋部。統和十二年,〔一一〕以奚府二剋分置二部。

【校勘記】

〔一一〕統和十二年　十二年,原脱十字,誤作"二年"。按《紀》,以二剋分置二部在統和十二年十二月,據補。

《遼史》卷三十三《志第三·營衛志下·部族下》頁三九〇、三九四

諭奚王府部分合詔統和十二年　聖宗

並奚王府奥里墮隗梅只三部爲一。其二剋各分爲部。以足六部之數。《遼史·聖宗紀》。

《全遼文》卷一《諭奚王府部分合詔》頁一一

# 公元九九五年　北宋太宗至道元年
## 遼聖宗統和十三年

(秋七月)丁巳,兀惹烏昭度、〔一〇〕渤海燕頗等侵鐵驪,遣奚王和朔奴等討之。

## 【校勘記】

〔一〇〕兀惹烏昭度　下文十七年六月,二十二年九月及《屬國表》並作烏昭慶。

《遼史》卷十三《本紀第十三·聖宗四》頁一四六、一五一

秋,七月,遼以烏實舊作兀惹,今改。烏昭度,渤海燕頗等侵鐵驪,遣奚王耶律籌寧、東京留守蕭恒德討之。

《續資治通鑑》卷十八《宋紀十八·太宗至道元年》頁四二八至四二九

## 公元九九六年　北宋太宗至道二年
### 遼聖宗統和十四年

是月,奚王和朔奴、東京留守蕭恒德等五人以討兀惹不克,削官。

《遼史》卷十三《本紀第十三·聖宗四》頁一四八

是月,遼奚王耶律籌寧、東京留守蕭恒德等,以討烏實不克削官。

《續資治通鑑》卷十八《宋紀十八·太宗至道二年》頁四三六

## 公元九九七年　北宋太宗至道三年
### 遼聖宗統和十五年

夏四月乙未朔,罷奚五部歲貢麛。

《遼史》卷十三《本紀第十三·聖宗四》頁一四九

冬十月壬辰朔,駐蹕駝山,罷奚王諸部貢物。

　　　　《遼史》卷十三《本紀第十三·聖宗四》頁一五〇

十五年四月,罷奚五部歲貢麛鹿。

十月,罷奚王諸部貢物。

　　　　《遼史》卷六十九《表第七·部族表》頁一〇九五

冬,十月,壬辰朔,遼主駐駝山,罷奚王諸部貢物。

《續資治通鑑》卷十九《宋紀十九·太宗至道三年》頁
四五六

## 公元九九九年　北宋真宗咸平二年
## 遼聖宗統和十七年

明皇北事奚、契丹,南征閣羅鳳,召發既廣,租調不充,於
是蕭景、楊釗始以他官判度支,而宇文融爲租調地税使,雖利
孔始開,然版籍根本尚在南宫。

　　　　《續資治通鑑》卷二十一《宋紀二十一·真宗咸平二年》
頁四八五

玄宗侈心既萌,貪地無已,北事奚、契丹,南征閣羅鳳,召
發既廣,租調不充,於是蕭旻、楊釗始以地官判度支,[四]而宇
文融爲租調地税使,雖利孔始開,禍階將作,然版籍根本尚在
南宫。

**【校勘記】**

〔四〕於是蕭旻楊釗始以地官判度支　"蕭旻"原作"蕭

景”，蓋宋人避太宗諱改，今據《宋文鑑》卷四三孫何《論官制》改回。“地官”，宋本、宋撮要本及《續通鑑》卷二一均作“他官”。按“地官”原出《周禮》，唐武則天光宅元年曾改六曹爲天、地、四時六官，以戶部爲“地官”。蕭旻見《舊唐書》卷四九、《新唐書》卷四三《食貨志》，《舊唐書》卷一九六上《吐蕃傳》上，及《通鑑》卷二一四至二一六，曾任江淮、河南轉運副使，後任都使，又以戶部侍郎判涼州等，未及任“度支”事。楊釗判度支，並見《新》、《舊唐書》本傳、《通鑑》二一五至二一六、洪邁《容齋續筆》卷一一《楊國忠諸使》條。“地官”、“他官”，兩有可解，今從原刊。

《續資治通鑑長編》卷四十五《真宗・咸平二年》頁九五八、九八一

## 公元一○○一年　北宋真宗咸平四年
## 遼聖宗統和十九年

十九年春正月辛巳，以祗候郎君班詳穩觀音爲奚六部大王。

《遼史》卷十四《本紀第十四・聖宗五》頁一五六

## 公元一○○二年　北宋真宗咸平五年
## 遼聖宗統和二十年

遼奚王府五帳六節度獻七金山、土河川地，遼主賜以金幣。

《續資治通鑑》卷二十三《宋紀二十三・真宗咸平五年》

頁五三一

戊戌,高陽關部送歸順奚人吹資、漢口李美,各賜衣服緡錢,以吹資隸渤海,李美給田處之。

《續資治通鑑長編》卷五十二《真宗·咸平五年》頁一一五〇

十二月,奚王府五帳六節度獻七金山土河川地,賜金幣。

《遼史》卷十四《本紀第十四·聖宗五》頁一五八

## 公元一〇〇三年　北宋真宗咸平六年
## 遼聖宗統和二十一年

秋七月庚戌,阻卜、烏古來貢。甲寅,以奚王府監軍耶律室魯爲南院大王。[五]

**【校勘記】**

〔五〕耶律室魯爲南院大王　卷八一本傳作北院大王,下文二十九年三月亦稱室魯爲北院大王,“南”字疑誤。

《遼史》卷十四《本紀第十四·聖宗五》頁一五八、一六五

己酉,遼供奉官李信來歸。信言:“其國中所管幽州漢兵,謂之神武、控鶴、羽林、驍武等,約萬八千餘騎,其所署將帥,契丹、九女奚、南北皮室當直舍利及八部落舍利,山後四鎮諸軍約十萬八千餘騎,内五千六百常衛契丹主,餘九萬三千九百五十即時南侵之兵也。”

《續資治通鑑》卷二十四《宋紀二十四·真宗咸平六年》頁五三八

甲寅,遼以奚府監軍耶律實嚕舊作室魯,今改。爲南院大王。

《續資治通鑑》卷二十四《宋紀二十四·真宗咸平六年》頁五三九

契丹奚王知客陽勃來降。辛丑,以勃爲三班借職,賜冠帶、錢綵。

《續資治通鑑長編》卷五十四《真宗·咸平六年》頁一一七五

國中所管幽州漢兵,謂之神武、控鶴、羽林、驍武等,約萬八千餘騎,其偏署將帥,契丹、九女奚、南北皮室當直舍利及八部落舍利、山後四鎮諸軍約十萬八千餘騎,内五千六百常衛戎主,餘九萬三千九百五十,即時入寇之兵也。

《續資治通鑑長編》卷五十五《真宗·咸平六年》頁一二〇七

## 公元一〇〇四年　北宋真宗景德元年
## 遼聖宗統和二十二年

景德初,契丹大舉擾邊,經胡盧河,踰關南,十月,抵城下。晝夜鼓譟,四面夾攻。旬日,其勢益張,唯擊鼓伐木之聲相聞,驅奚人負板秉燭乘塘而上。

《宋史》卷二百七十三《列傳第三十二·李延渥》頁九三二四

癸酉,遼主與太后大舉南下,以統軍使蘭陵郡王蕭達蘭、奚六部大王蕭觀音努舊作觀音奴,今改。爲先鋒,分兵掠威虜、順安軍。

《續資治通鑑》卷二十四《宋紀二十四‧真宗景德元年》頁五五〇

丙戌,遼師抵瀛州城下,晝夜攻城,擊鼓伐木之聲,聞于四面,大設攻具,使奚人負版乘堙而上。

《續資治通鑑》卷二十四《宋紀二十四‧真宗景德元年》頁五五四

丙申,威虜軍、莫州並言:"契丹奚王及南宰相、皇太妃、令公各率兵四萬餘騎,自鑒城川抵涿州,聲言修平塞軍及故城容城。"

《續資治通鑑長編》卷五十六《真宗‧景德元年》頁一二二六

初,契丹自定州帥衆東駐陽城淀,遂緣胡盧河踰關南。是月丙戌,抵瀛州城下。勢甚盛,晝夜攻城,擊鼓伐木之聲,聞於四面。大設攻具,驅奚人負板秉燭,乘堙而上。

《續資治通鑑長編》卷五十八《真宗‧景德元年》頁一二七九

十一月,虜衆急攻瀛州,晝夜鼓噪,大設攻具,負板秉燭,驅奚人乘城。

《文獻通考》卷三百四十六《四裔考二十三‧契丹中》頁二七〇八下

## 公元一〇〇五年　北宋真宗景德二年
### 遼聖宗統和二十三年

戊子,瀛、代州部送奚、契丹降人赴闕,詔以來降在誓約前者隸軍籍如舊制,在後者付部署司還之。

《續資治通鑑長編》卷五十九《真宗·景德二年》頁一三一八

利州,中,觀察。本中京阜俗縣。統和二十六年置刺史州,開泰元年升。〔六〕屬中京。統縣一:阜俗縣。唐末,契丹漸熾,役使奚人,遷居琵琶川。

【校勘記】

〔六〕統和二十六年置刺史州開泰元年升　據《遼文滙續編·王悅墓誌》,統和二十三年已有利州。《北蕃地理》云,利州,承天太后所建。又按《紀》,統和二十九年六月升。

《遼史》卷三十九《志第九·地理志三·中京道》頁四八三、四九〇

## 公元一〇〇六年　北宋真宗景德三年
### 遼聖宗統和二十四年

統和二十四年,五帳院進故奚王牙帳地。〔二〕二十五年,城之,實以漢户,號曰中京,府曰大定。

【校勘記】

〔二〕統和二十四年五帳院進故奚王牙帳地　按《紀》在統和二十年十二月。

《遼史》卷三十九《志第九·地理志三·中京道》頁四八一至四八二、四九〇

契丹上其國母蕭氏燕燕號曰睿德神略應運啓化法道洪仁聖武開統承天皇太后，其主隆緒曰洪文宣武[二〇]至德廣道昭孝皇帝。置中京於七金山[二一]下，其地本奚王牙帳也。

**【校勘記】**

〔二〇〕洪文宣武　“宣”原作“崇”，據各本及《續通鑑》卷二六《考異》改。

〔二一〕七金山　原作“七京山”，據宋本、宋撮要本、閣本及《遼史》卷三九《地理志》改。

《續資治通鑑長編》卷六十四《真宗·景德三年》頁一四三九、一四四一

## 公元一〇〇八年　北宋真宗大中祥符元年 遼聖宗統和二十六年

伴宋使談程統和二十六年　牛營

崧亭關在幽州東二百六十里。虎北口在幽州北以上五字，從《續談助》三引增。三百里。石關門在幽州西一百八十里。其險統悉類虎北口。皆古控扼奚（虜）要害之地也。以上十九字，《續談助》漏引。虎北口東三十餘里。又有奚關。奚兵多由此關而南入。山路險隘。止通單騎。以上十七字，《續談助》漏引。《宋朝類苑》七七引《乘軺錄》。

《全遼文》卷十二《伴宋使談程》頁三六二

## 公元一〇一〇年　北宋真宗大中祥符三年
### 遼聖宗統和二十八年

其年，契丹將伐高麗，命所部南北大王、皮室、乙室、頻畢太師、奚、室韋、黑水女貞等，賦車二千乘，凡調發先下令，使自辦兵器駝馬糧糗，故其抄略所得，不補所失。

《文獻通考》卷三百四十六《四裔考二十三‧契丹中》頁二七〇九中


是月，契丹所部南北大王、皮室、乙室、頻畢太師、奚，室韋、黑水女真等賦車二千乘，於幽州載戎器，將伐高麗，按：女真不屬契丹，此舉又爲高麗及女真所敗，不知所調車乘何以及女真，豈別種耶？殺其臣邢抱朴，召劉晟知政事，又召隆慶。

《續資治通鑑長編》卷七十三《真宗‧大中祥符三年》頁一六七三

## 公元一〇一二年　北宋真宗大中祥符五年
### 遼聖宗統和三十年

口北有鋪，彀弓連繩，本范陽防阨奚、契丹之所，最爲隘束。

《續資治通鑑長編》卷七十九《真宗‧大中祥符五年》頁一七九五

## 公元一〇一四年　北宋真宗大中祥符七年
### 遼聖宗開泰三年

冬十月甲寅朔，幸中京。丙子，以旗鼓拽剌詳穩題里姑

爲奚六部大王。[一五]

**【校勘記】**

〔一五〕題里姑爲奚六部大王　按此事另見于四年九月，檢《部族表》亦在四年，疑此係重出。

《遼史》卷十五《本紀第十五·聖宗六》頁一七六、一八二

## 公元一〇一五年　北宋真宗大中祥符八年
### 遼聖宗開泰四年

丙子，以旗鼓拽剌詳穩題里姑爲六部奚王。

《遼史》卷十五《本紀第十五·聖宗六》頁一七七

四年九月，以旗鼓拽剌詳穩題里姑爲六部奚王。

《遼史》卷六十九《表第七·部族表》頁一〇九九

丙子，以旗鼓蘇拉詳袞舊作拽剌詳穩，今改。題哩古舊作里古〔姑〕，今改。爲六部奚王。

《續資治通鑑》卷三十二《宋紀三十二·真宗大中祥符八年》頁七二二

## 公元一〇一六年　北宋真宗大中祥符九年
### 遼聖宗開泰五年

自過崇信館，即契丹舊境，蓋其南皆奚地也。

《續資治通鑑長編》卷八十八《真宗·大中祥符九年》頁二〇一五

自過崇信館乃契丹舊境,其南奚地也。

《遼史》卷三十七《志第七・地理志一・上京道》頁四四二

## 公元一〇一九年　北宋真宗天禧三年
## 遼聖宗開泰八年

(秋七月)辛酉,肴里、涅哥二奚軍征高麗有功,皆賜金帛。

《遼史》卷十六《本紀第十六・聖宗七》頁一八六

以南皮室軍校有功,[五]賜衣物銀絹有差,出金帛賜肴里、涅哥二奚軍。

【校勘記】

〔五〕以南皮室軍校有功　"軍校"二字原缺,據《紀》開泰八年六月補。

《遼史》卷百十五《列傳第四十五・二國外記・高麗》頁一五二一、一五二九

## 公元一〇二〇年　北宋真宗天禧四年
## 遼聖宗開泰九年

冬十月戊寅朔,[九]以涅里爲奚王都監,突迭里爲北王府舍利軍詳穩。

【校勘記】

〔九〕十月戊寅朔　朔字,據《朔考》補。

《遼史》卷十六《本紀第十六・聖宗七》頁一八八、一九四

## 公元一〇二一年　北宋真宗天禧五年
## 遼聖宗開泰十年

先是,宋綬等使還,上契丹風俗,云:"綬等始至木葉山,山在中京東微北。自中京東過小河,唱叫山道北奚王避暑莊,有亭臺。由古北口至中京北皆奚境。奚本與契丹等,後爲契丹所併,所在分奚、契丹、漢人、渤海雜處之。奚有六節度都省統領,言語風俗,與契丹不同,善耕種、步射,入山采獵,其行如飛。

《續資治通鑑長編》卷九十七《真宗・天禧五年》頁二二五三

## 公元一〇二六年　北宋仁宗天聖四年
## 遼聖宗太平六年

(二月)戊午,以耶律野爲副點檢,以國舅帳蕭柳氏、徒魯骨領西北路十二班軍、奚王府舍利軍。

《遼史》卷十七《本紀第十七・聖宗八》頁一九九

## 公元一〇二七年　北宋仁宗天聖五年
## 遼聖宗太平七年

癸酉,以金吾蕭高六爲奚舍利軍詳穩。

《遼史》卷十七《本紀第十七・聖宗八》頁二〇一

## 公元一〇二九年　北宋仁宗天聖七年
## 遼聖宗太平九年

冬十月丙戌朔,以南京留守燕王蕭孝穆爲都統,國舅詳穩蕭匹敵爲副統,奚六部大王蕭蒲奴爲都監以討之。

　　　《遼史》卷十七《本紀第十七·聖宗八》頁二〇四

## 公元一〇三〇年　北宋仁宗天聖八年
### 遼聖宗太平十年

　　翌日,以孝穆爲東平王、東京留守,國舅詳穩、駙馬都尉蕭匹敵封蘭陵郡王,奚王蒲奴加侍中;以權燕京留守兼侍中蕭惠爲燕京統軍使,前統軍委寇大將軍、節度使,宰相兼樞密使馬保忠權知燕京留守,奚王府都監蕭阿古軫東京統軍使。

　　　《遼史》卷十七《本紀第十七·聖宗八》頁二〇五至二〇六

## 公元一〇三一年　北宋仁宗天聖九年
### 遼聖宗太平十一年

　　分領兵馬,則有統軍、侍衛、控鶴司,南王、北王、奚王府五帳分提失哥、東西都省太師兵。又有國舅、鈐轄、遥輦、裳袞諸司,南北皮室二十部族節度,頻必里、九克、漢人、渤海、女真五節度,五治太師,一百、六百、九百家奚。内外官至一百、六百、九百家奚,皆所增。

　　　《續資治通鑑長編》卷一百十《仁宗·天聖九年》頁二五六〇至二五六一

　　明日,舉案而出,樂作:及門,擊鼓十二面,云以法雷震。《正史》載此段於《契丹傳》末,比《實録》但增“内外官至六百五家奚”,[一五]凡百餘字耳,今依《實録》,仍附隆緒没後。

## 【校勘記】

〔一五〕內外官至六百五家奚　按本編上文及注均作內外官"至一百、六百、九百家奚"，此處注文疑有脱誤。

《續資治通鑑長編》卷一百十《仁宗·天聖九年》頁二五六二、二五七三

### 公元一〇三二年　北宋仁宗天聖十年
### 遼興宗重熙元年

重熙元年，累遷至同知上京留守，改奚六部禿里大尉。

《遼史》卷八十九《列傳第十九·耶律韓留》頁一三五二

### 公元一〇三五年　北宋仁宗景祐二年
### 遼興宗重熙四年　西夏景宗廣運二年

營衛志序　耶律儼

契丹之初。草居野次。靡有定所。至涅里始制部族。各有分地。太祖之興。以迭刺部强熾。析爲五院六院。奚六部以下。多因俘降而置。勝兵甲者。即著軍籍。

《全遼文》卷十《營衛志序》頁二七三

鏡緣銘文

內清析。外昭明。光輝象天日月心。忽揚而顧照。雖塞而不泄。長毋相忘。見日之光。

楊同桂《瀋故》卷四有《韓州古鏡》條，記：……按金王寂《遼東行部志》："韓州，遼聖宗時併三河、榆河二州爲韓州，城在遼水之側，常苦風沙，移於白塔寨；後爲遼水所侵，移於今柳河縣；又以州非衝塗，即徙

於九百奚營,即今所治是也。"遼、金雖均有韓州,均屬下剌史,但八面城
爲遼韓州,入金已改爲柳河縣。金韓州在九百奚營,即今吉林黎樹偏臉
城,去八面城約百里。此鏡既由八面城出土,應是遼物。"明"、"光"均
不諱,或是缺筆,書寫傳刻補足者。

《全遼文》卷十二《鏡緣銘文》頁三五〇

遼以奚六部太尉耶律罕瑠舊作韓留,今改。爲北面林牙。

《續資治通鑑》卷四十《宋紀四十·仁宗景祐二年》頁九二四

## 公元一〇四一年　北宋仁宗慶曆元年
## 遼興宗重熙十年　西夏景宗天授禮法延祚四年

山界之民,引弓甚勁,與賊爲戰,所謂步奚,此皆去賊地
遙,向漢甚邇。

《續資治通鑑長編》卷一百三十二《仁宗·慶曆元年》頁<br>三一三七

王堯臣又言:"昨安撫陝西,體問得延州、鎮戎軍、渭州
山外三敗之由,皆爲賊先據勝地,誘致我師,將佐不能守險擊
歸,而多倍道趨利,方其疲頓,乃與生兵合戰,賊始縱鐵鷂子
衝突,繼以步奚挽強注射,鋒不可當,遂致掩覆。"

《續資治通鑑長編》卷一百三十二《仁宗·慶曆元年》頁<br>三一四九

## 公元一〇四四年　北宋仁宗慶曆四年
## 遼興宗重熙十三年　西夏景宗天授禮法延祚七年

四曰:古者有外虞,則以夷狄攻夷狄,中國之利也。……

今契丹自盡服諸蕃,⁽五〇⁾如元昊、回鶻、高麗、女真、渤海、蘟惹、鐵勒、黑水靺鞨、室韋、韃靼、步奚等,弱者盡有其土,强者止納其貢賦。

**【校勘記】**

〔五〇〕今契丹自盡服諸蕃　"服"原作"復",據宋本、宋撮要本、閣本改。

《續資治通鑑長編》卷一百五十《仁宗·慶曆四年》頁三六五〇、三六六二

　　北方諸戎羈從於敵者,如步奚、高麗、韃靼常内懷不服,特强役屬之爾。

《續資治通鑑長編》卷一百五十《仁宗·慶曆四年》頁三六五七

## 公元一〇四六年　北宋仁宗慶曆六年
## 遼興宗重熙十五年　西夏景宗天授禮法延祚九年

壬戌,以北女直詳穩蕭高六爲奚六部大王。

　　　　《遼史》卷十九《本紀第十九·興宗二》頁二三三

　　壬戌,遼以北女直詳袞舊作詳穩,今改。蕭杲陸舊作高六,今改。爲奚六部大王。

《續資治通鑑》卷四十八《宋紀四十八·仁宗慶曆六年》頁一一六〇

## 公元一〇五八年　北宋仁宗嘉佑三年
## 遼道宗清寧四年　西夏毅宗奲都二年

冬十月戊戌朔，以同知東京留守事侯古爲南院大王，保安軍節度使奚底爲奚六部大王。

《遼史》卷二十一《本紀第二十一‧道宗一》頁二五六至二五七

## 公元一〇五九年　北宋仁宗嘉祐四年
## 遼道宗清寧五年　西夏毅宗奲都三年

十二月壬戌，以北院林牙奚馬六爲右夷離畢，參知政事吳湛以弟洵冒入仕籍，削爵爲民。

《遼史》卷二十一《本紀第二十一‧道宗一》頁二五八

## 公元一〇六〇年　北宋仁宗嘉祐五年
## 遼道宗清寧六年　西夏毅宗奲都四年

復上《平燕議》曰：“自瓦橋至古北口，地狹民少；自古北口至中京，屬奚契丹；自中京至慶州，道旁纔七百餘家。”

《續資治通鑑》卷五十八《宋紀五十八‧仁宗嘉祐五年》頁一四二五

契丹之地，自瓦橋至古北口，地狹民少；自古北口至中京，屬奚、契丹；自中京至慶州，道旁纔七百餘家。

《續資治通鑑長編》卷一百九十一《仁宗‧嘉祐五年》頁四六二三

## 公元一〇六二年　　北宋仁宗嘉祐七年
## 遼道宗清寧八年　　西夏毅宗奲都六年

辛丑,以右夷離畢奚馬六爲奚六部大王。

《遼史》卷二十二《本紀第二十二・道宗二》頁二六一

辛丑,遼以右伊勒希巴舊作夷离畢,今改。瑪陸(舊作馬六。)爲奚六部大王。

《續資治通鑑》卷六十《宋紀六十・仁宗嘉祐七年》頁一四六八

## 公元一〇六三年　　北宋仁宗嘉祐八年
## 遼道宗清寧九年　　西夏毅宗拱化元年

殿前都點檢耶律薩喇圖舊作撒刺竹,今改。適在圍場,聞亂,劫奚人獵夫來援。

《續資治通鑑》卷六十一《宋紀六十一・仁宗嘉祐八年》頁一四九五

初,契丹主宗真母蕭氏愛少子宗元,欲以爲嗣。……燕京留守耶律明與宗元通謀,聞其敗,領奚兵入城,授甲欲應之,副留守某將漢兵距焉。

《續資治通鑑長編》卷一百九十九《仁宗・嘉祐八年》頁四八二四

黎明,重元率奚人二千犯行宮,蕭塔刺兵適至。

《遼史》卷九十六《列傳第二十六・耶律仁先》頁一三九六

燕京留守耶律明與宗元通謀，聞其敗，領奚兵入城授甲，欲應之。

《契丹國志》卷之九《道宗天福皇帝》頁七一

## 公元一○七一年　北宋神宗熙寧四年
## 遼道宗咸雍七年　西夏惠宗天賜禮盛國慶三年

秋七月甲申朔，以東北路詳穩合里只爲南院大王，西南面招討使拾得奴爲奚六部大王。

《遼史》卷二十二《本紀第二十二・道宗二》頁二七○

臣屢言，河北舊爲武人割據，內抗朝廷，外敵四鄰，亦有禦奚、契丹者，兵儲不外求而足。

《宋史》卷一百九十二《志第一百四十五・兵六・鄉兵三》頁四七七三

臣屢言，河北舊爲武人割據，內抗朝廷，外敵四鄰，亦有禦奚、契丹者，兵儲不外求而足。

《文獻通考》卷一百五十三《兵考五・兵制》頁一三三四上

## 公元一○七四年　北宋神宗熙寧七年
## 遼道宗咸雍十年　西夏惠宗天賜禮盛國慶六年

夏四月，旱。辛未，以奚人達魯三世同居，賜官旌之。

《遼史》卷二十三《本紀第二十三・道宗三》頁二七五

夏，四月，辛未，遼以奚人達嚕（舊作達魯。）三世同居，賜官旌之。

《續資治通鑑》卷七十《宋紀七十·神宗熙寧七年》頁一七五〇

## 公元一〇七五年　北宋神宗熙寧八年
## 遼道宗大康（太康）元年　西夏惠宗大安元年

六月癸巳，以興聖宮使奚謝家奴知奚六部大王事。

《遼史》卷二十三《本紀第二十三·道宗三》頁二七六

六月，癸巳，遼以興聖宮使奚人色嘉努舊作謝家奴，今改。知奚六部大王事。

《續資治通鑑》卷七十一《宋紀七十一·神宗熙寧八年》頁一七七六

## 公元一〇八一年　北宋神宗元豐四年
## 遼道宗大康（太康）七年　西夏惠宗大安七年

冬十月戊辰，以惕隱王九爲南院大王，夷離畢奚抄只爲彰國軍節度使。

《遼史》卷二十四《本紀第二十四·道宗四》頁二八六

## 公元一〇八二年　北宋神宗元豐五年
## 遼道宗大康（太康）八年　西夏惠宗大安八年

十一月壬午，以乙室大王蕭何葛爲南院宣徽使，權知奚六部大王事圖赶爲本部大王。

《遼史》卷二十四《本紀第二十四·道宗四》頁二八七

## 公元一〇八三年　北宋神宗元豐六年
## 遼道宗大康(太康)九年　西夏惠宗大安九年

魯公對曰："臣聞國之將亡,禮必先顛。臣在彼時,見其野外有奚車數輛,植葦左右,繫一小繩,然過者必趨,騎者必下。"

《續資治通鑑長編》卷三百三十八《神宗·元豐六年》頁八一四四至八一四五

## 公元一〇八九年　北宋哲宗元祐四年
## 遼道宗大安五年　西夏崇宗天儀治平四年

夏四月甲辰,以知奚六部大王事涅葛爲本部大王。

《遼史》卷二十五《本紀第二十五·道宗五》頁二九八

夏,四月,甲辰,遼以知奚六部大王事尼噶舊作涅葛,今改。爲本部大王。

《續資治通鑑》卷八十一《宋紀八十一·哲宗元祐四年》頁二〇五〇

## 公元一〇九二年　北宋哲宗元祐七年
## 遼道宗大安八年　西夏崇宗天祐民安三年

(冬十月)辛酉,阻卜磨古斯殺金吾吐古斯以叛,遣奚六部禿里耶律郭三發諸蕃部兵討之。

《遼史》卷二十五《本紀第二十五·道宗五》頁三〇〇至三〇一

八年十月，阻卜酋長磨古斯殺金吾吐古斯以叛，遣奚六部吐里耶律郭三發諸蕃部兵討之。

《遼史》卷六十九《表第七·部族表》頁一一一三至一一一四

十一月戊子，以樞密副使王是敦兼知樞密院事，權參知政事韓資讓參知政事，漢人行宮都部署奚回離保知奚六部大王事。

《遼史》卷二十五《本紀第二十五·道宗五》頁三〇一

遼主命奚六部呼哩舊作禿里，今改。（耶律郭三）發諸番兵討之。

《續資治通鑑》卷八十二《宋紀八十二·哲宗元祐七年》頁二〇九二

## 公元一〇九五年　北宋哲宗紹聖二年
### 遼道宗壽昌（壽隆）元年　西夏崇宗天祐民安六年

六月己巳，以知奚六部大王事回里不爲本部大王，權參知政事趙孝嚴爲漢人行宮都部署，圍場都管撒八以討阻卜功，加鎮國大將軍。

《遼史》卷二十六《本紀第二十六·道宗六》頁三〇八

## 公元一〇九九年　北宋哲宗元符二年
### 遼道宗壽昌（壽隆）五年　西夏崇宗永安二年

六月甲申，以奚六部大王回離保爲契丹行宮都部署，知右夷離畢事蕭藥師奴南面林牙,兼知契丹行宮都部署事。

　　《遼史》卷二十六《本紀第二十六·道宗六》頁三一二

## 公元一一〇〇年　北宋哲宗元符三年
## 遼道宗壽昌(壽隆)六年　西夏崇宗永安三年

遼遣奚節度使乙烈來。穆宗至來流水興和村,見乙烈。

　　　　《金史》卷一《本紀第一·世紀》頁一四

壬午,以太師致仕禿開起爲奚六部大王。

　　《遼史》卷二十六《本紀第二十六·道宗六》頁三一二

　阿蘇復訴於遼,遼遣奚節度使伊哩舊作乙烈,今改。來,英格至拉林舊作來流,今改。水見之。伊哩(舊作乙烈。)問阿蘇城事,命英格曰:“凡攻城所獲,存者復與之,不存者備賞〔償〕。”

　　《續資治通鑑》卷八十六《宋紀八十六·哲宗元符三年》頁二二〇九至二二一〇

## 公元一一〇一年　北宋徽宗建中靖國元年
## 遼道宗壽昌(壽隆)七年　西夏崇宗貞觀元年

道宗崩,菆塗于遊仙殿,有司奉喪服。……愓隱、三父房、南府宰相、遥輦常袞、九奚首郎君、夷離畢、國舅詳穩、十闉撒郎君、南院大王、郎君,各以次薦奠,進鞍馬、衣襲、犀玉帶等物,表列其數。讀訖,焚表。

　　《遼史》卷五十《志第十九·禮志二·凶儀》頁八三九至八四〇

九奚首　奚首,營帳名。

　　　　《遼史》卷百十六《國语解·志》頁一五四二

## 公元一一〇六年　北宋徽宗崇寧五年
## 遼天祚帝乾統六年　西夏崇宗貞觀六年

十一月乙未,以謝家奴爲南院大王,馬奴爲奚六部大王。

《遼史》卷二十七《本紀第二十七·天祚皇帝一》頁三二三

十一月,乙未,遼以色家努舊作謝家奴,今改。爲南院大王,以瑪努舊作馬奴,今改。爲奚六部大王。

《續資治通鑑》卷八十九《宋紀八十九·徽宗崇寧五年》頁二二九九

## 公元一一一四年　北宋徽宗政和四年
## 遼天祚帝天慶四年　西夏崇宗雍寧元年

冬十月壬寅朔,〔一一〕以守司空蕭嗣先爲東北路都統,静江軍節度使蕭撻不也爲副,發契丹奚軍三千人,中京禁兵及土豪二千人,别選諸路武勇二千餘人,以虞候崔公義爲都押官,控鶴指揮邢穎爲副,引軍屯出河店。

**【校勘記】**

〔一一〕冬十月壬寅朔　冬字,依文例補。朔字,據《朔考》補。

《遼史》卷二十七《本紀第二十七·天祚皇帝一》頁三二八、三三〇遼主聞寧江州陷，召群臣議。……乃以司空蕭嗣先爲東北路都統，蕭托卜嘉舊作撻不也，今改。副之，發契丹、奚軍三千人，中京禁兵及土豪二千人，選諸路武勇二千餘人，屯出河店。

《續資治通鑑》卷九十一《宋紀九十一·徽宗政和四年》頁二三六一

十月，遣樞密使蕭奉先之弟，殿前都點檢嗣先爲東北路都統，靜江軍節度使蕭撥勃副之，帥契丹、奚兵五千，屯出河店，臨白江，與女貞對壘。時北方久無事，奚、契丹聞軍興，皆願奮行希賞，至挈其孥以從，而不設備。

《文獻通考》卷三百四十六《四裔考二十三·契丹下》頁二七一三上

十月，差守司空、殿前都檢點蕭嗣先奉先弟。充東北〔路〕都統，靜江軍節度使蕭撻勃也副之，發契丹、奚兵三千騎，中京路禁軍、土豪二千人，別選諸路武勇二千餘人，以中京虞侯崔公義充都押官，侍衛控鶴都指揮使、商州刺史邢穎副之，屯出河店，臨白江，與寧江女真對壘。

《契丹國志》卷之十《天祚皇帝上》頁八二

## 公元一一一五年　北宋徽宗政和五年　遼天祚帝天慶五年　西夏崇宗雍寧二年　金太祖收國元年

甲戌，遼使辭刺以書來，留之不遣。九百奚營來降。

《金史》卷二《本紀第二·太祖》頁二七

及九百奚營等部來降,則與銀术可攻黃龍府,上使完顏渾黜、婆盧火、石古乃以兵四千助之,敗遼兵萬餘于白馬濼。

　　　　《金史》卷七十二《列傳第十·妻室》頁一六五〇

## 公元一一一六年　北宋徽宗政和六年　遼天祚帝天慶六年　西夏崇宗雍寧三年　金太祖收國二年

二年正月戊子,詔曰:"自破遼兵,四方來降者衆,宜加優恤。自今契丹、奚、漢、渤海、係遼籍女直、室韋、達魯古、兀惹、鐵驪諸部官民,已降或爲軍所俘獲,逃遁而還者,勿以爲罪,其酋長仍官之,且使從宜居處。"

　　　　《金史》卷二《本紀第二·太祖》頁二九

大臭本名撻不野,其先遼陽人,世仕遼有顯者。……收國二年,爲東京奚民謀克。

　　　　《金史》卷八十《列傳第十八·大臭》頁一八〇七

戶部使大公鼎聞亂,即攝留守事,與副留守高清明集奚、漢兵千人,[五]盡捕其衆,斬之,撫定其民。

**【校勘記】**

〔五〕副留守高清明　按《百官志》四及《國志》一〇並作高清臣。

　　　　《遼史》卷二十八《本紀第二十八·天祚皇帝二》頁三三三至三三四、三四〇

戶部使大公鼎聞亂,即攝留守事,與副留守高清明集奚、

漢兵千人,盡捕其衆,斬之,撫定其民。

　　《續資治通鑑》卷九十二《宋紀九十二·徽宗政和六年》
頁二三七六

　　是夜,有戶部使大公鼎,本渤海人,登進士第,頗剛明,聞
亂作,權行留守事,與副守高清臣集諸營奚、漢兵千餘人,次
日搜索元作亂渤海人,得數十人,並斬首,即撫安民。

　　　　《契丹國志》卷之十《天祚皇帝上》頁八六

　　高永昌自殺留守蕭保先後,自據東京,稱大渤海皇帝,改
元應順,據遼東五十餘州,分遣軍馬,肆其殺掠,所在州郡奚
人戶,往往挈家渡遼以避。

　　　　《契丹國志》卷之十《天祚皇帝上》頁八七

# 公元一一一七年　北宋徽宗政和七年　遼天祚帝天慶
## 七年　西夏崇宗雍寧四年　金太祖天輔元年

　　丁丑,以西京留守蕭乙薛爲北府宰相,東北路行軍都統
奚霞末知奚六部大王事。

　　《遼史》卷二十八《本紀第二十八·天祚皇帝二》頁
三三六

# 公元一一一八年　北宋徽宗政和八年　遼天祚帝天慶
## 八年　西夏崇宗雍寧五年　金太祖天輔二年

　　閏月庚戌朔,以降將霍石、韓慶和爲千戶。九百奚部蕭
寶、乙辛,北部訛里野,漢人王六兒、王伯龍,契丹特末、高從

祐等,各率衆來降。遼耶律奴哥以國書來。

《金史》卷二《本紀第二‧太祖》頁三二

## 公元一一一九年　北宋徽宗重和二年　遼天祚帝天慶九年　西夏崇宗元德元年　金太祖天輔三年

遂差静江軍節度使奚王府監軍蕭習泥烈改作實訥埒。

《三朝北盟會編》卷三《政宣上帙三》頁二二下

## 公元一一二一年　北宋徽宗宣和三年　遼天祚帝保大元年　西夏崇宗元德三年　金太祖天輔五年

時以奚未平,又置奚路都統司,後改爲六部路都統司,以遙輦九營爲九猛安隷焉,與上京及泰州凡六處置,每司統五六萬人。

《金史》卷四十四《志第二十五‧兵》頁一〇二

德順軍指揮使錢六貫、米二石八斗、絹六疋、三馬芻粟,軍使什將錢四貫、米一石七斗、絹五疋,給兩馬料,長行錢二貫、米一石五斗、絹四疋、綿十五兩,給一馬料,奚軍謀克錢一貫五百文、米一石五斗、紬絹春秋各一疋,給三馬料,蒲輦錢一貫、米二石七斗、紬絹同上,給二馬料,長行錢一貫、米一石八斗、紬絹同上,飼一馬。

《金史》卷四十四《志第二十五‧兵》頁一〇八

進都統,從杲取中京,與希尹等襲走迪六、和尚、雅里斯等,敗奚王霞末,降奚部西節度訛里剌。

《金史》卷七十二《列傳第十·婁室》頁一六五〇

都統杲取中京，余睹爲鄉導，與希尹等招撫奚部。

《金史》卷一百三十三《列傳第七十一·叛臣·耶律余睹》頁二八四八

及宗翰以兵襲奚王霞末，活女以兵三百，敗敵二千。

《金史》卷七十二《列傳第十·活女》頁一六五三

從都統杲克中京，銀术可與習古乃、蒲察、胡巴魯率兵三千，擊奚王霞末于京西七十里，霞末棄兵遁。

《金史》卷七十二《列傳第十·銀术可》頁一六五八

既克中京，宗翰率偏師趨北安州，與婁室、徒單綽里合兵，大敗奚王霞末，北安遂降。

《金史》卷七十四《列傳第十二·宗翰》頁一六九四

奚王霞末則欲視我兵少則迎戰，若不敵則退保山西。

《金史》卷七十六《列傳第十四·杲》頁一七三七

上遣知奚王府事蕭遐買、北府宰相蕭德恭、太常衮耶律諦里姑、歸州觀察使蕭和尚奴、四軍太師蕭幹將所部兵追之，及諸閭山縣。

《遼史》卷二十九《本紀第二十九·天祚皇帝三》頁三四一

以蕭遐買爲奚王，蕭德恭試中書門下平章事兼判上京留

守事，耶律諦里姑爲龍虎衛上將軍，蕭和尚奴金吾衛上將軍，
蕭幹鎮國大將軍。

　　《遼史》卷二十九《本紀第二十九·天祚皇帝三》頁三四二

　　天祚遣知奚王府蕭退買、北宰相蕭德恭、大常衮耶律諦
里姑、歸州觀察使蕭和尚奴、四軍太師蕭幹追捕甚急。

　　《遼史》卷一百二《列傳第三十二·耶律余睹》頁一四四二

　　遼主使知奚王府事蕭錫默、舊作退買，今改。北府宰相蕭德
恭、四軍太師蕭幹將所部兵追之，及諸閒山縣。

　　《續資治通鑑》卷九十四《宋紀九十四·徽宗宣和三年》
頁二四二八

　　奉先既見伊都之亡，恐後日諸將校亦叛，遂勸遼主驟加
爵賞以結衆心，以蕭錫默爲奚王，以蕭德恭試中書門下平章
事兼判上京留守事，蕭幹爲鎮國大將軍。

　　《續資治通鑑》卷九十四《宋紀九十四·徽宗宣和三年》
頁二四二八

　　己亥，金宗翰率偏師趨北安州。遼奚王蕭錫默舊作霞末，
亦作退買，今改。先使人紿降，已而出師圍之。金兵去馬殊死
戰，敗錫默兵，追殺至暮，遂取北安州。

　　《續資治通鑑》卷九十四《宋紀九十四·徽宗宣和四年》
頁二四三九

時方盛夏,途中爲霖雨所阻。天祚遣知奚王府蕭遐買、宰相蕭德恭、大常衮耶律諦里姑、歸州觀察使蕭和尚奴、太師蕭幹各領本部軍馬會合追之,至閭山縣相及,諸軍議曰:"今天祚信用奉先,致晉王之禍,兼奉先平日視吾曹蔑如也。余睹,宗室之豪俊,負氣不爲人下。若擒余睹,則他日吾曹皆余睹也,不若縱之爲利。"皆曰:"喏。"於是給云"追之不及"。余睹既亡,奉先懼諸將皆叛,乃峻加蕭遐買等爵賞,以慰其心。

　　　　　　《契丹國志》卷之十一《天祚皇帝中》頁九六

# 公元一一二二年　北宋徽宗宣和四年　遼天祚帝保大二年　西夏崇宗元德四年　金太祖天輔六年

與金完顏杲書保大二年　　耶律淳

昨即位時。在兩國絕聘交兵之際。奚王與文武百官。同心推戴。何暇請命。今諸軍已集。儻欲加兵。未能束手待斃者。昔我先世。未嘗殘害大金人民。寵以位號。日益強大。今忘此施。欲絕我宗祀。於義何如也。儻蒙惠顧。則感戴恩德。何有窮已。《金史》七六《杲傳》。

　　　　　　《全遼文》卷三《與金完顏杲書》頁五九

二月庚寅朔,日有食之。己亥,宗翰等敗遼奚王霞末于北安州,降。奚部西節度使訛里剌以本部降。

　　　　　　《金史》卷二《本紀第二·太祖》頁三六

(八月)辛丑,中京將完顏渾黜敗契丹、奚、漢六萬于高州,字菫麻吉死之。

《金史》卷二《本紀第二·太祖》頁三八

（八月）乙丑,詔六部奚曰:"汝等既降復叛,扇誘衆心,罪在不赦。尚以歸附日淺,恐綏懷之道有所未乎,故復令招諭。若能速降,當釋其罪,官皆仍舊。"

《金史》卷二《本紀第二·太祖》頁三八

拔离速,銀术可弟。天輔六年,宗翰在北安州,將會斜也于奚王嶺,遼兵奄至古北口,使婆盧火、渾黜各領兵二百,擊之。

《金史》卷七十二《列傳第十·拔离速》頁一六六五

奚人落虎來降,希尹使落虎招其父西節度使訛里刺。訛里刺以本部降。

《金史》卷七十三《列傳第十一·完顔希尹》頁一六八四

宗翰將會都统杲于奚王嶺。遼兵屯古北口。使婆盧火將兵二百擊之,渾黜亦將二百人爲後援。……復敗其伏兵,殺千餘人,獲馬百餘匹。遂與宗翰至奚王嶺,期會於羊城濼。

《金史》卷七十三《列傳第十一·完顔希尹》頁一六八五

奚王霞末兵圍阿里出等。

《金史》卷七十六《列傳第十四·杲》頁一七三八

宗幹勸杲當從宗翰策，杲乃約宗翰會奚王嶺。

　　《金史》卷七十六《列傳第十四·杲》頁一七三八

奚王與文武百官同心推戴，何暇請命。

　　《金史》卷七十六《列傳第十四·杲》頁一七三九

再三言之，杲乃報宗翰會奚王嶺。

　　《金史》卷七十六《列傳第十四·宗幹》頁一七四二

太祖自將襲遼主于大魚濼，留輜重于草濼，使撻懶、牙卯守之。奚路兵官渾黜不能安輯其衆，遂以撻懶爲奚六路軍帥鎮之。

　　《金史》卷七十七《列傳第十五·撻懶》頁一七六三

久之，討劾山速古部奚人，奚人據險戰，殺且盡，速古、啜里、鐵尼十三巖皆平之。詔曰："朕以奚路險阻，經略爲難，命汝往任其事，而克副所託，良用嘉歎。今回离保部族來附，餘衆奔潰，無能爲已。"

　　《金史》卷七十七《列傳第十五·撻懶》頁一七六三

蒲离古胡什吉水、馬韓島凡十餘戰，破數十萬衆。契丹、奚人聚舟千艘，將入于海。

　　《金史》卷八十《列傳第十八·斜卯阿里》頁一七九九

迪姑迭年二十餘代領父謀克，攻寧江州，敗遼援兵，獲甲馬財物。攻破奚營，回至韓州，遇敵二千人，擊走之。

　　《金史》卷八十一《列傳第十九·迪姑迭》頁一八一六

　　奚人負險拒命，所在屯結，彪屢戰有功。

　　《金史》卷八十一《列傳第十九·高彪》頁一八二三

　　已亥，金師敗奚王霞末于北安州，遂降其城。

　　《遼史》卷二十九《本紀第二十九·天祚皇帝三》頁
三四三

　　保大二年，天祚入夾山，奚王回離保、林牙耶律大石等引
唐靈武故事，議欲立淳。

　　《遼史》卷三十《本紀第三十·天祚皇帝四》頁三五二

　　封其妻普賢女爲德妃，以回離保知北院樞密使事，軍旅
之事悉委大石。

　　《遼史》卷三十《本紀第三十·天祚皇帝四》頁三五三

　　二年二月，金師敗奚王霞末于北安州，遂降其城。

　　《遼史》卷七十《表第八·屬國表》頁一一九〇

　　燕王遣王子班、耶律大石改作達實林牙充西南路都統，
以牛欄監軍蕭遏魯改作赫嚕副之，領奚、契丹騎二千屯涿州新
城縣。

　　《三朝北盟會編》卷七《政宣上帙七》頁四七上

初，燕王病卧於城南瑶池殿，李奭父子與陳泌等陰使奚、契丹諸貴人出宿侍疾。

　　　　《三朝北盟會編》卷九《政宣上帙九》頁六〇上

漢人皆登雉堞指摘，契丹、奚等家，誅戮萬計，通衢流血，申宣撫司告捷。

　　　　《三朝北盟會編》卷十一《政宣上帙十一》頁七五上

然不意燕山城中，契丹、奚兵尚衆，而我師已攄掠，故蕭后者在內，但閉其內門。

　　　　《三朝北盟會編》卷十一《政宣上帙十一》頁七六上

緣南朝皇帝委曲御筆親書，今更不論元約，特與燕京六州二十四縣漢地漢民，其係官錢物等，及奚、契丹、渤海、西京、平、灤州，並不在許與之數。

　　　　《三朝北盟會編》卷十一《政宣上帙十一》頁七七下至七八上

故許燕京并六州屬縣及所管漢兒外，其餘應關係官錢穀金帛諸物之類，并女真、勃海、契丹、奚及別處移散到彼漢民雜色人户。

　　　　《三朝北盟會編》卷十一《政宣上帙十一》頁八〇下

四軍大王蕭幹欲就奚王府立國，於是契丹、奚軍列陣相拒而分矣。奚、渤海諸軍從蕭幹留奚王府，大石改作達實林牙挾蕭后歸陰山，見天祚，取蕭后殺之。

《三朝北盟會編》卷十二《政宣上帙十二》頁八四下

遼耶律淳僭立，患本俗兵少；蕭幹建議籍東、西奚及嶺外南北大王諸部，得萬餘户，户選一人爲軍，謂之瘦軍，散處涿、易間，肆爲侵掠，民甚苦之。

《續資治通鑑》卷九十四《宋紀九十四·徽宗宣和四年》頁二四四三

（十一月）庚辰，金使李靖、王度喇、薩魯謨等入見，言："自燕京六州所管漢民外，其女直、渤海、契丹、奚及雜色人户，平、灤、營三州，縱貴朝克復，亦不在許與之限，當須本朝占據。"

《續資治通鑑》卷九十四《宋紀九十四·徽宗宣和四年》頁二四五三

壬寅保大二年。宋宣和四年，金天輔五年（六年）。春，金人陷中京。中京，奚國也。先是，金主阿骨打遣使曷魯等如宋，自海上歸，得書，意宋朝絶之，乃命其弟故磳國相斜極烈并粘罕、兀室，用遼降人余睹爲前鋒，由奚西過平地松林，駐白水；別遣精兵五百騎到松亭關，邀截本京官民奔逸車乘。

《契丹國志》卷之十一《天祚皇帝中》頁九六

當燕王僭號之初，漢軍多而番軍少，蕭幹建議籍東、西奚二千餘人及嶺外南北大王、乙室王、皮室猛拽剌司。

《契丹國志》卷之十一《天祚皇帝中》頁一〇〇

# 公元一一二三年　北宋徽宗宣和五年　遼天祚帝保大三年　西夏崇宗元德五年　金太祖天輔七年

七年正月丁巳,遼奚王回离保僭稱帝。

《金史》卷二《本紀第二·太祖》頁三九

奚路都統撻懶攻速古、啜里、鐵尼所部十三巖,皆平之。又遣奚馬和尚攻下達魯古并五院司諸部,[一七]執其節度乙列。回离保爲其下所殺。

**【校勘記】**

〔一七〕又遣奚馬和尚攻下達魯古并五院司諸部　"達魯古"上原衍"品"字。按本卷屢見"達魯古部",他卷亦屢見"達魯古城"。本書卷六七《奚王回离保傳》,"達魯古部節度使乙列已降復叛,奚馬和尚討達魯古并五院司等諸部,諸部皆降,遂執乙列",即記此事,無"品"字。今據刪。

《金史》卷二《本紀第二·太祖》頁四一、四六

三年春正月丁巳,奚王回離保僭號,稱天復元年,命都統馬哥討之。

《遼史》卷二十九《本紀第二十九·天祚皇帝三》頁三四五

春,正月,丁巳,遼知北院樞密事奚王和勒博舊作回离保,今改。(校者按:回离保,一作蘷里不,即蕭幹也,下文又有蕭幹爲奚帝事,謬複。)即箭笴山自立爲奚國皇帝,改元天復。設奚、漢、渤海三樞密院,改東西節度使,二王分司建官。

《續資治通鑑》卷九十四《宋紀九十四·徽宗宣和五年》頁二四五六

遼德妃蕭氏見遼主於四部族，遼主怒，殺蕭氏，蕭幹（校者按：蕭幹即上文之回离保。）奔奚。

《續資治通鑑》卷九十四《宋紀九十四·徽宗宣和五年》頁二四五九

和勒博舊作回禽〔离〕保，今改。南寇燕地，敗於景、薊間，其衆奔潰，耶律裕古澤舊作與古哲，今改。等殺之。奚人以次附屬於金，金各置明安、舊作猛安，今改。穆昆舊作謀克，今改。領之。

《續資治通鑑》卷九十五《宋紀九十五·徽宗宣和五年》頁二四六七

燕京既陷，幹就奚王府自立爲神聖皇帝，國號大奚，改元天嗣。時奚人飢，幹出盧龍嶺，攻破景州，又敗常勝軍張令徽、劉舜臣于石門鎮，陷蘇〔薊〕州，寇掠燕城，其鋒鋭甚，有涉河犯京師之意，人情洶洶，頗有謀棄燕者，童貫自京師移文王安中、詹度、郭藥師等切責之。已而安中命藥師擊破其衆，乘勝窮追，過盧龍嶺，殺傷大半。從軍之家，悉爲常勝軍所得，招降奚、渤海五千餘人，生擒阿嚕，獲遼太宗尊號寶檢、契丹塗金印等。幹遁去，尋爲其部下巴爾達喀（舊作白底哥。）所殺，傳首河間府，詹度上之。

《續資治通鑑》卷九十五《宋紀九十五·徽宗宣和五年》頁二四六八至二四六九

古北、松亭關本奚家族帳，自本國爲主。

《三朝北盟會編》卷十三《政宣上帙十三》頁九三下

又云：古北、居庸本是奚地，自合本朝占據。

《三朝北盟會編》卷十三《政宣上帙十三》頁九三下

又以契丹國皇帝在陰山，夔離不改作古爾班在奚部山谷。

《三朝北盟會編》卷十五《政宣上帙十五》頁一〇八下

始金人約燕地人民盡歸南朝，契丹、奚、渤海等人民皆屬金國。

《三朝北盟會編》卷十六《政宣上帙十六》頁一一四上

二十三日，遣奇兵徑入燕城，殺戮城中契丹奚萬衆，燕民鼓舞，四軍賊首援兵旅拒。

《三朝北盟會編》卷十六《政宣上帙十六》頁一一五上

初，蕭后東走也，蕭幹留奚王府，僭號大奚國神聖皇帝，改元天阜。時奚人饑，幹以闕食，六月領兵出盧龍嶺，攻破景州。

《三朝北盟會編》卷十八《政宣上帙十八》頁一二九下

十二月，金人陷居庸關，蕭后率蕭幹等遁，左企弓等迎降。后東走至松亭關，議所向，大石林牙欲歸延禧，蕭幹奚人也，欲往其國，淳之婿蕭勃迭曰："今日固合歸天祚，然見之有何面目？"林牙命牽出斬之，於是契丹軍從林牙，奚軍從幹，林牙挾后見延禧，延禧先已下詔追削淳官爵，貶后爲庶人，改姓虺氏矣。至是殺后而赦林牙。幹僭號大奚國神聖皇帝，領衆出盧龍嶺，攻陷景、薊，燕山安撫使王安中遣郭藥師討斬之。

　　《文獻通考》卷三百四十六《四裔考二十三·契丹下》頁二七一四下

　　從軍之家悉爲常勝軍所得，招降奚、渤海、漢軍五千餘人。

　　《三朝北盟會編》卷十八《政宣上帙十八》頁一二九下

　　太傅王黼等表賀宣撫司奏奚賊删此二字，四軍夔離不改作古爾班率衆出犯景、薊，大兵討伐。

　　《三朝北盟會編》卷十八《政宣上帙十八》頁一二九下

　　蕭幹亡入奚十二月丁酉自號大奚國皇帝。

　　　　　　　　　　《建炎以来繫年要録》卷一頁八

　　藥師，鐵州人。昉，燕人。幹，奚人。

　　　　　　　　　　《建炎以来繫年要録》卷一頁八

　　中京者，在燕山之北千里，金謂之霫郡，蓋古奚國也。

　　　　　　　　　　《建炎以来繫年要録》卷九頁二一五

## 公元一一二四年　北宋徽宗宣和六年　遼天祚帝保大四年　西夏崇宗元德六年　金太宗天會二年

金人遣國信大使奚人富謨古舊校云歸本謨古作莫布、副使漢人李簡來。

《三朝北盟會編》卷十九《政宣上帙十九》頁一三三上

是月，斜野襲遥輦昭古牙，走之，獲其妻孥群從及豪族。勃堇渾啜等破奚七巖而撫其民人。

《金史》卷三《本紀第三·太宗》頁五〇

八月乙巳朔，以孛堇烏爪乃等爲賀宋生辰使。丁巳，撒离改部猛安雛思以贓罷，以奚金家奴代之。

《金史》卷三《本紀第三·太宗》頁五一

## 公元一一二五年　北宋徽宗宣和七年　遼天祚帝保大五年　西夏崇宗元德七年　金太宗天會三年

（三月）丙子，賑奚、契丹新附之民。

《金史》卷三《本紀第三·太宗》頁五二

（十一月）辛卯，南路軍帥司請禁契丹、奚、漢人挾兵器，詔勿禁。

《金史》卷三《本紀第三·太宗》頁五三

（三月）丙子，金賑奚、契丹新降之民。

《續資治通鑑》卷九十五《宋紀九十五·徽宗宣和七年》
頁二四八四

唐置范陽節度臨制奚契丹。
　　《三朝北盟會編》卷二十《政宣上帙二十》頁一四二上

自甲辰年，金人雜改作及奚人直入城劫虜改作俘掠。
　　《三朝北盟會編》卷二十《政宣上帙二十》頁一四二下

南有渤海，北有鐵離、吐渾，東南有高麗、靺鞨，西有女
真、室韋，北有烏舍，西北有契丹、回紇、黨項，西南有奚。
　　《三朝北盟會編》卷二十《政宣上帙二十》頁一四五上

發契丹、奚軍三千騎。
　　《三朝北盟會編》卷二十一《政宣上帙二十一》頁一
五〇下

備禦大宋中上京路則有諸軍都虞侯司、奚王府、大詳穩
改作詳袞司、大國舅司、大常袞司、五院六院、沓溫改作塔斡司。
遼陽路則東京兵馬都部署司、契丹、奚、勃海四軍都指揮使、
保州都統軍司、湯河詳穩改作詳袞司、金吾營杓窊改作雙寬司，
空扼高麗。
　　《三朝北盟會編》卷二十一《政宣上帙二十一》頁一
五三上

遂改元稱制,分建京闕宮室官號,盡依中國,並奚渤海諸國。

《三朝北盟會編》卷二十一《政宣上帙二十一》頁一五五下

遼東一路選差渤海五千、奚軍二千。

《三朝北盟會編》卷二十二《政宣上帙二十二》頁一六〇下

## 公元一一二六年　北宋欽宗靖康元年　西遼德宗延慶三年　西夏崇宗元德八年　金太宗天會四年

靖康元年十月,太原陷,鞠輗驅幽薊叛卒與夏人奚人圍建寧。

《宋史》卷四百四十六《列傳第二百五·忠義一·楊震》頁一三一六七

李綱、李邦彥、吳敏、种師道、姚平仲、折彥質同對於福寧殿,議所以用兵者。綱奏曰:"金人張大其勢,然兵實不過六萬,又大半皆奚、契丹、渤海部落。"

《續資治通鑑》卷九十六《宋紀九十六·欽宗靖康元年》頁二五一〇

又燕京留守秦晉王耶律紀、遼陽渤海高永昌、奚蕭良等各賜本部土地。

《三朝北盟會編》卷二十九《靖康中帙四》頁二一四下

更有但係亡遼契丹、奚、漢、渤海雜類人等,無令劫掠傷民,早爲交割。

　　　　《三朝北盟會編》卷三十《靖康中帙五》頁二二三上

金兵張大其勢,然得其實數,不過六萬人,又大半皆奚、契丹、渤海雜種删此二字。

　　　　《三朝北盟會編》卷三十二《靖康中帙七》頁二三七上

金人兵張大其勢,然得其實數,不過六萬人,又大半皆奚、契丹、渤海雜種删此二字。

　　　　《三朝北盟會編》卷三十三《靖康中帙八》頁二四六上

其係官物及奚、契丹、渤海、西京、平、灤等州,不在許與之數。

　　　　《三朝北盟會編》卷五十三《靖康中帙二十八》頁三九八下

## 公元一一三八年　南宋高宗紹興八年　西遼德宗康國五年　西夏崇宗大德四年　金熙宗天眷元年

是時,奚、霫軍民皆南徙,謀克别术者因之嘯聚爲盗。

　　　　《金史》卷八十四《列傳第二十二·高楨》頁一八九〇

## 公元一一三九年　南宋高宗紹興九年　西遼德宗康國六年　西夏崇宗大德五年　金熙宗天眷二年

比聞契丹仇怨金國,深入骨髓,渤海、奚、霫從而和之。

《三朝北盟會編》卷一百九十六《炎興下帙九十六》頁一
四一三上

## 公元一一四〇年　南宋高宗紹興十年　西遼德宗康國七年　西夏仁宗大慶元年　金熙宗天眷三年

如生熟女真、契丹、溪、霤、渤海、漢兒等，離去父母妻男，捐棄鄉土養種，衣不解甲二十餘年。

《建炎以來繫年要録》卷一百三十六頁二一七八

錡遣驍將閻充，以銳卒五百募土人前導，夜劫其寨，至軍中，氈帳數重，朱漆奚車。

《建炎以來繫年要録》卷一百三十六頁二一八〇

金人既復取河南地，猶慮中原士民懷二王之意，始刱屯田軍。及女真、奚、契丹之人，皆自本部徙居中州，與百姓雜處。

《建炎以來繫年要録》卷一百三十八頁二二二五至二二二六

如生、熟女真、契丹、奚、霤、渤海、漢兒等，離去父母、妻、男，捐棄鄉土養種，衣不解甲，二十餘年，死於行陣者，首領不保，斃於暴露者，魂魄不歸。

《續資治通鑑》卷一百二十三《宋紀一百二十三·高宗紹興十年》頁三二四九

時金兵圍順昌已四日,乃移寨於城東號〔拐〕李村,距城二十里。錡遣驍將閻充,以鋭卒五百,募土人前導,夜劫其寨。至軍中,氊帳數重,朱漆奚車,有一帥遽被甲呼曰:"留得我即太平。"不聽,竟殺之。

《續資治通鑑》卷一百二十三《宋紀一百二十三·高宗紹興十年》頁三二五〇

金既復取河南地,猶慮中原士民懷二意,始創屯田軍。凡女真、奚、契丹之人,皆自本部徙居中州,與百姓雜處,計其户口,授以官田,使自播種,春秋量給衣馬。若遇出軍,使給其錢米。凡屯田之所,自燕之南、淮、隴之北俱有之,多至五六萬人,皆築壘于村落間。

《續資治通鑑》卷一百二十三《宋紀一百二十三·高宗紹興十年》頁三二六九

氊車、奚車亦以百數。

《三朝北盟會編》卷二百一《炎興下帙一百一》頁一四四九下

## 公元一一四八年　南宋高宗紹興十八年　西遼感天后咸清五年　西夏仁宗人慶五年　金熙宗皇統八年

時金舊臣宗弼既殁,皇后益攬事權。奚人蕭肄,有寵於金主,復詔事皇后,恣行不法。

《續資治通鑑》卷一百二十八《宋紀一百二十八·高宗紹興十八年》頁三三八九

## 公元一一五九年　南宋高宗紹興二十九年　西遼任宗紹興九年　西夏仁宗天盛十一年　金海陵王正隆四年

臣觀今日敵人之舉，其志不小，如聞遷陝右兩河之民，悉以爲兵，與夫契丹、奚家漢兒雜類。不下數十萬衆，聚之關陝。其在他路，又不知幾萬人。

　　　　《建炎以來繫年要録》卷一百八十一頁三〇一六

臣觀今日敵人之舉，其志不小，如聞遷〔簽〕陝右、兩河民悉以爲兵，與夫契丹、奚家、漢兒諸軍不下數十萬衆，聚之關陝，其在他路，又不知幾萬人。

　　　　《續資治通鑑》卷一百三十二《宋紀一百三十二·高宗紹興二十九年》頁二五〇八

## 公元一一六〇年　南宋高宗紹興三十年　西遼任宗紹興十年　西夏仁宗天盛十二年　金海陵王正隆五年

國主聚兵將南征，令户部尚書梁球、[二六]兵部尚書蕭德温，[二七]先計女真、契丹、奚家三部之衆，不限丁數，悉簽起之。

**【校證】**

〔二六〕户部尚書梁球　按"梁球"，《金史》卷五《海陵紀》作"梁銶"。

〔二七〕兵部尚書蕭德温　按《金史》卷八二《蕭恭傳》："貞元二年爲同知大興尹，歲餘，遷兵部尚書……正隆四年，遷光禄大夫，復爲兵部尚書。"則"蕭德温"必"蕭恭"之異譯。

《大金國志校證》卷之十四《紀年·海陵煬王中》頁一九八至一九九、二〇四

先是金主命户部尚書梁球，兵部尚書蕭德温，計女直、契丹、奚三部之衆，不限丁數，悉簽起之，凡二十有四萬，以其半壯者爲正軍，弱者爲阿里善，一正軍，一阿里善副之。

《續資治通鑑》卷一百三十三《宋紀一百三十三·高宗紹興三十年》頁三五三一

## 公元一一六一年　南宋高宗紹興三十一年
## 西遼任宗紹興十一年　西夏仁宗天盛十三年
## 金海陵王正隆六年

或仍與西夏通好，鎮戍突厥、奚、契丹人等，力不能加，曾至失利。

《三朝北盟會編》卷二百二十九《炎興下帙一百二十九》頁一六四九下至一六五〇上

近北邊反了三千户，是奚、契丹，及新簽漢軍。

《三朝北盟會編》卷二百三十一《炎興下帙一百三十一》頁一六六一下

女真、渤海、奚、契丹一應諸國人等，暴露日久，無不懷歸，見此文榜，請各散回本國。

《三朝北盟會編》卷二百三十二《炎興下帙一百三十二》

頁一六六七上

渤海、奚、契丹諸國，與我本朝初無釁隙。

《三朝北盟會編》卷二百三十四《炎興下帙一百三十四》頁一六八〇下

委户部尚書梁球先計女真、契丹、奚家三色之軍。

《三朝北盟會編》卷二百四十二《炎興下帙一百四十二》頁一七四一下

冬十月簽差始定合女真、契丹、奚家三色之軍，通計爲二十七萬。

《三朝北盟會編》卷二百四十二《炎興下帙一百四十二》頁一七四二上

至十一月，委正番猛安改作明安所簽定女真、契丹、奚家軍内，檢其精鋭者，十取一二。

《三朝北盟會編》卷二百四十二《炎興下帙一百四十二》頁一七四二上

始治均田，屯田軍非女真，契丹、奚家亦有之。

《三朝北盟會編》卷二百四十四《炎興下帙一百四十四》頁一七五四上

廢劉豫後，慮中（國）〔州〕懷二三之意，〔一八〕（姑）〔始〕置屯田軍，<sup>〔一九〕</sup>非止女真，契丹、奚家亦有之。

【校證】

〔一八〕慮中州懷二三之意　“中州”原作“中國”。按
《金志·屯田》條作“中州”，《三朝北盟會編》卷二四四之《金
虜圖經·屯田》條同，今據改。

〔一九〕始置屯田軍　“始”原作“姑”，據同前條同書改。

《大金國志校證》卷之三十六《屯田》頁五二〇、五二三
至五二四

# 公元一一六二年　南宋高宗紹興三十二年
## 西遼任宗紹興十二年　西夏仁宗天盛十四年
## 金世宗大定二年

八月乙丑朔，奚抹白謀克徐列等降。左監軍高忠建破奚
于栲栳山，及招降旁近奚六營，有不降者，攻破之，盡殺其男
子，以其婦女童孺分給諸軍。丁卯，永興縣進嘉禾。壬申，萬
户温迪罕阿魯帶與奚戰于古北口，敗焉，詔同判大宗正事完
顏謀衍等禦之。

《金史》卷六《本紀第六·世宗上》頁一二八

九月甲午朔，完顏謀衍擒奚猛安合住。元帥左都監徒單
合喜大敗宋將吴璘于德順州。乙未，詔尚書右丞紇石烈良弼
以便宜招撫奚、契丹之叛者。

《金史》卷六《本紀第六·世宗上》頁一二九

窩斡入于奚中，思敬爲元帥右都監，以舊領軍入奚地張

哥宅,會大軍討之。

　　　　《金史》卷七十《列傳第八·思敬》頁一六二五

　　窩斡收合散卒萬餘人,遂入奚部,以諸奚自益,時時出兵寇速魯古淀、古北口、興化之間。溫迪罕阿魯帶守古北口,與戰敗焉。詔完顏謀衍、蒲察烏里雅、蒲察蒲盧渾以兵三千,合舊屯兵五千,擊之。詔完顏思敬以所部兵入奚地,會大軍討窩斡。

　　　　《金史》卷一百三十三《列傳第七十一·叛臣·移剌窩斡》頁二八五八

　　窩斡走奚中,至七渡河,志寧復敗之。賊過渾嶺,入于奚中。志寧獲賊將稍合住,釋弗殺,許以官賞,縱之歸,約以捕窩斡自效。稍合住既去,見窩斡,秘不言見獲事,乃反間奚人于窩斡曰:“陷泉失利,奚人有貳志,不可不察。”

　　　　《金史》卷八十七《列傳第二十五·紇石烈志寧》頁一九三一

　　是時,宋得窩斡黨人括里、扎八,用其謀攻靈璧、虹縣,都統奚撻不也叛入于宋,遂陷宿州。

　　　　《金史》卷八十七《列傳第二十五·紇石烈志寧》頁一九三一

　　賊走趨奚地,遣將追躡,至七渡河,又敗之。既踰渾嶺,復進軍襲之,望風奔潰,遁入奚中,降者相屬於路。

《金史》卷八十七《列傳第二十五·僕散忠義》頁一九三七

窩斡既敗，遂入于奚中。高忠建敗奚于栲栳山，移剌道取抹白諸奚之家，抹白奚乃降，窩斡勢益弱。

《金史》卷八十七《列傳第二十五·僕散忠義》頁一九三七

窩斡敗于陷泉，入奚中，詔良弼佩金牌及銀牌四，往北京招撫奚、契丹。還，拜尚書左丞。

《金史》卷八十八《列傳第二十六·紇石烈良弼》頁一九五〇

大定二年，除工部郎中。奉詔招撫諸奚。……從討窩斡，佩金牌，與應奉翰林文字訛里也招降叛奚。

《金史》卷九十《列傳第二十八·移剌道》頁一九九四至一九九五

斡罕走趨溪〔奚〕地，金兵追躡至七渡河，又敗之。

《續資治通鑑》卷一百三十七《宋紀一百三十七·高宗紹興三十二年》頁三六四八

斡罕既敗，收合散卒萬餘人，遂入奚部，以諸奚自益。八月，乙丑朔，金左監軍高忠建破奚於栲栳山，及招降旁近奚六營，有不降者攻破之。

《續資治通鑑》卷一百三十七《宋紀一百三十七·高宗紹興三十二年》頁三六五二

金完顏思敬以所部兵入奚地,會布薩忠義之軍追討斡罕,賊黨多降,餘多疾疫而死,無復鬥志。

《續資治通鑑》卷一百三十七《宋紀一百三十七·高宗紹興三十二年》頁三六五三

## 公元一一七八年　南宋孝宗淳熙五年　西遼末主天禧元年　西夏仁宗乾祐九年　金世宗大定十八年

十八年四月,命泰州所管諸猛安、西北路招討司所管奚猛安,咸平府慶雲縣、霧鬆河等處遇豐年,多和糴。

《金史》卷五十《志第三十一·食貨五》頁一一一八

## 公元一一七九年　南宋孝宗淳熙六年　西遼末主天禧二年　西夏仁宗乾祐十年　金世宗大定十九年

是時,烏古里石壘部族節度副使奚沙阿補杖殺無罪鎮邊猛安,尚書省俱奏其事。

《金史》卷七十三《列傳第十一·守能》頁一六九一

奚沙阿補解見居官,并解世襲謀克。

《金史》卷七十三《列傳第十一·守能》頁一六九二

## 公元一一八一年　南宋孝宗淳熙八年　西遼末主天禧四年　西夏仁宗乾祐十二年　金世宗大定二十一年

又曰:"奚人六猛安,已徙居咸平、臨潢、泰州,其地肥沃,且精勤農務,各安其居。女直人徙居奚地者,菽粟得收穫否?"

《金史》卷四十七《志第二十八·食貨二》頁一〇四六

天禧四年，工部員外郎、知制誥宋綬充使，始至木葉山，山在中京東微北。自中京過小河，唱叫山道北奚王避暑莊，有亭臺。由古北至中京北皆奚境。奚本與契丹等，後爲契丹所併，所在分奚、契丹、漢人、渤海雜處之。奚有六節度都省統領，言語風俗與契丹不同，善耕種、步射，入山采獵，其行如飛。

《文獻通考》卷三百四十六《四裔考二十三·契丹中》頁二七一〇上

## 公元一二一二年　南宋寧宗嘉定五年　西夏神宗光定二年　金衛紹王崇慶元年　元太祖七年

額森年十歲，從其父問遼爲金滅之事，即大憤曰：“兒能復之。”及長，勇力過人，善騎射，多智略，豪服諸部，金人聞其名，徵爲奚部長，即讓其兄，遂深自藏匿，居北野山，射狐鼠而食，至是歸於蒙古。

《續資治通鑑》卷一百五十九《宋紀一百五十九·寧宗嘉定五年》頁四三一四

## 公元一二一五年　元太祖十年　南宋寧宗嘉定八年　西夏神宗光定五年　金宣宗貞祐三年

歲乙亥，太師木華黎略地奚（雪）〔霫〕，[二八]珣率吏民出迎，承制以珣爲元帥，兼領義、川二州事。

**【校勘記】**

〔二八〕木華黎略地奚（霫）〔霤〕 按奚霤之地即西喇木倫河流域，"霫"誤，今改。《蒙史》已校。

《元史》卷一百四十九《列傳第三十六·王珣》頁三五三四、三五四〇

金人聞其名，徵爲奚部長，即讓其兄贍德納曰："兄姑受之，爲保宗族計。"

《元史》卷一百五十《列傳第三十七·石抹也先》頁三五四一

# 散見未繫年史料

（失韋）語與庫莫奚、契丹、豆莫婁國同。

《魏書》卷一百《列傳第八十八·失韋》頁二二二一

室韋國在勿吉北千里，……國土下濕，語與庫莫奚、契丹、豆莫婁國同。<sup>〔六五〕</sup>

**【校勘記】**

〔六五〕豆莫婁國同　諸本脱“莫”字，據《魏書》及下文《豆莫婁國傳》補。

《北史》卷九十四《列傳第八十二·室韋》頁三一二九、三一四六

遠夷則控契丹、奚、靺鞨、室韋之貢獻焉。

《唐六典全譯》卷三《尚書户部》頁八四

## 與裴塤書

河北之師，當已平奚虜，聞吉語矣。

《柳宗元集》卷三十《書》頁七九五

史憲誠，其先出於奚虜，今爲靈武建康人。

《舊唐書》卷一百八十一《列傳第一百三十一·史憲誠》
頁四六八五

契丹，……西與奚國接，南至營州，北至室韋。冷陘山
在其國南，與奚西山相崎，地方二千里。……本臣突厥，好與
奚鬥，不利則遁保青山及鮮卑山。

《舊唐書》卷一百九十九下《列傳第一百四十九下·北
狄·契丹》頁五三四九至五三五〇

宮人從駕，皆胡冒乘馬，海内傚之，至露髻馳騁，而帷冒
亦廢，有衣男子衣而靴，如奚、契丹之服。

《新唐書》卷二十四《志第十四·車服》頁五三一一

柳城李氏，本奚族，不知何氏，至寶臣爲張鏁高養子，冒
姓張氏，後賜姓李氏。

《新唐書》卷七十五下《表第十五下·宰相世系五下》頁
三四五〇

寶臣字爲輔，成德節度使、守司空、清河郡王。惟誠，濮
州刺史。惟岳，成德軍司馬。惟簡，鳳翔節度使，檢校户部尚
書、武安郡王。

《新唐書》卷七十五下《表第十五下·宰相世系五下》頁
三四五〇至三四五一

廷玉間語泚曰:"古未有不臣而能推福及子孫者。公南聯趙、魏,北奚虜,兵多地險,然非永安計,一日趙、魏反噬,公乃沸鼎魚耳。不如奉天子,劃多難,可勒勳鼎彞,若何?"

《新唐書》卷一百九十三《列傳第一百一十八·忠義下·蔡廷玉》頁五五四九

契丹,……地直京師東北五千里而贏,東距高麗,西奚,南營州,北靺鞨、室韋,阻冷陘山以自固。射獵居處無常。……與奚不平,每鬥不利,輒遁保鮮卑山。

《新唐書》卷二百一十九《列傳第一百四十四·北狄·契丹》頁六一六七

旻嘗與幽州都督孫佺北伐,爲奚所圍,旻舞刀立馬上,矢四集,皆迎刀而斷,奚大驚引去。

《新唐書》卷二百二《列傳第一百二十七·文藝中》頁五七六四

田承嗣字承嗣,平州盧龍人。世事盧龍軍,以豪俠聞。隸安禄山麾下,破奚、契丹,累功至武衛將軍。

《新唐書》卷二百一十《列傳第一百三十五·藩鎮魏博·田承嗣》頁五九二三

史憲誠,其先奚也,内徙靈武,爲建康人。

《新唐書》卷二百一十《列傳第一百三十五·藩鎮魏博·史憲誠》頁五九三五

俄聞斬齊，更恭謹謂文悏曰："我本奚，如狗也，唯知識主，雖日加箠不忍離。"其譎獪類此。進檢校司空。

《新唐書》卷二百一十《列傳第一百三十五·藩鎮魏博·史憲誠》頁五九三六

始，回鶻常有酋長監奚、契丹以督歲貢，因詗刺中國。

《新唐書》卷二百一十二《列傳第一百三十七·藩鎮盧龍·張仲武》頁五九八〇

突利斂取無法，下不附，故薛延陀、奚、霫等皆內屬，頡利遣擊之，又大敗，衆騷離，頡利囚捶之，久乃赦。

《新唐書》卷二百一十五上《列傳第一百四十上·突厥上》頁六〇三八

通儒等哀兵十萬陣長安中，賊皆奚，素畏回紇，既合，驚且囂。

《新唐書》卷二百二十五上《列傳第一百五十上·逆臣上·安慶緒》頁六四二一

奚馬，好筋節，勝契丹馬，餘並與契丹同。

《唐會要》卷七十二《諸蕃馬印》頁一五四九

契丹居潢水之南，黃龍之北，鮮卑之故地。君長姓大賀氏。勝兵四萬三千人，分爲八部，好與奚鬥。

《唐會要》卷九十六《契丹》頁二〇三三

安太妃，代北人也，不知其世家，爲敬儒妻，生出帝，封秦
國夫人。……既卒，砂磧中無草木，乃毀奚車而焚之，載其燼
骨至建州。

　　《新五代史》卷十七《晉家人傳第五·安太妃》頁一八〇

　　福世本夷狄，夷狄貴沙陀，故常自言沙陀種也。福嘗
有疾臥閣中，寮佐入問疾，見其錦衾，相顧竊戲曰："錦衾爛
兮！"福聞之，怒曰："我沙陀種也，安得謂我爲奚？"聞者
笑之。

　　《新五代史》卷四十六《雜傳第三十四·康福》頁五一五

　　契丹自後魏以來，名見中國。或曰與庫莫奚同類而異
種，其居曰梟羅箇没里。没里者，河也。是謂黄水之南，黄龍
之北，得鮮卑之故地，故又以爲鮮卑之遺種。當唐之世，其地
北接室韋，東隣高麗，西界奚國，而南至營州。

　　《新五代史》卷七十二《四夷附録第一》頁八八五至
八八六

　　契丹比佗夷狄尤頑傲，父母死，以不哭爲勇，載其尸深
山，置大木上，後三歲往取其骨焚之，酹而呪曰："夏時向陽
食，冬時向陰食，使我射獵，猪鹿多得。"其風俗與奚、靺鞨
頗同。

　　《新五代史》卷七十二《四夷附録第一》頁八八八

　　又南，奚，與契丹略同，而人好殺戮。

《新五代史》卷七十三《四夷附録第二》頁九〇七

達靼，靺鞨之遺種，本在奚、契丹之東北，後爲契丹所攻，而部族分散，或屬契丹，或屬渤海，別部散居陰山者，自號達靼。

《新五代史》卷七十四《四夷附録第三》頁九一一

營州所管契丹、奚、霫、靺鞨諸蕃皆隣接境，粟末靺鞨最近。

《册府元龜》卷三五七《將帥部·立功一〇》頁四二三九上

濟陰王新成有武略，庫莫奚侵擾，詔新成討之。新成乃多爲毒酒，賊逼，便棄營而去。

《册府元龜》卷三六四《將帥部·機略四》頁四三二五下

玷厥使來，引居攝圖使上，反間既行，果相猜貳。授車騎將軍，出黃龍道，齎幣賜奚、霫、契丹等遣爲鄉道，得至處羅侯所，深布心腹，誘令内附。

《册府元龜》卷四一一《將帥部·間諜》頁四八八七上

及委璋平叛奚，圍雲州，皆有功，故留之不遣。

《册府元龜》卷四四四《將帥部·陷没》頁五二七六下

契丹國，……一説其國在鮮卑之東故地，距高麗，西至奚，北隣靺鞨，南接營州，延袤二千里。勝兵萬餘人，分爲八部。

《册府元龜》卷九五八《外臣部・國邑二》頁一一二七八上至一一二七八下

奚有五部，每部置侯斤一人，爲其帥。其後部有刺史，縣有令長。其大首領號奚王。唐置饒樂府，以其王爲都督。

《册府元龜》卷九六二《外臣部・官號》頁一一三二〇上

四曰河北道，……遠夷則控契丹、奚、靺鞨、室韋之貢獻焉。

《通志》卷四十《地理一・開元十道圖》頁五五〇上至五五〇中

庫莫奚，亦謂之奚，都饒樂水，即鮮卑故地。

《通志》卷四十一《都邑一》頁五六〇上

奚琴　奚琴，胡中奚部所好之樂，出於奚鼗，而形亦類焉。

《文獻通考》卷一百三十七《樂考十》頁一二一四中

史憲誠，本奚人，三世爲魏博將。

《文獻通考》卷二百七十六《封建考十七・唐天寶以後藩鎮》頁二一九二中

其居曰梟羅箇没里，没里者，河也。是謂黄水之南，黄龍之北，得鮮卑之故地。當唐之末，其地北接室韋，東鄰高麗，西界奚國，而南至營州。

《文獻通考》卷三百四十五《四裔考二十二·契丹上》頁二七〇一下

契丹在開元、天寶間，使朝獻者無慮二十。故事，以范陽節度爲押奚、契丹使，自至德後，藩鎮擅地務自安，障戍斥候益謹，不生事於邊，奚、契丹亦鮮入寇，歲選酋豪數十入長安朝會，每引見，賜與有秩，其下率數百皆駐館幽州。

《文獻通考》卷三百四十五《四裔考二十二·契丹上》頁二七〇一下

又南奚，與契丹略同，而人好殺戮。

《文獻通考》卷三百四十五《四裔考二十二·契丹上》頁二七〇五中

過朝鯉河，亦名七渡河，九十里至古北口。兩旁峻崖，中有路，僅容車軌；口北有鋪，縠弓連繩，本范陽防扼奚、契丹之所，最爲隘束。

《文獻通考》卷三百四十六《四裔考二十三·契丹中》頁二七〇九下

自過崇信館，契丹舊境，蓋其南皆奚地也。

《文獻通考》卷三百四十六《四裔考二十三·契丹中》頁二七一〇上

分領兵馬則有統軍、侍衛、控鶴司、南王、北王、奚王府五帳分提失哥、東西都省太師兵。又有國舅、鈐轄、遥輦、裳袞諸司，南北皮室、二十部族節度，頻必里、九克、漢人、渤海、女貞五節度，五冶太師，一百、六百、九百家奚。

《文獻通考》卷三百四十六《四裔考二十三·契丹下》頁二七一一下

自阿保機相承二百餘年，盡有契丹、奚、渤海及幽、燕、雲、朔故地。

《文獻通考》卷三百四十六《四裔考二十三·契丹下》頁二七一二上

斡離朵以爲漢軍遁，即領奚、契丹兵棄營而奔。

《文獻通考》卷三百四十六《四裔考二十三·契丹下》頁二七一三中

太宗諱德光，太祖第二子也。母曰述律氏。……及長，美姿貌，雄傑有大志，精於騎射。平奚、渤海二國，太祖愛之，立爲元帥太子。

《契丹國志》卷之二《太宗嗣聖皇帝上》頁九

是夕，都統斡離朵誤聽漢軍已遁，即離遼、奚之兵，棄營而奔。

《契丹國志》卷之十《天祚皇帝上》頁八三

燕王洪道，番名叱地好，道宗同母弟也。頗有武略，庫莫奚侵擾，詔洪道討之。洪道伏兵林中，佯敗而走，奚掠輜重，洪道與伏兵合擊之，盡殪。後渤海高頹樂反，又命洪道討之。終於燕京留守，封燕王。

《契丹國志》卷之十四《諸王傳·燕王洪道》頁一二三

述律魯速，太祖皇后兄也，蕃部人，世爲酋長。少壯武有膽略，部人憚之。從太祖平奚有功，授統軍使。盧文進自新州來奔，太祖歲入燕塞，魯速以兵從。又從圍周德威於幽州，機巧善智，城幾克，會救至，退師。改授奚王府監軍、東路兵馬都統軍。子屈列，尚奧哥公主。

《契丹國志》卷之十五《外戚傳·述律魯速》頁一二五

中、上京路控制奚境：置諸軍都虞候司、奚王府大詳穩司、大國舅司、大常袞司、五院司、六院司、沓溫司。

遼東路控扼高麗：置東京兵馬都部署司、契丹、奚、漢、渤海四軍都指揮使、保州統軍司、(陽)〔湯〕河詳穩司、金吾營、(宂杓)〔杓宂〕司。

《契丹國志》卷之二十二《控制諸國》頁一六四

中京　承天太后建：中京之地，奚國王牙帳所居。奚本曰庫莫奚，其先東部胡宇文之別種也。竄居松漠之間，俗甚不潔，而善射獵，好爲寇抄。其後種類漸多，分爲五部：一曰辱紇，二曰莫賀弗，三曰契个，四曰木昆，五曰室得。每部一千餘人，爲其帥，隨逐水草。中京東過小河，唱叫山道北奚王避暑莊,有亭臺。由古北口至中京北,皆奚境。奚本與契丹等,後爲契丹所併。所在分奚、契丹、漢人、渤海雜處之。奚有六節度、都省統領。言語、風俗與契丹不同。善耕種,步射,入山採獵,其行如飛。《契丹圖志》云:奚地居上、東、燕三京之中,土肥人曠,西臨馬盂山六十里,其山南北一千里,東西八百里,連亘燕京西山,遂以其地建城,號曰中京。

　　　　　《契丹國志》卷之二十二《四京本末》頁一六八

　　南京　太宗建:南京本幽州地,乃古冀州之域。舜以冀州南北廣遠,分置幽州,以其地在北方。幽,陰也。東有朝鮮、遼東,北有樓煩、白檀,西有雲中、九原,南有滹沱、易水。唐置范陽節度,臨制奚、契丹。

　　　　　《契丹國志》卷之二十二《四京本末》頁一六八

　　契丹國在庫莫奚東,唐所謂黑水靺鞨者,今其地也。……故事:以范陽節度爲押奚、契丹使,至唐末,契丹始盛。

　　　《契丹國志》卷之二十三《國土風俗》頁一七〇至一七一

　　別族則有奚、霫,勝兵亦千餘,人少馬多。

　　　　　《契丹國志》卷之二十三《兵馬制度》頁一七二

　　其下佐吏,則有敵史、木古思奴古、都奴古、徒奴古。分領兵馬,則有統軍、侍衛、控鶴司,南王、北王、奚王府五帳分、提失哥東西都省太師兵。

　　　　　《契丹國志》卷之二十三《建官制度》頁一七三

過朝鯉河，亦名七度河，九十里至古北口。兩旁峻崖，中有路，僅容車軌；口北有鋪，彀弓連繩，本范陽防扼奚、契丹之所，最爲隘束。

《契丹國志》卷之二十四《王沂公行程録》頁一七八

自過崇信館，即契丹舊境，蓋其南皆奚地也。

《契丹國志》卷之二十四《富鄭公行程録》頁一七九

又南奚，與契丹略同，而人好殺戮。

《契丹國志》卷之二十五《胡嶠陷北記》頁一八三

奚國：太祖初興，擊奚滅之，復立奚王，而使契丹監其兵，後爲中京。詳見前志。

《契丹國志》卷之二十六《諸藩記》頁一八六

室韋國："室"或爲"失"，蓋契丹之類，其南者爲契丹，在北者號爲室韋。路出和龍北千餘里，入契丹國。與奚、契丹同。

《契丹國志》卷之二十六《諸藩記》頁一八六

韃靼之先與女真同類，蓋皆靺鞨之後也。……後〔爲〕奚（爲）契丹所攻，[一三]部族分散，其居混同江之上，初名曰女真，混同江即鴨綠水之源，蓋古肅慎之（源）〔地〕也。[一四]乃黑水遺種，其居陰山者自號爲韃靼。[一五]

## 【校證】

〔一三〕後爲奚契丹所攻　原作“後奚爲契丹所攻”，與上下文義不接，今據同前條所引《朝野雜記》及天一閣鈔本改。

〔一四〕蓋古肅慎之地也　“地”原作“源”，文義不通。章鈺校本徑删去“源”字，改“也”爲“地”。按章鈺以爲“蓋古肅慎之地”甚確，今參《建炎以來朝野雜記》乙集卷一九《女真南徙》條“蓋古所稱肅慎氏之地也”句并章鈺校本，改“源”爲“地”，保留“也”字。

〔一五〕其居陰山者自號爲韃靼　按此處全取《兩朝綱目備要》嘉定四年六月丁亥《余嶸使金不至而復》條，然《備要》似全取《建炎以來朝野雜記》乙集卷一九《韃靼款塞》條，該條只云“其居陰山者自唐末、五代常通中國”，未云其“自號爲韃靼”。又下文“熟韃靼”、“生韃靼”云云，亦不見此條，姑并説明，不再出校。

《大金國志校證》卷之二十二《紀年·東海郡侯上》頁二九七、三〇三

　　初，遼人掠中原，及得奚、渤海諸國生口，分賜貴近或有功者，大至一二州，少亦數百，皆爲奴婢。

《大金國志校證》卷之二十八《文學翰苑上·李宴》頁四〇二

　　其世襲法，世襲千户，金國深重其賞，非宗室勳臣之家不封，勳臣之家亦止本色人及契丹、奚家而已。

《大金國志校證》卷之三十五《雜色儀制·除授》頁五〇七

每州漢人、契丹、奚家刪此字、渤海、金人多寡不同。

《三朝北盟會編》卷九十八《靖康中帙七十三》頁七二六下

比中隨國相來者,有達靼家,有奚家,有黑水家,有小葫蘆改作博囉家,有契丹家,有黨項家,有點戛斯家,有火石家,有回鶻家,有室韋家,有漢兒家,共不得見數目。

《三朝北盟會編》卷九十九《靖康中帙七十四》頁七三〇下

### 觀史氏畫馬圖詩見殘宋本,他本皆無

往聞胡環能畫馬,陰山七騎皆戎奚。

《全宋詩》卷二五三《梅堯臣二二》頁三〇三六

### 送李學士公達北使

萬里使窮域,山川入馬蹄。驪鳴沙水凍,鶻擊雪雲低。食飲羊兼酪,供迎虜雜奚。禮成迴近日,喜聽早期四庫本作朝雞。

《全宋詩》卷二五九《梅堯臣二八》頁三二七九

### 試院聞奚琴作

奚琴本出奚人樂,奚虜彈之雙淚落。抱琴置酒試一彈,曲罷依然不能作。黃河之水向東流,鳧飛雁下白雲秋。岸上行人舟上客,朝來暮去無今昔。哀弦一奏池上風,忽聞如在河舟中。弦聲千古聽不改,可憐纖手今何在。誰知着意

弄新音，斷我樽前今日心。當時應有曾聞者，若使重聽須淚下。

《全宋詩》卷二九九《歐陽修一八》頁三七六四

## 出山

燕疆不過古北關，連山漸少多平田。奚人自作草屋住，契丹駢車依水泉。橐駝羊馬散川谷，草枯水盡時一遷。漢人何年被流徙，衣服漸變存語言。力耕分穫世爲客，賦役稀少聊偷安。漢奚單弱契丹橫，目視漢使心凄然。石瑭竊位不傳子，遺患燕薊逾百年。仰頭呼天問何罪，自恨遠祖從禄山。自注：此皆燕人語也。

《全宋詩》卷八六四《蘇轍一六・奉使契丹二十八首》頁一〇五〇

## 奚君宅在中京南

奚君五畝宅，封户一成田。故壘開都邑，遺民雜漢編。不知臣僕賤，漫喜殺生權。燕俗嗟猶在，婚姻未許連。

《全宋詩》卷八六四《蘇轍一六・奉使契丹二十八首》頁一〇五〇

## 木葉山

奚田可耕鑿，遼土直沙漠。蓬棘不復生，條幹何由作。兹山亦沙阜，短短見叢薄。冰霜葉墮盡，鳥獸紛無託。乾坤信廣大，一氣均美惡。胡爲獨窮陋，意似鄙夷落。民生亦復爾，垢汙不知怍。君看齊魯間，桑柘皆沃若。麥秋載萬箱，蠶老篋千箔。餘粱及狗彘,衣被遍城郭。天工本何心,地力不能博。遂令堯舜仁,獨不施禮樂。

《全宋詩》卷八六四《蘇轍一六·奉使契丹二十八首》頁一○○五一

## 虜帳

虜帳冬住沙陀中,索羊織葦稱行宮。從官星散依冡阜,氈廬窟室欺霜風。舂粱煮雪安得飽,擊兔射鹿夸强雄。朝廷經略窮海宇,歲遺繒絮消頑凶。我來致命適寒苦,積雪向日堅不融。聯翩歲旦有來使,屈指已復過奚封。

《全宋詩》卷八六四《蘇轍一六·奉使契丹二十八首》頁一○○五一

## 南門

城南鐵騎柴自注:去。奚車,焚蕩輔郡陵別都。衣冠南下滿江湖,白頭辭臣思獻書,洪範災異信豈誣。

《全宋詩》卷一二○八《晁說之二》頁一三七一一

自古北口至中原,屬奚、契丹,自中原至慶州,道旁纔七百餘家。

《宋史》卷三百二十六《列傳第八十五·郭諮》頁一○五三二

時小黃室韋不附,太祖以計降之。伐越兀及烏古、六奚、比沙狘諸部,克之。國人號阿主沙里。

《遼史》卷一《本紀第一·太祖上》頁一

德祖之弟述瀾，北征于厥、室韋，南略易、定、奚、霫，始興板築，置城邑，教民種桑麻，習織組，已有廣土衆民之志。

《遼史》卷二《本紀第二·太祖下》頁二四

有部而族者，奚王、室韋之類是也。

《遼史》卷三十二《志第二·營衛志中·部族上》頁三七六

奚王府部時瑟、哲里，則臣主也。

《遼史》卷三十二《志第二·營衛志中·部族上》頁三七七

奚六部以下，多因俘降而置。

《遼史》卷三十二《志第二·營衛志中·部族上》頁三七七

奚王府六部五帳分。其先曰時瑟，事東遥里十帳部主哲里。後逐哲里，自立爲奚王。卒，弟吐勒斯立。遥輦鮮質可汗討之，俘其拒敵者七百户，撫其降者。以時瑟鄰睦之故，止俘部曲之半，餘悉留焉。奚勢由是衰矣。初爲五部：曰遥里，曰伯德，曰奧里，曰梅只，曰楚里。太祖盡降之，號五部奚。天贊二年，[六]有東扒里廝胡損者，恃險堅壁於箭笴山以拒命，揶揄曰："大軍何能爲，我當飲墮瑰門下矣！"太祖滅之，以奚府給役户，併括諸部隱丁，收合流散，置墮瑰部，因墮瑰門之語爲名，遂號六部奚。命勃魯恩主之，仍號奚王。太宗即位,置宰相、常袞各二員。聖宗合奧里、梅只、墮瑰三部爲一,特置二剋部以足六部之數。奚王和朔奴討兀惹,敗績,籍六部隸北府。[七]

**【校勘記】**

〔六〕天贊二年　二年,原誤"八年"。按《紀》,天贊僅四年,滅胡損事在二年三月,據改。

〔七〕隸北府　按《兵衛志》上,奚五部隸北府,屬東北路統軍司。

《遼史》卷三十三《志第三・營衛志下・部族下》頁三八七、三九三至三九四

迭剌迭達部。本鮮質可汗所俘奚七百户,太祖即位,以爲十四石烈,置爲部。隸南府,節度使屬西南路招討司,戍黑山北,部民居慶州南。

《遼史》卷三十三《志第三・營衛志下・部族下》頁三八八

楮特奧隗部。太祖以奚户置。隸南府,節度使屬東京都部署司。

《遼史》卷三十三《志第三・營衛志下・部族下》頁三八八

撒里葛部。奚有三營:曰撒里葛,曰窈爪,[九]曰耨盌爪。太祖伐奚,乞降,願爲著帳子弟,籍于宮分,皆設夷離堇。聖宗各置爲部,改設節度使,皆隸南府,以備畋獵之役。居澤

州東。

【校勘記】

〔九〕竊爪　爪原作“介”，據下文及《兵衛志》中、《百官志》二改。

《遼史》卷三十三《志第三·營衛志下·部族下》頁三八八至三八九、三九四

特里特勉部。初於八部各析二十户以戍奚，偵候落馬河及速魯河側，置二十詳穩。聖宗以户口蕃息，置爲部，設節度使。隸南府，戍倒塌嶺，居橐駞岡。

《遼史》卷三十三《志第三·營衛志下·部族下》頁三八九

惟南、北、奚王，東京渤海兵馬，燕京統軍兵馬，雖奉詔，未敢發兵，必以聞。

《遼史》卷三十四《志第四·兵衛志上·兵制》頁三九七

衆部族分隸南北府，守衛四邊，各有司存，具如左。侍從宫帳：奚王府部。

《遼史》卷三十五《志第五·兵衛志中·衆部族軍》頁四一〇

遼屬國可紀者五十有九，朝貢無常。

西奚。

東部奚。

《遼史》卷三十六《志第六・兵衛志下・屬國軍》頁四二九

來遠縣。初徙遼西諸縣民實之，又徙奚、漢兵七百防戍焉。户一千。

《遼史》卷三十八《志第八・地理志二・東京道》頁四五九

漢爲新安平縣。漢末步奚居之，幅員千里，多大山深谷，阻險足以自固。

《遼史》卷三十九《志第九・地理志三・中京道》頁四八一

北安州，興化軍，上，刺史。本漢女祁縣地，屬上谷郡。晉爲馮跋所據。唐爲奚王府西省地。

《遼史》卷三十九《志第九・地理志三・中京道》頁四八四

營州，鄰海軍，下，刺史。本商孤竹國，秦屬遼西郡。漢爲昌黎郡。前燕慕容皝徙都于此。……統縣一：廣寧縣，漢柳城縣，[二〇] 屬遼西郡。東北與奚、契丹接境。

**【校勘記】**

〔二〇〕廣寧縣漢柳城縣　《拾遺》云，漢當作唐。《元豐九域志》：“河北路營州下都督柳城郡，領羈縻四州，柳城一縣。”漢柳城在中京道。《索隱》謂自此以下至“復舊地”，應移入中京道興中縣下。

《遼史》卷四十《志第十・地理志四・南京道》頁五〇一至五〇二、五〇四可汗州,清平軍,下,刺史。本漢潘縣,元魏廢。……五代時,奚王去諸以數千帳徙媯州,[一六]自別爲西奚,號可汗州,太祖因之。

**【校勘記】**

〔一六〕去諸以數千帳徙媯州　徙,原誤"欲"。據《新五代史·附録》改。

《遼史》卷四十一《志第十一·地理志五·西京道》頁五一一、五一六

遼太祖有帝王之度者三:代遥輦氏,尊九帳於御營之上,一也;滅渤海國,存其族帳,亞於遥輦,二也;併奚王之衆,撫其帳部,擬於國族,三也。有英雄之智者三:任國舅以耦皇族,崇乙室以抗奚王,列二院以制遥輦是已。觀北面諸帳官,可以見之矣。

《遼史》卷四十五《志第十五·百官志一·北面諸帳官》頁七一一

奚王府。

乙室王府。並見《部族官》。

《遼史》卷四十五《志第十五·百官志一·北面諸帳官》頁七一六

奚六部。在朝曰奚王府。有二常衮,有二宰相,又有吐里太尉,有奚六部漢軍詳穩,有奚拽剌詳穩,有先離撻覽官。

《遼史》卷四十六《志第十六·百官志二·北面部族官》頁七二六

遼宮帳、部族、京州、屬國，各自爲軍，體統相承，分數秩然。雄長二百餘年，凡以此也。考其可知者如左。

肴里奚軍詳穩司。[七]

涅哥奚軍詳穩司。

奚王南剋軍詳穩司。諸帳並有剋官爲長，餘同詳穩司。

奚王北剋軍詳穩司。

**【校勘記】**

〔七〕肴里奚軍　肴里，原作“滑里”，據《紀》開泰八年七月及《高麗外記》改。

《遼史》卷四十六《志第十六·百官志二·北面軍官》頁七三五至七四一、七六七

遼境東接高麗，南與梁、唐、晉、漢、周、宋六代爲勁敵，北鄰阻卜、尤不姑，大國以十數；西制西夏、党項、吐渾、回鶻等，強國以百數。

奚王府。見《部族官》。

已上上京路諸司，控制諸奚。

《遼史》卷四十六《志第十六·百官志二·北面邊防官》頁七四二至七四三

契丹、奚、漢、渤海四軍都指揮使司。

契丹奚軍都指揮使司。[八]

奚軍都指揮使司。

【校勘記】

〔八〕契丹奚軍都指揮使司　"奚"字疑衍。

《遼史》卷四十六《志第十六・百官志二・北面邊防官》
頁七四四、七六八

奚王府舍利軍詳穩司。

《遼史》卷四十六《志第十六・百官志二・北面邊防官》
頁七四九

既而慕容燕破之，析其部曰宇文，曰庫莫奚，曰契丹。

　　　　　《遼史》卷六十三《表第一・世表》頁九四九

契丹地直京師東北五千里而贏，東距高麗，西奚，南營
州，北靺鞨、室韋，阻冷陘山以自固。

　　　　　《遼史》卷六十三《表第一・世表》頁九五二

自此，契丹中衰，大賀氏附庸於奚王，以通于唐，朝貢
歲至。

　　　　　《遼史》卷六十三《表第一・世表》頁九五五

十哥，第十。封三河郡主，進封公主，下嫁奚王蕭高九。

　　　　　《遼史》卷六十五《表第三・公主表》頁一〇〇六

耶律敵刺，字合魯隱，遥輦鮮質可汗之子。太祖踐阼，與
敵穩海里同心輔政。太祖知其忠實，命掌禮儀，且諉以軍事。

後以平内亂功，代轄里爲奚六部吐里，卒。

　　《遼史》卷七十四《列傳第四·耶律敵剌》頁一二二九

　　蕭思温，小字寅古，宰相敵魯之族弟忽没里之子。通書史。太宗時爲奚秃里太尉，尚燕國公主，爲群牧都林牙。

　　《遼史》卷七十八《列傳第八·蕭思温》頁一二六七

　　陳昭袞，小字王九，雲州人。工譯鞮，勇而善射。統和中，補祗候郎君，爲奚拽剌詳穩，累遷敦睦宮太保，兼掌圍場事。

　　《遼史》卷八十一《列傳第十一·陳昭袞》頁一二八六

　　蕭陽阿，字稍隱。端毅簡嚴，識遼、漢字，通天文、相法。父卒，自五番部親挽喪車至奚王嶺，人稱其孝。

　　《遼史》卷八十二《列傳第十二·蕭陽阿》頁一二九三

　　開泰間，以兄爲右夷離畢，始補郎君，累遷奚六部秃里太尉。

　　《遼史》卷八十八《列傳第十八·蕭拔剌》頁一三四○

　　大康中，歷懷德軍節度使、奚六部秃里太尉。

　　《遼史》卷九十四《列傳第二十四·耶律何魯掃古》頁一三八四

　　耶律阿息保，字特里典，五院部人。……尋爲奚六部秃里太尉。

　　《遼史》卷一百一《列傳第三十一·耶律阿息保》頁一四三四至一四三五

　　遼之初興，與奚、室韋密邇，土俗言語大概近俚。

　　　　　　　《遼史》卷百十六《國语解·帝紀》頁一五三三

　　奚、霫下音習。國名。中京地也。

　　　　　　　《遼史》卷百十六《國语解·帝紀》頁一五三四

　　常袞　官名。掌遥輦部族户籍等事；奚六部常袞掌奚之族屬。

　　　　　　　《遼史》卷百十六《國语解·帝紀》頁一五三六

　　箭笴山笴音籺。胡損奚所居。

　　　　　　　《遼史》卷百十六《國语解·帝紀》頁一五三六

　　先離撻覽　奚、渤海等國官名，疑即撻林字訛。

　　　　　　　《遼史》卷百十六《國语解·百官志》頁一五四四

　　六爪　爪，百數也。遼有六百家奚，後爲六院，<sup>〔一四〕</sup>義與五院同。

**【校勘記】**

〔一四〕後爲六院　六字原脱，據《大典》五二五二補。

　　《遼史》卷百十六《國语解·皇子表》頁一五四七、一

五五一

吐里　官名。與奚六部禿里同。吐、禿字訛。

　　《遼史》卷百十六《國語解‧列傳》頁一五四九

所謂奚軍者，奚人遙輦昭古牙九猛安之兵也。奚軍初徙
于山西，後分遷河東。其漢軍中都永固軍，大定所置者也。

　　《金史》卷四十四《志第二十五‧兵》頁九九七

是時，奚王回离保在盧龍嶺，立愛未敢即朝見，先使人來
送款曰：“民情愚執，不即順從，願降寬恩，以慰反側。”

　　《金史》卷七十八《列傳第十六‧時立愛》頁一七七五至
一七七六

奚王回离保軍所在保聚，薊州已降復叛。

　　《金史》卷七十八《列傳第十六‧時立愛》頁一七七六

昭媛察八，姓耶律氏。嘗許嫁奚人蕭堂古帶。海陵納
之，封爲昭媛。堂古帶爲護衛，察八使侍女習撚以軟金鵪鶉
袋數枚遺之。事覺。是時，堂古帶謁告在河間驛，召問之。
堂古帶以實對，海陵釋其罪。海陵登寶昌門樓，以察八徇諸
后妃，手刃擊之，墮門下死，并誅侍女習撚。

　　《金史》卷六十三《列傳第一‧后妃上》頁一五一三

奚、契丹寇土河西，與猛安蒙葛麻吉擊之。謾都本對敵

之中，推鋒力戰，破其衆九萬人。奚衆萬餘保阿隣甸，復擊敗之，降其旁近居人。復以五百騎破遼兵一千，生擒其將以歸。

　　《金史》卷六十五《列傳第三·始祖以下諸子》頁一五四四

　　璋遣萬户特里失烏也以押軍猛安奚慶喜照撒兵二千援許里阿補，遣撒屋出、崔尹以兵二千益習尼列。

　　《金史》卷六十五《列傳第三·始祖以下諸子》頁一五四九

　　遼使奚節度使乙烈來問狀，且使備償阿疎。

　　　　《金史》卷六十七《列傳第五·阿疎》頁一五八六

　　及窩斡敗于陷泉，入于奚中，率諸奚攻古北口。

　　　　《金史》卷七十二《列傳第十·謀衍》頁一六五五

　　麻吉，銀术可之母弟也。年十五，……破奚兵千餘。

　　《金史》卷七十二《列傳第十·麻吉》頁一六六三至一六六四

　　吴璘聞之，使偏將將兵五千人來迎，前鋒特里失烏也、奚王和尚擊敗之，追至德順城南小溪邊，璘自將大軍蔽岡阜而出，烏也等馳擊之，迭勒、蒲离黑繼至，併力戰，日已暮，兩軍不相辨，乃解。

《金史》卷八十七《列傳第二十五·徒單合喜》頁一九四二

奚人亂，承詔繼往蒞軍。
《金史》卷九十五《列傳第三十三·蒲察通》頁二一〇六

粘割斡特剌，蓋州別里賣猛安奚屈謀克人也。
《金史》卷九十五《列傳第三十三·粘割斡特剌》頁二一〇七

奚卒散居境內，率數千人爲盜，承吉繩以法不少貸，懼而不敢犯。
《金史》卷一百二十八《列傳第六十六·循吏·范承吉》頁二七五九

天祚付南北大臣會議，蕭奉先等悉從所請，遂差靜江軍節度使奚王府監軍蕭習泥烈、翰林學士楊勉充册封使副，歸州觀察使張孝偉、太常少卿王甫充慶問使副，衛尉少卿劉湜充管押禮物官，將作少監楊立忠充讀册文官。
《大金國志校證》附錄一《女真傳》頁五九二

僞齊豫後，慮中州懷二三之意，始置田軍（按田上疑有脫文）屯田。軍非止女真，契丹、奚家亦有之。
《大金國志校證》附錄二《金虜圖經·屯田》頁五九九

地里、驛程：

楊栢店至奚營西四十五里。

奚營西至没瓦鋪五十里。

　　《大金國志校證》附録二《金虜圖經·京府、節鎮、防禦、
州軍》頁六一一


第四程，自良鄉六十里至燕山府。

燕山乃古冀州地，……東有朝鮮、遼東，北有樓煩、白
檀，西有雲中、九原，南有滹沱、易水。唐置范陽節度，臨制
奚、契丹。

　　　　《大金國志校證》卷之四十《許奉使行程録》頁五六〇


第八程，自薊州七十里至玉田縣。

玉田縣之東北去景州百二十里，自甲辰年金人雜奚人直
入城劫擄，每邊人告急，〔二〇〕四月之内，凡三至，盡屠軍民，一
火而去。

**【校證】**

〔二〇〕每邊人告急　按此句與下文“四月之内凡三至”
不能銜接。《靖康稗史》、《三朝北盟會編》卷二〇所載該文，
“急”下有“宣撫司王安中則戒之曰：‘莫生事。’”文義方貫，
此處顯係節文失當。

　　　　《大金國志校證》卷之四十《許奉使行程録》頁五六一、
五七四


第三十三程，自黃龍府六十里至托撒字(董)〔董〕寨。

府爲契丹東寨。〔五六〕……西北有契丹、回紇、党項，西南

有奚，<sup>〔五八〕</sup>故此地雜諸國俗。

【校證】

〔五六〕府爲契丹東寨　按上文云"托撒孛菫寨"，此云
"府"，殊不銜接，陳樂素校補本作"寨"，疑是。

〔五八〕南有渤海至西南有奚　按陳樂素校補本云："所舉
諸族位置不確。"疑有誤字。

《大金國志校證》卷之四十《許奉使行程録》頁五六七至
五六八、五七七

第三十九程，自蒲撻寨五十里至館。

行二十里，至兀室郎君宅，接伴使、副具狀辭，館伴使、副
于此始見如接伴禮。金國每差接伴、館伴、送伴，（諸）客省使
必于女真、渤海、契丹人物白晳、詳緩、能漢語者爲之。<sup>〔六七〕</sup>

【校證】

〔六七〕客省使必于女真渤海契丹人物白晳詳緩能漢語
者爲之　"客"上原衍"諸"字。按《金史》卷五六《百官志》，
客省隸宣徽院，其使正五品，副使從六品，"掌接伴人使見辭
之事"。更無其它"客省"，"諸"字顯係衍文，今據《靖康稗
史》《三朝北盟會編》卷二〇所載該文删。又，"契丹"下，
《靖康稗史》與《會編》皆有"奚内"二字；"能漢語者爲之"
下，亦有"副使則選漢兒讀書者爲之"十一字。似非有意删
落，疑脱。

《大金國志校證》卷之四十《許奉使行程録》頁五六九、
五七八

上都路,唐爲奚、契丹地。

《元史》卷五十八《志第十·地理一》頁一三四九

興州,下。唐爲奚地。

《元史》卷五十八《志第十·地理一》頁一三五一

大寧路。上。本奚部,唐初其地屬營州,貞觀中奚酋可度內附,乃置饒樂郡。

《元史》卷五十九《志第十一·地理二》頁一三九七

內蒙古:古雍、冀、幽、并、營五州北境。周,獫狁、山戎。秦、漢,匈奴盡有其地。漢末,烏桓、鮮卑薦居。元魏,蠕蠕及庫莫奚爲大。

《清史稿》卷七十七《志五十二·地理二十四·內蒙古》頁二三九五

科爾沁左翼後旗札薩克駐雙和爾山,在喜峰口東北一千四十里。……東,奚王嶺,土名蒙古爾拖羅海。

《清史稿》卷七十七《志五十二·地理二十四·內蒙古》頁二三九七至二三九八

隊舞有三:……三舞同制,皆舞而節以樂。其器用箏一,奚琴一,琵琶三,三弦三,節十六,拍十六。

奚琴,剖桐爲質,二弦。龍首,方柄。槽長與柄等。背圓中凹,覆以板。槽端設圓柱,施皮扣以結弦。龍頭下脣爲山口,鑿空納弦。縮以兩軸,左右各一,以木繫馬尾八十一莖軋之。

《清史稿》卷一百一《志七十六·樂八》頁二九九九

太祖平瓦爾喀部，獲其樂，列於宴樂，是爲《瓦爾喀部樂舞》。用觱篥四，奚琴四。奚琴同《隊舞樂》。

《清史稿》卷一百一《志七十六·樂八》頁三〇〇〇

## 悲青坂

我軍青坂在東門，天寒飲馬太白窟。黃頭奚兒日向西，數騎彎弓敢馳突。

《全唐詩》卷二一六《杜甫一》頁二二六九

## 杜秀才畫立走水牛歌

昆侖兒，騎白象，時時鎖着師子項。奚奴跨馬不搭鞍，立走水牛驚漢官。

《全唐詩》卷二六五《顧況二》頁二九三九

## 塞上

漫漫復淒淒，黃沙暮漸迷。人當故鄉立，馬過舊營嘶。斷雁逢冰磧，回軍占雪溪。夜來山下哭，應是送降奚。

《全唐詩》卷二九九《王建三》頁三三九一

## 松江送處州奚使君

吳越古今路，滄波朝夕流。從來別離地，能使管弦愁。江草帶煙暮，海雲含雨秋。知君五陵客，不樂石門遊。

《全唐詩》卷三五八《劉禹錫五》頁四〇四八

### 漁陽將

塞深沙草白，都護領燕兵。放火燒奚帳，分旗築漢城。
下營看嶺勢，尋雪覺人行。更向桑幹北，擒生問磧名。

　　　　　　《全唐詩》卷三八四《張籍三》頁四三一七

### 貴主征行樂

奚騎—作妓黃銅連鎖甲，羅旗香幹金畫葉。中軍留醉河
陽城，嬌嘶紫燕踏花行。春營騎將如紅玉，走馬捎鞭上空綠。
女垣素月角咿咿，牙帳未開分錦衣。

　　　　　　《全唐詩》卷三九一《李賀二》頁四四一九

### 寄唐州李玭尚書

累代功勳照世光，奚胡聞道死心降。

　　　　　　《全唐詩》卷五二四《杜牧五》頁六〇四三

### 行次西郊作一百韻

因失生惠養，漸見征求頻。奚寇西當作東北來，揮霍如
天翻。是時正忘戰，重兵多在邊。列城繞長河，平明插旗幡。
但聞虜騎入，不見漢兵屯。

　　　　　　《全唐詩》卷五四一《李商隱三》頁六二九九至六三〇〇

### 暮春戲贈吳端公

年少英雄好丈夫，大家望拜執—作從，又作漢。金吾。閒
眠曉日聽鶗鴂，笑倚春風仗—作杖轆轤。深院吹笙聞—作從漢
婢，靜街調馬任奚奴。牡丹花下—作外簾鈎外—作下，獨憑紅

肌一作闌挏虎須。

　　　《全唐詩》卷六四〇《曹唐一》頁七三九一至七三九二

### 贈奚道士含象

先生曾有洞天期,猶傍天壇摘紫芝。處世自能心混沌,
全真誰見德支離。玉霄塵閉人長在,金鼎功成俗未知。他日
飆輪謁茅許,願同雞犬去相隨。

　　　《全唐詩》卷七五五《徐鉉五》頁八六七二

### 古塞上曲七首

帳幕侵奚界,憑陵未可涯。擒生行別路,尋箭向平沙。

　　　《全唐詩》卷八三〇《貫休五》頁九四四四

### 甘州遍

秋風緊,平磧雁行低。陣雲齊。蕭蕭颯颯,邊聲四起,愁
聞戍角與征鼙。青冢北,黑山西。沙飛聚散無定,往往路人
迷。鐵衣冷、戰馬血沾蹄,破蕃奚。鳳凰詔下,步步蹋丹梯。

　　　《全唐詩》卷八九三《詞五·毛文錫》頁一〇一五七

### 城旁□□<sup>(一)</sup>伯二五六七

降奚能騎射,戰馬百餘匹,甲仗明寒川,霜□□□□。
□□煞單于,薄暮紅旗出。城旁粗少年,驟馬垂長鞭,脫卻
□□□,□劍淪秋天。匈奴不敢出。漠北開(閉)<sup>(二)</sup>塵煙。

**【校勘記】**

〔一〕標題殘去二三字。按《全唐詩》昌齡有《城旁曲》,

但内容與此全異。

〔二〕余疑"開"爲"閉"誤，俞云："煙塵四合則虜起，今匈奴不出，故開霽也。依平仄論亦宜平聲字，'開'字不誤。"

《全唐詩補編》第一編《補全唐詩·王昌齡》頁二九

# 參考文獻

## 紀傳體史料

（北齊）魏收撰：《魏書》，中華書局，一九七四年。

（唐）房玄齡等撰：《晉書》，中華書局，一九七四年。

（唐）李百藥撰：《北齊書》，中華書局，一九七二年。

（唐）令狐德棻等撰：《周書》，中華書局，一九七一年。

（唐）李延壽撰：《北史》，中華書局，一九七四年。

（唐）魏徵等撰：《隋書》，中華書局，一九七三年。

（後晉）劉昫等撰：《舊唐書》，中華書局，一九七五年。

（宋）歐陽修、宋祁撰：《新唐書》，中華書局，一九七五年。

（宋）薛居正等撰：《舊五代史》，中華書局，一九七六年。

（宋）歐陽修撰：《新五代史》，中華書局，一九七四年。

（宋）葉隆禮撰：《契丹國志》，齊魯書社，二〇〇〇年。

（金）宇文懋昭撰，崔文印校證：《大金國志校證》，中華書局，
　　一九八六年。

（元）脫脫等撰：《宋史》，中華書局，一九七七年。

（元）脫脫等撰：《遼史》，中華書局，一九七四年。

（元）脫脫等撰：《金史》，中華書局，一九七五年。

（明）宋濂等撰：《元史》，中華書局，一九七六年。

趙爾巽等撰：《清史稿》，中華書局，一九七七年。

## 編年體史料

（宋）司馬光編著，（元）胡三省音注：《資治通鑑》，中華書局，
　一九五六年。

（宋）李燾撰：《續資治通鑑長編》，中華書局，一九九五年。

（宋）徐夢莘撰：《三朝北盟會編》，上海古籍出版社，一九八七年。

（宋）李心傳撰：《建炎以來繫年要錄》，中華書局，一九五六年。

（清）畢沅撰：《續資治通鑑》，中華書局，一九五七年。

## 典志體史料

（唐）杜佑撰：《通典》，中華書局，一九八八年。

（宋）鄭樵撰：《通志》，中華書局，一九八七年。

（元）馬端臨撰：《文獻通考》，中華書局，一九八六年。

（宋）王溥撰：《唐會要》，上海古籍出版社，二〇〇六年。

（宋）王溥撰：《五代會要》，上海古籍出版社，一九七八年。

## 類書

（宋）王欽若等編：《册府元龜》，中華書局，一九六〇年。

## 地理類史料

（宋）樂史撰：《太平寰宇記》，中華書局，二〇〇七年。

# 其他史料

（唐）柳宗元撰：《柳宗元集》，中華書局，一九七九年。

（唐）張九齡等著，袁文興、潘寅生主編：《唐六典全譯》，甘肅人民出版社，一九九七年。

（清）彭定求等編：《全唐詩》（增訂本），中華書局，一九九九年。

陳尚君輯校：《全唐詩補編》，中華書局，一九九二年。

北京大學古文獻研究所編：《全宋詩》，北京大學出版社，一九九一年。

陳述輯校：《全遼文》，中華書局，一九八二年。

# 後　記

　　《庫莫奚資料輯録》即將付梓,作爲編者,倍感欣慰。該資料輯録來源龐雜,涉及紀傳體、編年體、典制體、大型類書、地理總志等多類古籍,輯録内容儘量做到準確、豐富、全面、系統。一定程度而言,資料輯録是一件"做嫁衣"的工作,但要做好,却非易事。既需要編者熟悉掌握相關歷史,還需要具備一定的古文字、版本目録學知識。尤其是各類資料分布零散、謬誤繁多、生僻字及異體字大量存在,增加了高水準完成這一工作的難度。雖然我們制定了高標準、高質量、嚴把關的工作原則,并不斷強化、完善,但能否達到預先設想,讓讀者滿意,爲研究者所用,助益專業研究,尚需實踐檢驗。

　　《庫莫奚資料輯録》的面世,得到了許多同仁的支持和幫助。在編輯出版過程中,博士研究生張祥瑞做了大量輯録、校對工作;碩士研究生周俊昊、郝意如、包勁然、柏楊分工做了校對工作,付出很多時間和精力;責編陳喬付出了大量辛勤勞動。在此謹致以衷心的感謝!

　　書中難免有錯誤紕漏,敬祈讀者批評指正。

2023 年 10 月 26 日